PC Portables pour LES NULS

3e édition

PC Portables pour LES NULS

3e édition

Dan Gookin

FIRST
Interactive

PC Portables Pour les Nuls 3ᵉ édition

Titre de l'édition originale : Laptops For Dummies

Publié par Wiley Publishing, Inc.
111 River Street
Hoboken, NJ 07030-5774

Edition française publiée en accord avec Wiley Publishing, Inc.
© 2007 Éditions First Interactive
27, rue Cassette
75006 Paris - France
Tél. 01 45 49 60 00
Fax 01 45 49 60 01
E-mail : firstinfo@efirst.com
Web : www.efirst.com

ISBN : 978-2-7568-0067-7
Dépôt légal : 1er trimestre 2007

Collection dirigée par Jean-Pierre Cano
Edition : Pierre Chauvot
Traduction : Philip Escartin

Imprimé en Italie

Sommaire

Introduction

Vous avez pris une sage décision en choisissant ce livre : *PC portables pour les Nuls*. Il est rempli de conseils, suggestions, exemples et de pleins d'autres choses qui vous profiteront.

Cela dit, et étant donné que relativement peu de personnes s'embêtent à lire les introductions, j'ai décidé de remplir les pages suivantes de poésie scatologique interdite par l'Église catholique.

Plus sérieusement, je suis ravi que vous ayez décidé de continuer votre lecture. Je suis persuadé que, comme moi, vous serez un jour tenaillé par l'envie d'un PC portable. Vous constaterez alors l'absolue pauvreté d'une bonne information sur le sujet. Le portable vous aura été fourni avec un maigre manuel ou pas de manuel du tout. Internet est assez vague sur le sujet. Et pas mal d'ouvrages sont écrits du point de vue profondément partial de l'utilisateur de PC de bureau. Je peux vous assurer, gentil lecteur, que vous ne trouverez pas de ces niaiseries ici.

Ce livre vous accompagne dans l'histoire du portable, du jour où quelqu'un a décidé de coller une poignée sur un ordinateur à aujourd'hui, l'ère du sans fil, le fameux Wi-Fi qui fait autant envie qu'il inquiète.

À propos de ce livre

Le contenu de ce livre est présenté sur un ton mesuré, informatif et souvent avec esprit. L'information est présentée de façon à ne lire que ce dont vous avez réellement besoin.

Je considère que vous en savez un peu sur les ordinateurs, comme la plupart des gens aujourd'hui. Cependant, vous découvrez complètement le concept d'informatique *portable*. Malgré ce que l'on raconte, un ordinateur portable ne se résume pas à une version portable de l'ordinateur de bureau. Il est bien plus que cela. Ce livre a pour but de vous le démontrer.

J'ai divisé cet ouvrage en six parties :

Première partie : Vue d'ensemble de l'informatique portable, avec guide pratique d'achat d'un portable répondant à vos besoins.

Deuxième partie : Emploi du portable, fonctions élémentaires, Windows et le portable, et des informations importantes sur la gestion de l'alimentation (sujet non couvert dans les livres sur les ordinateurs de bureau).

Troisième partie : Le réseau, Internet, communication de votre portable avec le reste du monde. (Mais oui, c'est ici que l'on parle du Wi-Fi.)

Quatrième partie : Le portable en déplacement, avec chapitre spécial sur le sujet brûlant de la sécurité des portables. (On va encore parler du Wi-Fi !)

Cinquième partie : Dépannage du portable, ainsi que les moyens de mettre à jour le matériel et le logiciel de votre portable.

Sixième partie : La traditionnelle partie "Les Dix Commandements" de la collection *Pour les Nuls*, c'est-à-dire diverses listes pense-bête ou pour vous aider à poursuivre votre chemin.

Qui êtes-vous ?

La majorité des lecteurs de ce livre possèdent un PC portable ou veulent en acheter un. Vous possédez peut-être déjà un ordinateur de bureau, peut-être avez-vous possédé un portable il y a longtemps. Les choses ont changé.

J'utilise le mot *portable* pour désigner l'ordinateur portable commun. Vous rencontrerez aussi, ailleurs, les termes anglais *notebook* ou *laptop*.

Ce livre parle de PC portables équipés du système d'exploitation Windows XP. Il ne parle pas des portables Macintosh de marque Apple (ou simplement à titre de référence), ni des PC portables dotés du système d'exploitation Linux, ou de tout autre système d'exploitation connu ou inconnu, ici ou ailleurs dans une autre dimension.

Les versions plus anciennes de Windows ne sont pas non plus abordées. Lorsque ce livre dit "Windows", il dit "Windows XP" que ce soit en version SP1 ou SP2, familiale ou professionnelle.

Cet ouvrage ne décrit pas les opérations basiques de l'ordinateur, de Windows ou de vos logiciels. J'ai essayé de m'en tenir aux informations spécifiques à l'ordinateur portable.

Icônes utilisées dans ce livre

Cette icône vous signale une notion technique, une digression ou quelque énoncé que je ne pouvais pas supprimer. Ne vous gênez pas pour passer ces informations.

Cette icône signale une astuce pratique ou quelque chose que je recommande vivement.

Cette icône pointe sur quelque chose à ne pas oublier ou sur une notion abordée et que je répète car elle est très importante.

Accordez attention à cette icône – elle indique quelque chose susceptible de poser problème. Par exemple : "Dans le noir, ne craquez pas une allumette pour repérer une fuite de gaz."

Et maintenant

Pris comme ouvrage de référence, vous pouvez commencer à lire n'importe où. Consultez la table des matières, choisissez un point qui vous attire, vous pose problème ou a piqué votre curiosité. Tout est expliqué dans le texte, et vous trouverez des références croisées vers d'autres parties du livre.

Il me reste à vous souhaiter d'apprécier l'usage de votre ordinateur portable. Nous nous croiserons peut-être sur la route !

Première partie

Choisir le portable qui vous convient

"Je pense que si nous arrivons tous à garder notre sérieux, nous pourrons présenter efficacement le nouveau périphérique de pointage de Ken pour les portables."

Dans cette partie...

Les portables ne sont pas réservés à un type de personnes ; tout le monde y a droit ! Parce que le portable peut servir d'ordinateur principal mais aussi de système informatique nomade.

Le portable n'est plus réservé à une élite argentée. Il suffit de parcourir les boutiques du Web pour s'en rendre compte. Le portable est soldé, bradé, cassé, affichant malgré cela des performances toujours plus décoiffantes.

Cette partie du livre présente la notion d'*informatique portable*. Vous y trouverez des conseils pour l'achat d'un ordinateur portable (et des excuses pour en acheter un, juste au cas où vous auriez à convaincre quelqu'un de cher, ou si vous devez contrer les arguments de quelques-uns qui affirment, au prix d'une argumentation qui ne tolère aucune adversité, que le portable n'est destiné qu'aux utilisateurs nomades).

Chapitre 1

Ne partez pas sans lui

Dans ce chapitre :

- Recherche d'un ordinateur portable.
- L'histoire du portable.
- Avez-vous besoin d'un portable ?

Depuis le jour du premier ordinateur, au début des années 1940, les utilisateurs ont désiré la mobilité. J'en suis certain. Assis dans la salle de déjeuner, un gars avec les cheveux coupés en brosse, d'épaisses lunettes et une blouse blanche de laboratoire s'est levé et a dit : "Pourquoi ne pas équiper l'ENIAC de roues ? On pourrait le pousser pour travailler dehors les jours où il fait beau." Le rêve était né.

Ce chapitre fournit une vue d'ensemble du concept d'ordinateur portable. Si vous ne savez pas trop ce qu'est un portable, ou à quoi il vous sera utile, c'est bien ici que vous devez commencer à lire.

Le câble d'alimentation ne s'étire pas à volonté

Tout ordinateur est mobile. C'est simple : il suffit d'ajouter une poignée. Je me souviens de ma première TV portable. Elle pesait dans les 20 kg ;

mais bon sang la chose avait une poignée ! et donc était portable. Constatant que cette portabilité est souvent désirée, les fabricants ont été prompts à ajouter des poignées à un peu tous les produits : mixeurs, scies, fours à micro-ondes et pianos à queue.

La notion d'ordinateur portable et les possibilités offertes ont subtilement changé au cours du temps.

L'ordinateur portable antique

Bien avant que les gens s'extasient devant les calculettes solaires de taille carte bancaire et les tout récents téléphones mobiles qui ne devraient plus tarder à jouer le rôle d'ordinateur portable, le monde a connu un premier calculateur autonome, à énergie humaine. Nous parlons de l'*abaque*, appareil utilisé pendant des siècles par les marchands et gardiens de chèvres pour réaliser de rapides calculs.

"Abaque" vient du grec *abacus* : "escroquer en deux temps". Plus sérieusement, l'"abaque" ou *boulier compteur* est simple à maîtriser. Dans les mains adroites d'un expert, il est même capable de réaliser toutes les opérations d'une calculette, y compris les racines carrées et cubiques. Dans sa nouvelle "Dans la comète", l'auteur de science-fiction Arthur C. Clarke parlait d'astronautes perdus se servant d'abaques pour calculer leur trajet après que l'ordinateur de bord de leur vaisseau spatial fut tombé en panne.

L'Osborne 1

Le premier ordinateur portable abouti a été l'Osborne 1, créé par Adam Osborne en 1980. Auteur et éditeur de livres d'informatique, Adam croyait que les ordinateurs personnels n'auraient de succès qu'en étant portables.

Le design de l'Osborne 1 était ambitieux pour l'époque : l'appareil devait pouvoir être glissé sous un siège d'avion (cela se passait bien *avant* que quiconque rêve de se servir réellement d'un ordinateur dans un avion).

L'ordinateur portable Osborne 1 (Figure 1.1) a été un énorme succès. Il disposait d'un clavier et de deux lecteurs de disquette de taille normale, mais d'un écran minuscule de taille carte bancaire. Il n'était pas alimenté sur batterie, mais disposait d'une pratique poignée de transport servant à soulever ses 12 kg. Malgré ses points faibles, il s'en vendit 10 000 en un mois (à 1 795 $ l'unité, avec logiciel, une première à l'époque).

Figure 1.1
Un modèle Osborne.

À la fin de 1983, malheureusement, la société d'Adam dépérit, souffrant de l'assaut du nouvel IBM PC et de sa légion de compatibles et de clones. L'Osborne 1 avait néanmoins prouvé que les ordinateurs pouvaient être portables. En fait, il posa les fondations d'une nouvelle classe d'ordinateurs : les *transportables.*

Les transportables

L'Osborne était portable, mais pas de façon très confortable. Mince, c'était une *valise !* Vous imaginez-vous tirant ses 12 kg à travers l'aéroport de Roissy ? Pire : imaginez la joie de votre voisin de vol lorsque vous vous escrimiez à sortir l'engin de dessous votre siège.

Malgré l'inconvénient, le monde informatique reconnut la valeur de la portabilité. Et malgré les publicités montrant des gens transportant tranquillement leur Osborne – des personnes avec des bras de longueur égale, ou ayant passé quelques heures dans des salles de musculation –, on ne trouva pas de terme marketing assez fort pour masquer la disgracieuse nature de l'Osborne. Qu'on l'aime ou pas, le monde informatique choisit le terme peu enchanteur de *transportable* pour décrire ce type d'ordinateur.

Les transportables furent une classe d'ordinateurs très populaire. Peu importait le poids. Peu importait que peu d'entre eux quittent le bureau sur lequel ils étaient posés, les transportables étaient le meilleur que l'industrie informatique pouvait proposer dans le domaine de l'informatique portable.

Le problème avec l'Osborne n'était pas qu'il fut un transportable. Ce qui tua l'Osborne fut que le monde voulait la compatibilité IBM PC. L'Osborne n'était pas compatible. Et voilà qu'une société texane, Compaq, présenta un transportable compatible IBM, le Compaq 1 (Figure 1.2).

Le Compaq 1, commercialisé en 1983 à 3 590 $, prouva que l'on pouvait avoir la compatibilité IBM et aller en déplacement – n'importe où l'on trouvait une prise de courant.

Cependant, le câble d'alimentation ne s'étire pas à volonté. Il devint douloureusement évident que, pour être vraiment portable comme l'avait rêvé Adam Osborne, un ordinateur devait s'affranchir de ce câble d'alimentation.

Figure 1.2
Le transportable Compaq 1.

Portabilité et communications

Bien avant qu'Internet soit accessible, un élément qui était estimé nécessaire sur tout ordinateur portable était la capacité de communiquer. L'ordinateur portable devait non seulement être capable de converser avec l'ordinateur de bureau, pour échanger et actualiser des fichiers, mais aussi devait savoir employer un *modem* pour communiquer de façon électronique via les lignes téléphoniques.

Presque tous les PC portables à partir du Radio Shack Model 100 ont dû disposer d'un modem, ou au moins de la possibilité d'en installer un. Cela se passait à une époque où le modem était considéré comme un luxe tout à fait facultatif pour un ordinateur de bureau. Les ordinateurs portables réclamaient un modem pour conserver le contact avec l'informatique de bureau pendant les déplacements. Du logiciel spécial était requis, mais, une fois la connexion établie, il était possible de mettre à jour les fichiers du portable même à partir des endroits les plus reculés.

Le Model 100

Le premier ordinateur ressemblant réellement à un portable moderne, et alimenté par batterie, fut le Radio Shack Model 100 (Figure 1.3). Ce fut un succès immédiat, incroyable.

Figure 1.3 Radio Shack Model 100.

Le Model 100 n'était pas conçu pour être compatible IBM PC, ce qui est surprenant si l'on considère que la compatibilité PC faisait fureur à l'époque. A la place, il proposait à l'utilisateur un clavier tout à fait pratique et un petit écran de 8 lignes sur 40 colonnes. Il était fourni avec plusieurs programmes intégrés dont un éditeur/traitement de texte, un logiciel de communications, un agenda, plus le langage de programmation BASIC permettant à l'utilisateur de créer ses propres programmes ou d'exploiter des programmes BASIC commercialisés par d'autres.

Le Radio Shack Model 100 avait tout ce qui était réellement nécessaire à la portabilité pour l'époque, ce qui explique son succès assourdissant.

- Le Model 100 devint l'étalon de *facteur de forme* des portables du futur. Ses dimensions étaient à peu près celles d'un roman en édition ordinaire, il avait une autonomie de plusieurs heures sur piles AA standard et ne pesait que 3 kg.
- Néanmoins, les gens aspiraient à une version du Model 100 qui fût capable d'exploiter les mêmes logiciels que l'IBM PC. La technologie n'était pas prête pour réduire le matériel du PC à la taille du Model 100. Celui-ci fixa cependant l'objectif à atteindre en termes de dimensions de PC portable.

Bêtes hybrides

Avant la naissance du premier vrai portable, certaines vilaines mutations virent le jour, accompagnées de quelques ratés de savants fous. Je les appelle *glacières*, car elles ont la forme, la taille et le poids d'une glacière type. Le Compaq III (Figure 1.4) en est l'archétype.

Figure 1.4
Le Compaq III.

- Les ordinateurs glacières pesaient entre 6 et 10 kg, et la plupart n'étaient pas alimentés par batterie.
- À la même époque, les écrans couleurs devenaient le standard sur les ordinateurs de bureau. Pour raisons technologiques, les écrans LCD monochromes étaient tout ce que les portables pouvaient proposer.
- Honnêtement, les ordinateurs glacières offraient quelque chose par rapport aux anciens transportables : un poids inférieur ! Les derniers modèles pesaient à peu près 6 kg, soit la moitié du poids et environ 1/8 des dimensions des transportables.

Premiers PC portables de type laptop

Le rêve était alors de fabriquer un ordinateur portable qui ait la puissance et toutes les fonctions d'un ordinateur de bureau, tout en étant de la taille et du poids d'un Model 100. Un des premiers ordinateurs à s'en approcher fut le Compaq SLT, en 1988 (Figure 1.5).

Le Compaq SLT a été le premier ordinateur portable qui ressemblait réellement à un portable d'aujourd'hui. Il disposait d'un clavier et d'un écran de dimensions correctes, d'un lecteur de disquette (il s'agit d'une époque avant le CD-ROM) et d'un microprocesseur 286 (l'ordinateur pouvait exécuter le système d'exploitation DOS du moment).

Le poids ? Hélas ! le SLT pesait autant qu'une balle de bowling (7 kg), et sa forme ne le disposait guère à réaliser des strikes !

Le Compaq SLT prouva simplement que la portabilité était possible. Un ordinateur portable disposait enfin de tout ce qu'un ordinateur de bureau offrait, tout en étant capable de fonctionner sur batterie pendant environ une bonne heure.

À la recherche de la légèreté

À l'automne 1989, NEC présenta le portable UltraLite (Figure 1.6). Il comportait un écran et un clavier de taille normale, mais ni unité de disque ni pièces mobiles ! L'UltraLite exploitait une mémoire sauvegardée par batterie et stockait 1 ou 2 Mo de données, ce qui était suffisant à cette période.

Figure 1.5
Le Compaq SLT.

L'UltraLite disposait d'un modem et pouvait également converser avec un ordinateur de bureau via son port série et un câble spécial. L'UltraLite était accompagné de logiciels pour échanger facilement des fichiers avec tout PC de bureau.

Le poids ? L'UltraLite portait bien son nom, pesant moins de 2,5 kg, une plume comparé aux portables obèses d'alors. La batterie durait deux grandes heures, grâce à l'absence de pièces mobiles.

Calcul du poids d'un portable : éléments manquants

Lorsque les fabricants indiquent le poids de leurs portables, je suis certain qu'ils les pèsent dans des conditions idéales, possiblement au pôle Nord ou dans quelque endroit où la gravité de la Terre est à son plus faible. Le poids annoncé l'est d'ailleurs, comme ils disent, "à fin de comparaison uniquement".

Le poids de l'*adaptateur secteur* est couramment occulté. Il s'agit de l'adaptateur utilisé pour brancher le portable sur une prise secteur murale. Lorsque le portable n'est pas sur batterie, vous avez besoin de l'adaptateur secteur pour alimenter l'engin. Cela signifie que l'adaptateur secteur est indispensable – un élément que vous devez emporter avec vous dès que vous vous éloignez un peu.

À une certaine époque, ce que les publicités ne disaient pas, c'est que l'adaptateur secteur pesait souvent la moitié du portable lui-même ! Ou encore que l'adaptateur était plus volumineux que le portable – ce fut le cas du Dell 320LT. Transporter de tels éléments n'était pas très pratique. Les choses se sont arrangées depuis.

Figure 1.6
Le NEC UltraLite.

Du portable laptop au portable notebook

L'UltraLite marqua la frontière entre ce que l'on appela dès lors *laptop* de ce que l'on appelle aujourd'hui *notebook*.

Tout portable sous les 3 kg et d'épaisseur inférieure à 2,5 cm est, techniquement, un portable de type notebook. Certains appareils encore plus légers portent le nom de *sub-notebook*, et dans l'univers du Macintosh on préfère le terme *Powerbook*. Mais gardez à l'esprit que tous ces termes ont des rôles marketing ; aujourd'hui, tous ces ordinateurs, quels qu'en soient le poids, la taille et quoi qu'en dise la brochure, sont appelés *portables*.

Le portable moderne

Dans les années 1990, il était clair que l'utilisateur attendait désespérément trois choses de son ordinateur portable :

- Faible poids.
- Grande autonomie.

- Compatibilité matérielle totale avec les systèmes de bureau.

Tous ces objectifs ont fini par être atteints, à un certain prix. Aujourd'hui, le PC compatible, portable, léger, avec autonomie longue durée n'est pas utopique, il est simplement cher :

- **Poids.** Selon le prix que vous êtes prêt à mettre, votre portable aura une épaisseur comprise entre 1,8 et 2,5 cm, et pèsera entre 1 et 3 kg. Le Vaio TX de Sony présenté Figure 1.7 en est un exemple. Le poids et la taille dépendent également des fonctions attendues. Plus de fonctions signifie plus de poids.

Figure 1.7
Chez Sony, de nombreux modèles Vaio TX pèsent moins de 2 kg.

- **Autonomie.** Les batteries elles-mêmes n'ont pas été beaucoup améliorées ces dernières années. Pourtant, grâce aux matériels et logiciels de gestion d'alimentation, l'autonomie des portables modernes peut dépasser les deux heures standard pour aller jusqu'à trois ou quatre heures, sachant que certains fabricants annoncent jusqu'à 7 heures d'autonomie.

- **Compatibilité matérielle.** Depuis la fin des années 1990, tous les portables sont fournis avec écran couleur, comme les systèmes de bureau. Ils sont également équipés de lecteurs/graveurs de CD-ROM ou de DVD. En revanche, le lecteur de disquette est rare sur les portables modernes (et s'il existe, c'est habituellement sous forme de périphérique externe). Les portables sont aussi dotés de modem, d'interface réseau, de liaison Wi-Fi, de la technologie Bluetooth et de possibilités d'extension. Des microprocesseurs et d'autres matériels spéciaux pour les portables ont été développés au fil des années, conservant au portable un faible poids et une bonne autonomie. En matière d'écran, les portables haut de gamme, ceux qui seront l'entrée gamme dans quelques mois, proposent des écrans dits WXGA, c'est-à-dire présentant une forme rectangulaire rappelant les TV 16/9 et capables d'afficher une résolution supérieure ou égale à 1 680 x 1 050 pixels en 17 pouces. (Quand je pense que, pendant des années, les portables ont plafonné à 1 024 x 768, et que beaucoup restaient en 640 x 480 tandis que d'autres atteignaient péniblement la barre des 800 x 600. Mais où va le monde !)

L'avenir du portable

Nos genoux ne rétrécissent pas. L'œil ne peut lire confortablement que le texte d'une certaine taille. Plus important encore, nos doigts ont des difficultés avec les claviers aux touches trop petites. En raison de ces limitations, le portable du futur sera probablement de la même taille que les portables d'aujourd'hui. (Même s'il est techniquement possible de réduire le clavier et l'écran, l'homme n'appréciera pas.)

Nous pouvons toutefois penser que la seule chose qui puisse réduire la taille d'un portable est la disparition pure et simple du clavier. Comment ? En améliorant les logiciels de reconnaissance vocale ! Oui mais voilà : imaginez un compartiment de train rempli d'utilisateurs de portables dictant des documents importants, du courrier ou tchatant sur MSN ! Quel baroufle ! Non, pas possible ! Ou alors, le clavier est remplacé par une dalle sur laquelle vous écrivez avec un stylet, exactement comme vous le faites avec une tablette graphique lorsque vous retouchez vos photos dans un logiciel de retouche d'images. Enfin, ce ne sont que des supputations. Je suis auteur pas concepteur. Mais finalement, un auteur est surtout fait pour apporter du rêve. Bien sûr, ce type de portable, si l'on peut appeler cela comme ça, existe sous une forme trop mal définie pour séduire le public comme l'explique l'encadré "Qu'en est-il des tablettes PC" plus loin dans ce chapitre.

La technologie continuera de réduire la taille des composants des portables, de les rendre moins gourmands en énergie. Un domaine qui a cependant grand besoin d'amélioration est celui des batteries.

La batterie du futur est la *pile à combustible*, en quelque sorte une centrale électrique miniature branchée directement sur votre PC portable. La pile à combustible promet une autonomie exprimée en semaines au lieu d'heures, qui amènera le développement de gadgets portables de tous poils – mais uniquement lorsqu'elle sera au point.

Actuellement, les scientifiques prévoient que les premières piles à combustible à prix abordable seront disponibles à la fin de cette décennie, vers 2010. D'ici là, nous continuerons de transporter des batteries et des adaptateurs.

(Pour plus d'informations sur les batteries et les notions de gestion de l'alimentation, voir le Chapitre 8.)

Qu'en est-il des tablettes PC ?

Ce livre ne couvre pas ce que l'on appelle les tablettes PC. Ces ordinateurs sont essentiellement des portables, mais sans clavier ; la tablette se compose uniquement de la moitié écran du portable, sur laquelle vous écrivez à l'aide d'un stylet. (Certaines tablettes PC disposent d'un clavier, bien que cela aille à contresens du principe de la tablette PC.)

Bien que la notion de tablette PC soit attirante, les ventes ne décollent pas. Il existe une raison à cela : les gens préfèrent les claviers et cette méthode de saisie. En outre, l'idée de la tablette PC n'est pas réellement neuve. Dans les premières années des ordinateurs portables, ce genre de produits avait déjà été lancé – sans succès d'ailleurs.

Il est fort probable que, de même, les tablettes PC disparaîtront du marché.

Pourquoi avez-vous besoin d'un portable ?

À l'évidence, Adam Osborne avait raison : les ordinateurs doivent être portables ! La question devrait en fait être celle-ci : pourquoi acheter un ordinateur de bureau condamné à rester au même endroit tout le temps ?

Naturellement, un ordinateur de bureau est plus puissant, extensible et moins cher qu'un portable. *Mais vous ne pouvez pas l'emporter avec vous !* Oui, bon, admettons, cela reste possible, mais avec tout le tintouin à transporter.

On désire un portable pour une de ces raisons :

- **À titre d'ordinateur principal.**

  Pourquoi argumenter sur l'économie réalisée avec un ordinateur de bureau lorsque vous avez réellement besoin de portabilité ?

  Un ordinateur de bureau ne peut prétendre à être portable ; or, un portable peut certainement se déguiser en ordinateur de bureau : vous pouvez tout à fait employer un clavier et un écran de tailles normales avec votre portable. Il est aussi possible d'y connecter tous les périphériques habituels tels qu'imprimante, scanner, disque dur externe, et ainsi de suite. Mais, à la différence d'un système de bureau, rien ne vous empêche de débrancher le portable pour l'emporter.

- **Comme système informatique "gain de place".**

  À la différence des ordinateurs de bureau, vous n'aurez pas à construire un temple pour votre portable : en d'autres termes, inutile de disposer d'un bureau spécial ordinateur. Si vous avez peu d'espace dans votre maison, appartement ou dortoir, vous rangerez le portable sur une étagère ou dans un tiroir. Pour travailler, vous le poserez sur la table de cuisine ou autre. Adieu le constant capharnaüm typique du meuble dédié à l'ordinateur de bureau ! Vive Adam Osborne !

- **Comme second ordinateur.**

  Pourquoi acheter un second ordinateur de bureau plutôt qu'un portable ? Vous apprécierez non seulement la présence d'un second ordinateur, mais aussi la portabilité de votre informatique. Vous pourrez mettre les deux ordinateurs en réseau Wi-Fi par exemple (sans fil), pour partager la connexion à Internet, l'imprimante, des fichiers. Et pourtant vous garderez le luxe d'avoir un système portable.

- **Comme ordinateur pour vos déplacements.**

  Le portable vous permet d'emporter votre travail en déplacement. Après quelques moments de *synchronisation* (transfert des fichiers utiles entre le PC de bureau et le portable ; voir le Chapitre 14), vous êtes paré à vous rendre n'importe où.

  De retour de votre "virée", vous réalisez une autre synchronisation.

  Les portables offrent la possibilité d'échapper à l'espace restreint de votre bureau et de travailler n'importe où pendant quelques heures. Et s'il existe une prise de courant, vous vous branchez et pouvez travailler toute la journée. De plus, si vous avez besoin d'une connexion Internet haut débit, n'oubliez pas que les points Wi-Fi, ces fameux accès aux réseaux sans fil, se développent un peu partout, dans les gares, les aéroports... et même les Mac Do !

Quelques raisons de ne pas acquérir un portable

Les portables ne sont pas bon marché. Les réparations coûtent cher. Ils se volent facilement. L'autonomie n'est jamais celle indiquée dans les spécifications. Il est difficile de travailler dans un *jet* ou dans un café, car quelqu'un regardera par-dessus votre épaule ou vous posera des questions sur le portable. Las ! Mais que voilà des chipotages !

Grâce à son faible poids, sa grande autonomie et sa puissance toujours s'améliorant, le portable constitue l'ordinateur idéal pour quasiment tout le monde. Un jour, vous en posséderez forcément un.

Chapitre 2

Acheter le portable qui convient

Dans ce chapitre :

- Les cinq étapes de l'achat d'un ordinateur.
- Déterminer vos besoins en logiciels.
- Choisir le bon matériel.
- Les options pour portable.
- Extension de votre portable.
- Options pour réseau et communications.
- Service et assistance.
- Les différents types de portables.

Plus l'on en sait sur ce que l'on achète, plus on a de chance de se procurer exactement ce dont on a besoin. Un consommateur averti est un consommateur sage et économe. Et surtout, un consommateur averti en vaut deux, mais ce n'est pas pour autant que vous aurez besoin de deux portables !

Même si vous avez l'habitude d'acheter des PC de bureau, avant d'aller acheter un portable, il est nécessaire de vous renseigner sur les aspects propres aux portables comme le poids, l'autonomie et le réseau sans fil.

Achetez ce portable !

Le meilleur ordinateur est celui qui fait ce dont vous avez besoin. Pour trouver cet ordinateur, évitez la pression commerciale ambiante, qui met plus l'accent sur les marques sans se soucier de vos besoins réels

On n'achète pas un ordinateur uniquement sur son nom ni pour son faible prix. On l'achète pour qu'il réalise certaines tâches. Lorsque vous gardez cela à l'esprit, vous acquérez le meilleur ordinateur possible, pas simplement une marque.

Les cinq étapes pour acheter un ordinateur

Pour trouver l'ordinateur qui vous convient parfaitement, suivez ces cinq étapes simples :

1. **Déterminez ce que l'ordinateur doit faire pour vous.**
2. **Cherchez le logiciel qui réalisera ce travail.**
3. **Ajustez le matériel au logiciel.**
4. **Voyez le côté service et assistance.**
5. **Achetez l'ordinateur.**

Deux éléments ressortent ici plus que les autres. Le premier – qui surprend la plupart des gens – est de chercher le logiciel avant le matériel (Étape 2). C'est le logiciel qui réalise le travail. Malgré tout le respect que l'on doit au matériel, le logiciel est plus important.

Le second élément est à l'étape 4 : service et assistance. Plus important que de trouver un bas prix, une bonne affaire, il faut trouver les gens qui vous aideront lorsque vous en aurez besoin, qui vous dépanneront en cas de problème. C'est logique, mais il est incroyable à quel point les gens l'oublient.

Recherche de logiciel

Permettez-moi de vous glisser cette information : si vous voulez un portable comme extension de votre ordinateur de bureau, il faut exécuter le même logiciel sur le portable que sur le PC de bureau. Dans ce cas, la configuration matérielle nécessaire pour votre portable est identique à celle du système de bureau. Bingo ! Terminé !

Si vous vous mettez au portable, il est probable qu'une configuration élémentaire suffira. Vous aurez besoin de naviguer sur Internet et d'une suite bureautique de base. Cela correspond aux besoins des utilisateurs de portables types.

Il est cependant possible que vous ayez besoin de charger d'autres logiciels spécifiques sur votre portable. Si c'est le cas, voyez quel matériel ce logiciel nécessite. Par exemple, si le logiciel a besoin de 512 Mo de RAM, votre portable doit en être équipé. Idem pour le disque dur, le lecteur/graveur de CD ou de DVD, la puissance du microprocesseur et autres nécessités matérielles. Elles sont énumérées sur la boîte du logiciel.

- L'élément logiciel le plus important est le système d'exploitation de l'ordinateur. Dans ce livre, je considère que vous utilisez Windows XP. En règle générale, tout portable assez puissant pour exécuter Windows XP est à même d'exécuter les logiciels vendus pour ordinateurs de bureau. Cependant, pour tirer sur les prix, certains revendeurs livrent des machines faiblement pourvues en mémoire et capacité de stockage. Aujourd'hui, difficile de travailler correctement sans disposer d'au moins 512 Mo de mémoire, qu'on se le dise, et comptez sur moi pour le répéter à maintes reprises.

- Avec l'arrivée de Windows Vista, si vous souhaitez un maximum de confort, il vous faudra opter pour 1Go de mémoire vive et une carte graphique disposant d'au moins 256 Mo de mémoire vive pour bénéficier des somptueux effets graphiques de la nouvelle interface de Windows Vista

- Il faudra lire l'accord de licence du logiciel pour voir si vous êtes autorisé ou non à installer deux fois le même programme sur votre ordinateur de bureau et sur votre portable. La plupart du temps, vous l'êtes, car l'éditeur du logiciel suppose que vous n'utilisez pas les deux ordinateurs à la fois. Cependant, certains éditeurs de logiciels, en particulier Microsoft, n'autorisent pas plusieurs installations du même produit.

N'OUBLIEZ PAS

- Heureusement, la plupart des portables sont fournis avec tous les logiciels dont vous avez besoin. Vous aurez donc un système d'exploitation, par exemple Windows XP Édition familiale ou Professionnel. Vous aurez en outre Microsoft Office ou une suite bureautique similaire. D'autres logiciels seront éventuellement fournis. Renseignez-vous sur les logiciels fournis avant d'acheter le portable.

- Les joueurs préfèrent les systèmes de bureau aux portables, principalement parce que les ordinateurs de bureau sont facilement modifiables et extensibles. Si vous comptez jouer sur votre portable, il vous faut le meilleur matériel d'affichage, beaucoup de mémoire vidéo et beaucoup de RAM également. Mais gardez à l'esprit que, à la différence d'un ordinateur de bureau, vous ne pourrez améliorer ces éléments plus tard. Il est donc indispensable d'anticiper sur la configuration. Il est clair que le portable n'est pas fait pour les *gamers*, pardon les joueurs. Les jeux modernes sont très exigeants en puissance et en mémoire vidéo. C'est probablement sur ce dernier point que les portables restent encore très faibles par rapport aux ordinateurs de bureau. Ajoutez à cela un aspect fondamental : le son. Je n'entends pas ici uniquement la qualité audio, non, mais le fait que les portables intègrent une carte mère avec un circuit audio intégré, le fameux *chip audio*. Or, de nombreux jeux ne gèrent pas ces circuits. Cela signifie que non seulement vous n'aurez pas de son, mais que bien souvent soit le jeu ne démarrera pas ou, s'il démarre, il plantera à tout bout de champ.

- Notez enfin que l'écran LCD du portable n'est pas rafraîchi aussi vite qu'un écran CRT (écran traditionnel, à tube cathodique). Les joueurs préfèrent les CRT.

- Dans le domaine des applications graphiques, les graphistes purs et durs préfèrent également les CRT, car ils reproduisent plus fidèlement les couleurs. Il reste cependant possible de connecter un tel écran au portable en cas de besoin. (Voir le Chapitre 7.) Cependant, nous pouvons apporter un petit bémol à cette lacune graphique. En effet, les vrais graphistes calibrent leur chaîne graphique à l'aide d'une sonde qui se place sur l'écran, et d'un logiciel spécial qui effectue des tests chromatiques permettant d'obtenir une plus grande fidélité des couleurs.

Déterminer la puissance nécessaire

Voici les trois éléments principaux sur lesquels s'interroger concernant l'adéquation du matériel au logiciel dont vous avez besoin :

- Le microprocesseur.
- La mémoire (RAM).
- La capacité du disque dur.

Le microprocesseur est le composant électronique principal du portable. Il n'est pas le "cerveau". C'est le logiciel de l'ordinateur qui l'est. Il indique que faire au microprocesseur. J'ai presque envie de dire que le microprocesseur est une supercalculette. Il vous faut un microprocesseur assez rapide pour gérer les applications dont vous aurez besoin *demain*. Cela vaut la peine d'investir dans un microprocesseur rapide, car cela étend la durée de vie utile de votre portable en vous garantissant que vous pourrez exécuter les futurs logiciels. Prenez un portable avec le microprocesseur le plus rapide que vous puissiez vous permettre. Vous vous en remercierez plus tard, car à la différence d'un ordinateur de bureau, vous ne pouvez pas changer le processeur d'un portable pour une unité plus puissante. Ou bien, si cela est possible, cela est dangereux. En effet, un portable est intégré à la carte mère pour chauffer le moins possible. Augmenter la puissance du processeur augmente inévitablement la chaleur dégagée, augmentation pouvant aller jusqu'à la surchauffe qui va tout faire péter ! Remarquez, dans ce cas, vous pourrez acheter un portable d'une puissance supérieure à celui que vous aviez. Bonjour les dépenses !

La mémoire est l'endroit où l'action se déroule dans un ordinateur, là où le travail se fait. Si un logiciel indique qu'il nécessite plus de 512 Mo de mémoire, prenez un portable avec au moins autant de RAM que le logiciel réclame. Plus votre ordinateur aura de RAM, mieux cela sera. Dans la mesure où l'utilisateur en demande de plus en plus à son portable, 512 Mo semble aujourd'hui un minimum. Pour un travail confortable, optez pour 1 Go de mémoire.

Le disque dur est le placard électronique où vous allez ranger vos affaires. Cela inclut le système d'exploitation de l'ordinateur et tous les logiciels que vous installerez, plus tous les fichiers de données que vous accumulerez. Ici encore, c'est le logiciel qui vous indiquera combien d'espace de disque dur vous avez besoin. Additionnez l'espace total nécessaire à chaque application, puis multipliez au moins par deux, vous aurez une approximation de la capacité de disque dur à retenir. Toutefois, je reviendrai sur ce sujet en expliquant, une énième fois dans un ouvrage de cette collection, que travailler avec un seul disque dur c'est comme faire du trapèze sans filet : on peut tomber de haut et se faire très mal !

- Les microprocesseurs pour portables sont plus chers que leurs homologues de bureau. Simplement parce que les microprocesseurs pour portable, sont conçus pour consommer moins d'énergie et générer moins de chaleur.
- Lorsque vous consultez la configuration matérielle nécessaire sur une boîte de logiciel, lisez les valeurs "recommandées", pas les valeurs minimales. Par exemple, un programme réclame un minimum de 256 Mo de RAM mais recommande 512 Mo. Dans ce cas, il vous faut 512 Mo – ou plus.

TRUC

- Si vous pouvez vous permettre un microprocesseur plus rapide, vous pouvez aussi acheter plus de RAM. Équipez directement votre portable d'autant de RAM qu'il peut en accueillir.
- Achetez le disque dur le plus gros possible. Particulièrement si vous comptez stocker de la musique sur votre portable, il faut au moins 120 Go de disque dur.
- Je recommande un portable avec au moins 512 Mo de RAM. Si c'est possible, optez pour 1 024 Mo de RAM. Mieux, prenez 2 048 Mo de RAM (et ne m'écrivez pas pour me le dire, j'en serais terriblement jaloux).
- Les éléments qui consomment beaucoup d'espace disque sont les fichiers d'images (telles que les photographies numériques), audio (musique) et vidéo. Si vous comptez en stocker sur votre portable, optez pour un plus gros disque dur !

N'OUBLIEZ PAS

- En investissant tout de suite dans le microprocesseur le plus rapide, beaucoup de RAM et une grande capacité de disque dur, vous rallongez la durée de vie utile de votre portable. C'est une bonne chose. Il faut que votre investissement vous profite des années. Dépensez plus maintenant, vous y gagnerez par la suite lorsque vous exploiterez encore votre portable quand les autres seront forcés d'en acheter un nouveau.

Surveillez les évolutions technologiques ! Aujourd'hui, 9 novembre 2005, est-il vraiment nécessaire d'acheter un portable lorsque l'on sait que, courant 2006, tous les systèmes vont passer en 64 bits (contre 32 actuellement) ? Oui, car ces premiers ordinateurs entièrement 64 bits, dont certains modèles existent déjà, sont beaucoup trop chers, et surtout ne disposent pas d'un parc d'applications suffisant. Les spécialistes pensent que le véritable intérêt du portable 64 bits se révélera en 2008, quand les machines seront descendues sous la barre des 1 500 euros.

Savoir ce dont vous n'avez pas besoin

Les portables ne sont généralement pas équipés d'un lecteur de disquette. Ni de disque Zip. Si vous en désirez un, il est toujours possible de l'ajouter comme périphérique, mais, honnêtement, inutile de transporter tout cela avec vous.

Par ailleurs, les portables ne sont pas dotés de connecteurs d'extension internes comme les PC de bureau. La plupart des portables sont en général fournis avec toutes les options préinstallées (encore une raison aux prix élevés de ces appareils).

Les possibilités d'extension externe des portables, principalement via les ports USB et FireWire (IEEE 1394), permettent d'ajouter sous forme de périphériques externes la plupart des périphériques de bureau. Mais attention ! On achète un portable pour sa *portabilité*, il est donc important qu'un maximum d'options soient déjà installées *lorsque vous achetez* le portable. L'ajout de suppléments reste possible, mais vous réduisez la portabilité de votre appareil.

Plus qu'un lecteur de disquette, envisagez un portable avec lecteur de carte mémoire. Un lecteur combiné de cartes Secure Digital et CompactFlash donne à votre portable la capacité de lire directement les supports utilisés par les appareils photo numériques. Il peut même servir de stockage amovible et pour échanger des données entre ordinateurs.

N'oubliez pas que la majorité des portables sont livrés avec un graveur de DVD double couche qui autorise l'utilisation des supports idoines. Ainsi, il est facile d'effectuer une sauvegarde sur CD ou DVD. Ajoutez à cela la possibilité d'utiliser des clés USB dont la capacité grandissante permet un échange et une sauvegarde temporaire de vos données. Le spectre du disque dur unique susceptible de tomber en panne sans prévenir et d'engloutir vos données s'éloigne si vous avez le réflexe CD, DVD et/ou clé USB.

Aspects propres aux portables

En plus des aspects matériels ordinaires, voici cinq éléments à considérer lors du choix d'un portable :

- Poids.
- Taille.
- Taille d'affichage.
- Autonomie.
- Type de batterie.

Poids. Presque tous les portables actuels pèsent entre 2 et 3,5 kg, avec quelques rares exceptions qui descendent sous la barre mythique des 2 kg, mais pour un prix tout aussi mythique. Les portables les plus lourds sont ceux qui sont dotés de plus de fonctions. Les modèles les plus légers soit présentent moins de fonctions, soit proposent des fonctions plus évoluées. On paie donc pour un faible poids, mais aussi pour un poids plus élevé (du fait des fonctions supplémentaires).

Taille. L'épaisseur de la majorité des portables est inférieure à 2,5 cm. Le format est grosso modo 27 cm x 33 cm. Ils pourraient être plus petits, mais il existe une limite due aux dimensions du clavier et de l'écran...

Affichage. Les fabricants ont découvert que les utilisateurs adorent les grands écrans LCD, malgré le surcroît de taille et de poids que cela implique. Pour un portable servant presque toujours au même endroit, rarement en déplacement, un grand écran est merveilleux. Néanmoins, pour la portabilité et une plus grande autonomie, préférez un petit écran.

TRUC

Malheureusement, ou heureusement, je ne sais pas très bien, l'idée lancée par Macintosh avec ses écrans *cinema display* fait des petits sur

PC. Les nouveaux modèles de portables, au demeurant fort chers, intègrent un écran TFT (LCD) à la norme WXGA, qui signifie *Wide XGA* et dont la résolution initiale est de 1 366 x 768 pixels. C'est le 16:9 du portable qui, en réalité, est un 16:10. Vous prendrez probablement beaucoup de plaisir à y regarder des DVD vidéo, mais est-ce bien nécessaire de dépenser autant pour vos feuilles de calcul Excel et vos documents Word ? Réfléchissez, et vous trouverez la réponse qui répond à vos besoins et à votre budget.

Autonomie. Malgré ce que clame la brochure, la plupart des PC portables ont une autonomie de deux à trois heures, alors que certains revendeurs ou sites de constructeurs annoncent des autonomies de 7 à 9 heures... en veille probablement. Plus vous en faites avec le portable, plus cette durée diminue (nombreux accès disque et réseau, et autres opérations consommant de l'électricité).

TRUC

L'autonomie est un vaste débat, car personne ne connaît vraiment les conditions des tests réalisés par les constructeurs. Ce qui semble s'affirmer comme une évidence est que la technologie Centrino d'Intel permet d'obtenir une plus grande autonomie. Pourquoi ? Parce que tous les composants périphériques sont conçus pour limiter au maximum leur consommation d'énergie. Dans ce cas, il est vrai que certains modèles bénéficient d'une autonomie de 5 heures !

Type de batterie. Il existe de nombreux types de batteries. Choisissez un modèle Lithium-Ion. Ne prenez pas une batterie Nickel-Cadmium (NiCad). Les batteries Lithium-Ion peuvent être rechargées à tout moment, elles n'ont pas les problèmes de "mémoire" des NiCad. Leur durée de vie est plus longue et elles conservent leur charge plus longtemps.

N'OUBLIEZ PAS

- Il n'y a rien d'incorrect à acheter un portable de 3,5 kg qui dispose de toutes les fonctions dont vous avez besoin.
- Pour plus d'informations sur les types de batteries et les problèmes de mémoire, voir le Chapitre 8.
- Les éléments importants dans le poids d'ensemble du portable – l'adaptateur secteur et le câble, les batteries supplémentaires, les disques, les manuels, etc. – ne sont pas inclus dans les indications de poids du constructeur. Pensez-y si le poids est un aspect très important dans votre cas.

- Les grands écrans LCD sont bien agréables, mais ils vident la batterie plus rapidement et augmentent le poids et l'encombrement de l'appareil.

- Les écrans les plus grands sont de même rapport de forme qu'un film sur DVD. Coïncidence ?
- Une astuce répandue pour donner l'impression que l'autonomie est plus importante est de spécifier le temps de fonctionnement avec deux batteries. Sur certains portables, on peut en effet remplacer une batterie vide par une pleine, ce qui allonge l'autonomie du portable.

- Fuyez les ordinateurs dits portables, mais qui ne fonctionnent pas sur batterie.

Possibilités d'extension du portable

Les portables disposent d'un système spécial de carte d'extension, dont le nom n'est plus PCMCIA. Il s'appelait autrefois PCMCIA et vous entendrez parfois ce terme. Dans les années 1990, il a été renommé *PC Card* (carte PC).

Le système PCMCIA, euh... carte PC, utilise des connecteurs et cartes d'extension spéciaux pour ajouter des fonctions à votre portable. Les dimensions des cartes sont à peu près celles d'une carte bancaire. Elles sont cependant plus épaisses (et ne proposent pas le débit différé). On glisse la carte dans un logement spécial, sur le côté du portable. Parmi les fonctions accessibles de la sorte, citons le lecteur de carte mémoire, la connexion réseau, plus de stockage.

Les portables disposent aussi parfois d'un système de disque interchangeable. Par exemple, le lecteur de CD-ROM ou de DVD est amovible, il est remplaçable par un second disque dur ou un lecteur de disquette. Le type de permutation est habituellement spécifique à certains modèles de portables ; on ne peut généralement échanger les disques entre portables de deux fabricants, à moins d'avoir une chance incroyable.

- D'accord : PCMCIA signifie Personal Computer Memory Card International Association. La belle affaire !

- On dit aussi que PCMCIA signifie People Cannot Memorize Computer Industry Acronyms (Les gens ne se souviennent pas des acronymes informatiques).

- Plutôt que de disposer de cette possibilité de permutation de lecteur, il est préférable de savoir exactement ce dont vous avez besoin dans votre portable. Les modèles sans possibilité de permutation de lecteur sont moins chers.

- Il existe d'autres possibilités d'extension du portable via les mêmes *ports* d'extension que sur PC de bureau. Il s'agit des ports USB standard, des ports série et parallèle (imprimante), et du désormais incontournable port IEEE 1394 ou FireWire capable de transformer le portable en unité de montage vidéo virtuel, ou encore d'utiliser des disques durs externes très rapides.

Options de communications

Le portable a soif de communications ! Par conséquent, il faut qu'il soit doté d'un modem interne et de la connexion réseau, soit par câble Ethernet, soit sans fil, soit les deux.

La majorité des portables sont dotés d'un port de communications infrarouge pour les communications avec d'autres périphériques infrarouges. Je suppose donc que le port infrarouge existe pour que vous puissiez, avec votre portable, changer les chaînes TV dans votre chambre d'hôtel.

- La connexion Ethernet est fournie via de l'électronique interne et un port RJ-45 (ou connecteur) sur le boîtier du portable. Si le portable n'est pas équipé de cette circuiterie interne, vous pouvez ajouter l'option via une carte PC.

- Le réseau sans fil est au standard 802.11. La version la plus répandue de ce standard est 802.11g. Certains systèmes plus anciens utilisent le 802.11b. (Certains portables sans fil exploitent les deux systèmes, 802.11g et 802.11b.) Au fait, c'est cela qu'on appelle le Wi-Fi.

- Les standards 802.11h et 802.11i seront probablement prochainement disponibles.

- Si le portable n'est pas équipé réseau sans fil, cette option s'ajoute via une carte PC. Choisissez une carte avec antenne apparente et réglable.
- Si le portable ne dispose pas d'un modem, il est aussi possible de l'ajouter via une carte PC.
- Pour plus d'informations sur le réseau, voir le Chapitre 9.

Matériel pour la gestion d'alimentation

Les ordinateurs de bureau sont équipés de certaines fonctions de gestion d'alimentation (possibilité de mettre l'ordinateur en veille ou en veille prolongée). Ces fonctions sont plus que nécessaires sur un portable. La gestion d'alimentation du portable consiste principalement à contrôler le débit réclamé à la batterie.

Assurez-vous que votre futur portable est capable de s'alimenter au compte-gouttes lorsque nécessaire (voir la technologie Centrino évoquée un peu plus haut). Le Chapitre 8 fournit des informations supplémentaires sur le sujet, mais il est utile de s'inquiéter de ces possibilités avant d'acheter votre portable.

Lorsque l'alimentation est un aspect important, préférez un microprocesseur qui consomme peu plutôt qu'un modèle haut de gamme mais très gourmand. Cela allongera l'autonomie. Gardez cependant à l'esprit qu'un microprocesseur haut de gamme garantit aussi une durée de vie utile plus longue à votre appareil.

Stations d'accueil et réplicateurs de port

Un élément facultatif pour le portable est la station d'accueil ou réplicateur de port. Bien que facultatif, je vous le recommande vivement.

La station d'accueil ou réplicateur de port sert de base pour votre portable lorsqu'il n'est pas en déplacement. Elle sert à recharger la batterie du portable, mais, plus important, dispose de connecteurs pour ajouter des options de bureau au portable. Concrètement, lorsque vous allez en déplacement, vous laissez branchés le clavier et l'écran de tailles normales à la station d'accueil, vous n'emportez que le portable.

- Un réplicateur de port peut se résumer à un dispositif qui se branche dans un connecteur spécial du portable. Le réplicateur de port permet de brancher sur le portable des périphériques standard de bureau.
- Les stations d'accueil sont généralement plus sophistiquées que les réplicateurs de port. Elles sont aussi plus chères.
- Il n'y a pas nécessité d'acquérir un réplicateur de port si vous achetez un portable déjà doté de tous les ports dont vous avez besoin.

Service et assistance

S'il vous plaît, ne faites pas l'erreur d'acheter le portable le moins cher au monde. Vous le trouverez, certes ! Vous découvririez que le portable en direct du fabricant vaut tel prix, qu'il est vendu ailleurs plus cher, mais moins cher ailleurs, et même encore moins cher là-bas. Résistez à la tentation !

Ceux qui sous-estiment le service et l'assistance lors de l'achat de leur portable sont condamnés à des problèmes. À la différence des ordinateurs de bureau, les portables contiennent de petits éléments matériels spécifiques et coûteux. Ces éléments ne sont pas facilement interchangeables comme le sont les éléments similaires d'un système de bureau. De ce fait, il est important d'acheter dans une boutique qui propose de l'assistance.

L'assistance technique (ou support technique) est préférable sous forme d'appel téléphonique gratuit pour obtenir de l'aide lorsque vous en avez besoin.

Le service est l'aspect réparation du portable. Le meilleur service est celui où le réparateur vient à domicile ou au bureau. Sinon, vous devrez lui apporter votre portable. Sans parler de devoir parfois le renvoyer directement au fabricant.

- Il existe une différence entre l'assistance concernant le côté matériel du portable et celle relevant du logiciel. L'assistance pour le logiciel est gérée par l'éditeur du logiciel, il ne s'agit pas de la même société que celle qui fabrique le portable.

- Il n'existe pas de problème en soi avec les services par correspondance. Sachez simplement que vous serez quelques jours sans votre "bébé", le temps qu'il soit réparé.
- Certains fabricants vous offrent un portable de remplacement lorsque le vôtre est en réparation. C'est un plus.
- L'absence de service et d'assistance explique pourquoi certains revendeurs offrent des portables à des prix si dérisoires. N'attendez pas que les employés dans ces commerces soient capables de vous aider, et le gars qui coupe la viande au rayon d'à côté ne pourra pas non plus réparer votre portable.
- Si vous vous déplacez beaucoup, préférez un portable de marque, que ce soit HP, IBM ou consorts. En effet, s'il tombe en panne, vous trouverez toujours un réparateur agréé quelque part. En revanche, si vous achetez, pas cher, un portable plus ou moins bricolé par un assembleur inconnu, au moindre souci il faudra le ramener au magasin où vous l'avez acheté. Pas très pratique lors d'un déplacement de plusieurs centaines de kilomètres !

Où acheter ?

Évidemment, vous achèterez votre ordinateur là où vous obtenez le meilleur prix tout en bénéficiant du service et de l'assistance désirés. Je recommande cependant les magasins d'informatique plutôt que les grandes surfaces, les boutiques de fournitures de bureau ou l'achat par Internet.

Les magasins d'informatique ont une réputation qui doit être à la hauteur de la clientèle servie. Bien que les prix n'y soient pas les plus bas, les personnes à qui vous aurez affaire sont des gens proches. Ce sont des gens que vous rencontrerez en chair et en os, éventuellement des voisins de quartier. De ce fait, je crois que la petite boutique d'informatique est le meilleur endroit pour acheter n'importe quel ordinateur.

- Je recommande vivement de rester dans les grandes marques de portables que vous connaissez. (Voir le problème posé par une panne en déplacement plus haut dans ce chapitre.)

TRUC

Extensions de garantie – N'achetez pas un portable sans elles !

Concernant l'achat d'ordinateur de bureau, j'ai toujours donné cette recommandation : épargnez-vous l'extension de garantie ! Les ordinateurs sont en effet des appareils fiables, robustes. Si un PC dépasse la période de garantie standard, il vivra probablement éternellement. De plus, la réparation ou le remplacement d'un élément sur un PC de bureau coûte souvent moins cher que l'extension de garantie proposée. Les portables, cependant, sont une autre affaire.

Les portables ne comportent pas les éléments remplaçables des PC de bureau. Souvent, lorsqu'un élément tombe en panne dans un portable, la totalité de l'unité doit être réparée ou remplacée. Cela coûte cher. Par exemple, le connecteur de l'écran d'un portable peut être une pièce à 23 centimes. Néanmoins, s'il se rompt, c'est la carte mère entière qui doit être remplacée, ce qui peut monter à 600 € sinon plus. C'est également vrai pour les autres éléments dans le boîtier du portable ; leur réparation n'est tout simplement pas bon marché !

Pour cette raison, je recommande vivement d'acheter l'extension de garantie du fabricant. J'*insisterai* même pour que vous preniez une extension d'au moins quatre ou cinq années pour tout couvrir, pièces et main-d'œuvre. Cela augmentera le prix de votre portable mais en vaut la peine. C'est un *investissement*.

- Hormis les magasins d'informatique, vous pouvez acheter votre portable là où vous vous sentez à l'aise. Mais n'oubliez pas le service et l'assistance !
- L'achat d'un portable par Internet est possible, mais en gardant bien à l'esprit le problème d'assistance !
- Si vous étudiez l'achat par Internet ou par catalogue, assurez-vous que l'adresse est bien annoncée, de façon à pouvoir vérifier son existence.
- En cas d'achat sur Internet ou par correspondance, vérifiez que votre carte bancaire ne sera débitée que le jour de l'expédition de la commande. C'est la pratique habituelle, mais apparemment certains commerçants n'en ont pas entendu parler.

- Dernier conseil pour un achat sur Internet : privilégiez les systèmes de carte bancaire virtuelle comme *e-carte bleue* où un numéro unique vous est délivré pour un achat unique. Votre numéro de carte ne peut donc pas être piraté, et s'il l'est il ne pourra pas être réutilisé.

Dernière étape : achat du portable

Lorsque vous êtes prêt à acheter votre portable, allez-y !

Cette partie va vous montrer les différents types de portables disponibles sur le marché en partant du transportable et en passant par le portable et l'ultra-portable, jusqu'au Tablet PC.

Les ordinateurs transportables

Ces ordinateurs sont destinés à remplacer les ordinateurs de bureau en offrant des performances d'un niveau égal aux meilleurs modèles fixes. Ils possèdent des écrans d'une taille allant de 16 à 19 pouces souvent au format 16/9e. Ces ordinateurs possèdent une connectique digne d'un PC de bureau, sorties vidéo, multiples USB, port FireWire,etc. L'inconvénient de ce type de machine est un poids élévé et une autonomie restreinte due à l'emploi de composants très puissant mais très gourmands en énergie. La Figure 2.1 vous montre un transportable haut de gamme.

Les ordinateurs portables standard

Cette catégorie est de loin la plus riche en gamme et en prix. Ces ordinateurs pèsent entre 2,5 et trois kilos et possèdent des écrans dont la taille varie entre 12 et 14 pouces. Ce sont les modèles les plus vendus et c'est dans cette gamme que l'on trouve le plus de différences entre les modèles. Ces ordinateurs possèdent des processeurs allant du Céléron d'Intel pour les modèles de base, jusqu'au processeur Intel Core Duo pour les modèles les plus honéreux. La Figure 2.2 montre un ordinateur portable standard.

Figure 2.1
Un ordinateur transportable.

Figure 2.2
Un modèle de type portable standard.

Les ordinateurs ultra-portables

Ordinateurs possèdent des dimensions réduites et un poids qui permet de les transporter très facilement. Il disposent d'écrans dont la taille est comprise entre 10 et 13 pouce., Ils possèdent toutes les connexions de base mais n'offrent pas autant de possibilités que les modèles cités plus haut. Leurs poids varie entre 1,5 et 2k. Les modèles les plus évolués ont une autonomie élevée. Ces modèles peuvent être installés dans des station d'accueil au bureau afin de les connecter à des grands écrans et pour pouvoir utiliser un clavier standard pour la saisie. La Figure 2.3 montre un ordinateur de type ultra-portable et la Figure 2.4, un station d'accueil.

Figure 2.3 Un ultra-portable, c'est encore plus petit.

Les Tablet PC

Ces ordinateurs sont une sorte de croisement entre un PDA et un ordinateur portable standard, Ils sont équipés d'un écran tactile pivotant et possèdent généralement un stylet pour faciliter la saisie à l'écran

Figure 2.4
Un station d'accueil avec ses connecteurs.

Figure 2.5
Le Portégé M400 associe les meilleures technologies dans un boîtier fin et léger de 2,1 kg.

(saisie qui peut également s'opérer au clavier). Ce sont des machines chères et très gadget qui n'ont pas encore trouvé leur réel public en Europe. La Figure 2.5 montre le Portégé M400 de Toshiba. Cet ordinateur est animé par un microprocesseur Intel Cord Duo 2, il possède un écran de 12,2 pouces, 1 Go de mémoire vive, un disque dur de 120 Go et un combiné lecteur/graveur de CD/DVD.

Deuxième partie

J'ai mon portable. Et maintenant ?

Dans cette partie...

À la différence des robots personnels du futur, votre portable ne va pas sauter de sa boîte, se présenter et vous serrer la main. Ce serait agréable.

En attendant, vous avez ce livre entre les mains, écrit par de belles mains, et qui vous plonge dans de la bonne réalité... Cette partie du livre vous présente l'ordinateur portable. Vous découvrirez ses diverses fonctions, les choses importantes à connaître – en particulier ce qui différencie un portable d'un ordinateur de bureau. Envisagez cela comme votre initiation au portable, la découverte de votre nouvel ami électronique.

Chapitre 3

Déballage et installation d'un portable

Dans ce chapitre :

- Déballage du portable.
- Que garder, que jeter.
- Installation du portable.
- Trouver une place au portable.
- Branchement.
- Employer ou non un onduleur.

Il est assez intrigant de voir la si grande taille des cartons dans lesquels les portables sont livrés. De quoi penser qu'on s'est trompé dans la livraison : vous n'avez jamais commandé quelque chose de si gros. Après ouverture, vous découvrez l'engin, en sécurité au milieu de copeaux de mousse ou d'autres matériaux d'emballage. En fait, le carton contient pas mal d'autres choses. Or, dans de nombreux cas, les instructions pour installer la bête ne se trouvent pas avec le reste (manuels des logiciels, divers papiers, etc.) !

Pas de panique, gentil propriétaire de portable. Ce chapitre a été écrit pour pallier cela. Moi-même, j'ai été confronté à cette peur en ne trouvant pas quelque document du genre "Pour commencer". Même une simple feuille d'instructions de mise en place aurait été mieux que le néant qui accompagne la plupart des ordinateurs portables. Pour pallier ce manque, ce chapitre indique tout ce que vous devez connaître sur le déballage et l'installation du portable.

Déballage : les bases

Personne n'explique à un enfant comment ouvrir ses cadeaux de Noël. Vous indiquer comment ouvrir le carton de votre portable peut donc paraître assez futile. Pourtant, après des années de déballage de cartons d'ordinateurs, j'ai tout un tas de conseils et de suggestions :

- S'il existe des instructions sur le déballage, prenez-en connaissance ! Je pense particulièrement aux étiquettes du type "Open other side (Ouvrez par l'autre côté)" ou "Remove first (À enlever en premier)".
- Détachez le bon de livraison (s'il y en a un) scotché sur le carton. Il vous permettra de vérifier que vous avez reçu l'intégralité de votre commande. (La facture se trouve plutôt généralement dans le carton.)
- Ne jetez rien ! Si le portable présente un problème, il faudra renvoyer l'ensemble.
- Vérifiez que les boîtes ne contiennent pas d'autres boîtes. Attention aussi aux éventuels éléments collés sur les côtés ou les extrémités du matériau d'emballage.
- Ne remplissez aucune carte de garantie ou d'enregistrement tant que vous n'êtes pas certain que le portable fonctionne.

- Ouvrez toujours les cartons d'équipement informatique à la main. N'employez pas de cutter, vous risquez de tailler dans quelque chose d'important.

- Attention aux grosses agrafes utilisées pour fermer les cartons. Elles peuvent être propulsées lorsque vous ouvrez le carton avec force, et rester sur le sol attendant un pied nu.

- Enfin, si vous vous faites livrer le portable, retenez de gré ou de force le transporteur ! Déballez l'appareil devant lui pour constater l'absence de casse quelconque. Ce n'est qu'après cette vérification que vous signerez le bon de livraison.

Faire des piles pour les éléments sortis du carton

Les portables, comme tous les ordinateurs, sont fournis avec de nombreuses choses. Certaines sont à conserver, d'autres à jeter. À ce stade, le plus important n'est pas de prendre une décision sur ce qui est à conserver et à jeter. Faites plutôt des piles avec les éléments trouvés dans le carton.

Premièrement, déballez le portable. Sortez-le de son éventuel sac en plastique ou autre matériau de calage. Ne l'ouvrez pas (c'est bien sûr tentant). Posez simplement l'engin sur une table.

Deuxièmement, voyez les divers éléments matériels fournis avec le portable. Cela inclut l'adaptateur secteur, le câble d'alimentation, les batteries supplémentaires, le câble téléphonique, les adaptateurs, les connecteurs, des bidules bizarres que vous finirez par perdre, et d'autres choses.

Troisièmement, faites une pile avec les disques fournis avec le portable (CD-ROM ou DVD-ROM).

Quatrièmement, faites une pile avec la paperasserie. Il y a trois catégories de paperasserie : manuels, garanties, offres spéciales, ainsi que divers papiers dont l'importance ne peut être déterminée.

Enfin, replacez tout matériau d'emballage dans le carton, y compris les sacs plastique, les tortillons de serrage des câbles et les sachets de silice que le fabricant vous indique de ne pas manger (probablement parce que le produit à l'intérieur a goût de bonbon).

- Si le portable est fourni avec un manuel de prise en main, considérez-vous chanceux. La majorité des portables arrivent sans ce genre de manuel.

- Parfois, la seule documentation fournie avec le portable est une liste répertoriant les endroits où vous pouvez le faire réparer.
- Des disques de logiciels sont inclus même si les logiciels sont déjà installés sur le portable. Ne jetez pas ces disques ! Ils sont fournis pour le cas où vous devriez réinstaller les logiciels.

Une fois le portable installé, séparez les piles en deux tas. Le premier comporte le portable et tout ce qui est nécessaire pour son fonctionnement. Dans la plupart des cas, il s'agit sommairement du portable lui-même et du câble d'alimentation. (La batterie est à l'intérieur du portable.) Le reste des éléments doit être rangé ailleurs, dans un tiroir ou une boîte.

TRUC

J'ai dans mon bureau une étagère où je range une boîte pour chacun de mes ordinateurs. La boîte contient toutes les choses fournies avec l'ordinateur et que je veux conserver : manuels, documentations et autres éléments à garder.

Combien de temps dois-je garder le carton ?

Je vous recommande de conserver le carton et le matériau d'emballage pendant toute la durée de vie du portable. S'il fallait renvoyer le portable pour le faire réparer, vous auriez ainsi l'emballage d'origine.

Lorsque le portable rendra l'âme, vous pourrez le fourrer dans son emballage et jeter l'ensemble.

- De nombreux revendeurs et centres de réparation n'acceptent pas les portables qui n'ont pas leur emballage d'origine.
- Si vous n'avez pas l'emballage d'origine, vous pourrez en commander un autre – mais pourquoi payer alors qu'il suffit de garder l'original ?
- Non, il n'est pas nécessaire d'emballer le portable lorsque vous vous déplacez ; il suffit de glisser le portable dans une mallette ou tout autre sac de transport de qualité. Le carton ne sera nécessaire que si vous devez expédier le portable.

Quand renvoyer la garantie ?

Attendez une semaine pour vous assurer que le portable fonctionne et que vous avez tout ce que vous aviez commandé. Lorsque vous êtes satisfait, remplissez la carte de garantie et envoyez-la.

Certains fabricants, Apple par exemple qui, rappelons-le, ne fabrique et ne vend que des Macintosh, demandent un enregistrement immédiat par Internet du produit acheté. Toutefois, si vous avez retiré le produit dans un magasin, et si votre revendeur est une personne consciencieuse, il vous recommandera de n'enregistrer votre achat que 15 jours plus tard. Ainsi, si l'appareil tombe en panne, le revendeur vous le remplacera immédiatement. En revanche, l'enregistrer instantanément impose au revendeur de renvoyer le portable chez Apple France pour un constat de la panne, une réparation sous garantie, et peut-être même l'échange standard de l'ordinateur. Mais, que de temps perdu !

Lorsque vous commandez un ordinateur en direct du fabricant, il est souvent inutile de renvoyer la carte de garantie.

Cependant, dans certains cas, le renvoi de la carte de garantie détermine la date de début de garantie. La garantie débute sinon le jour de fabrication du portable, ce qui peut être trois mois avant ! Lisez la carte pour contrôler.

Installation du portable

Les caractéristiques varient d'un portable à l'autre : chaque portable ne présente pas la même disposition de clavier ; le lecteur/graveur de CD-ROM ou de DVD peut se trouver à l'avant, à gauche, à droite ou ne pas exister ; les connecteurs peuvent être sur les côtés, à l'arrière ou les deux ; et le bouton d'alimentation ? Il peut se trouver *n'importe où !*

Au-delà des différences, si vous plissez assez les yeux, tous les ordinateurs portables se ressemblent. L'installation est similaire, aussi les sections ci-après traitent-elles d'aspects identiques quel que soit le portable.

Si vous trouvez dans le carton du portable des instructions spécifiques concernant l'installation ou si vous disposez d'un manuel, lisez-les.

Faut-il charger la batterie ?

La batterie est soit préinstallée dans le portable (elle est éventuellement inamovible), soit fournie séparément et donc à installer.

Installez la batterie. Heureusement, c'est une des choses pour lesquelles des instructions sont fournies avec le portable. Les instructions indiqueront comment l'installer, ou encore quel dispositif ôter pour la mettre en fonction, ou donneront d'autres indications de préparation.

- Vous pouvez utiliser votre portable sans la batterie, mais il est cependant important de commencer par s'assurer qu'elle fonctionne.
- Certaines batteries sont vides et doivent être chargées avant utilisation. Cela s'opère normalement en installant la batterie dans le portable, puis en branchant l'adaptateur secteur dans une prise murale et sur le portable. Le chargement de la batterie est automatique.
- La charge complète demande habituellement plusieurs heures. La durée dépend du type de batterie, du matériel de gestion d'alimentation et si vous utilisez ou non le portable en même temps.
- Si la pile est déjà chargée, installez-la et vous serez prêt !
- Le fabricant peut indiquer que la batterie est totalement chargée, mais ne soyez pas surpris si ce n'est pas le cas. Ce n'est pas un problème ; installez la batterie et branchez le portable. Elle se rechargera.
- Je laisse habituellement mon portable se charger la nuit.
- Rangez les batteries supplémentaires ou de rechange dont vous ne vous servez pas. Le Chapitre 8 étudie le stockage des batteries.
- Vous y trouverez également plus d'informations sur la gestion de l'alimentation en général.

Faut-il assembler quelque chose ?

Outre la batterie, il est possible que vous deviez assembler quelque chose. Prions pour que cela ne vous arrive pas ! J'ai connu des portables arrivant avec la mémoire, le disque dur et d'autres options non installés. Dans ce cas, c'est à vous d'installer correctement les éléments. Bonne chance !

- La majorité des portables sont fournis totalement assemblés. D'ailleurs, l'installation de fonctions supplémentaires n'est pas même possible dans de nombreux cas.
- Heureusement, l'installation d'éléments comme la mémoire ou un adaptateur réseau ne se fait qu'une fois. Suivez bien les instructions. Lisez-les avant de commencer l'installation. Dans la plupart des cas, l'opération se déroulera sans accroc. Sachez que la plupart des éléments s'insèrent dans une seule position, cela permet de ne pas se tromper.

- Attention aux décharges d'électricité statique. Cette toute petite étincelle que vous pouvez produire un jour bien sec peut endommager votre portable de façon définitive. Lors de l'installation d'options, gardez toujours une main sur le boîtier du portable. Cela abaisse le risque d'une décharge d'électricité statique.

- Si votre portable est fourni avec une station d'accueil ou un réplicateur de port, ne vous en occupez pas pour l'instant. Un portable fonctionne très bien sans ce dispositif, je recommande donc d'exploiter le portable quelque temps avant de monter la station d'accueil ou le réplicateur de port.

Trouver une place au portable

Un portable peut se placer n'importe où, n'importe quand. Avec sa batterie chargée, il est partout chez lui ! Cela dit, il est possible de placer un portable là où vous en avez envie : la table de la cuisine, du salon, un vrai bureau, un meuble informatique, au lit, etc.

Il est préférable de placer le portable sur une surface plane. En effet, le ventilateur d'extraction de la chaleur se situe généralement sous l'ordinateur. Plus vous réduisez l'espace d'évacuation, plus vous risquez des surchauffes, donc autant de risques d'endommager l'appareil. Tenez-le éloigné des boissons et aliments.

Lorsque j'utilise mon portable dans la maison, je le branche sur le secteur. Par exemple, si je navigue sur Internet tout en regardant un match de football à la télévision, je place le portable sur la table du salon et je le branche derrière le divan. Je place la bière et les biscuits loin du portable.

Si votre portable ne bénéficie pas d'une place spéciale, accordez-lui au moins un rangement bien à lui. J'ai vu des portables glissés sur des étagères entre les romans de Camus et Céline. Vous pouvez ranger le portable dans un tiroir ou une armoire, ou dans la boîte que vous avez réservée aux divers éléments fournis avec le portable. Le ranger toujours à la même place veut aussi dire que vous saurez toujours où il est lorsque vous en aurez besoin.

Évitez de placer le portable dans un endroit trop chaud. Les portables d'aujourd'hui chauffent déjà beaucoup tout seuls. Tout ce que vous pourrez faire pour refroidir le portable sera bon pour lui.

Lorsque le portable dispose d'une station d'accueil ou d'un réplicateur de port, essayez de laisser cet élément toujours à la même place. Placez la station d'accueil ou le réplicateur de port dans un coin de bureau. Laissez branchés les divers périphériques (imprimante, clavier externe, souris, écran de grande taille, scanner et autres).

TRUC

Une plate-forme légèrement surélevée au-dessus du bureau est un bon endroit pour un portable. Vous utilisez ensuite un clavier externe pour taper, placé à même le bureau. De la sorte, l'écran du portable se trouve au niveau des yeux, ce qui vous fait naturellement prendre une meilleure posture (vous serez moins sujet au mal de cou).

- Certes, l'on peut utiliser un portable n'importe où, ce n'est pas une raison pour ignorer l'ergonomie ! Par exemple, lorsque le portable est sur une table de salon et si vous commencez à avoir mal au dos, arrêtez ! Trouvez un meilleur endroit pour travailler, plus confortable.

- Pour en savoir plus sur le branchement de périphériques à votre portable, voir le Chapitre 7.

Dernière chose à faire : branchez-le !

Une fois que vous avez choisi l'emplacement définitif de votre portable – même s'il n'est définitif que jusqu'au moment où vous en trouverez un autre –, branchez-le (Figure 3.1).

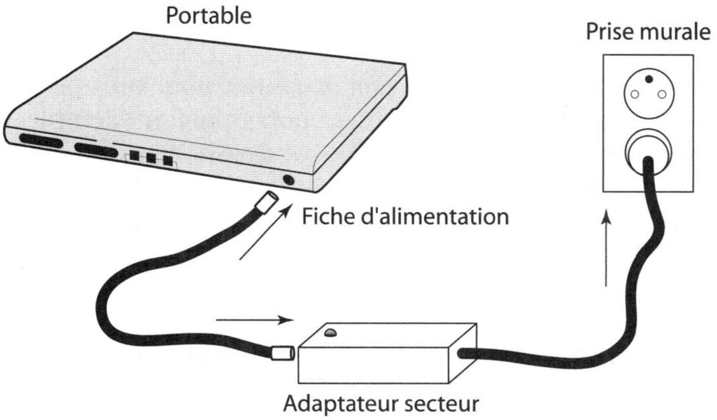

Figure 3.1 Branchement du portable.

Branchez le câble d'alimentation à l'arrière ou sur le côté du portable. Sur les portables récents, le connecteur du câble d'alimentation est éventuellement de couleur jaune ; le trou jaune est donc là où le câble d'alimentation se branche. De toute façon, la fiche d'alimentation est spécifique ; elle ne peut se brancher dans aucun autre trou du portable.

Connectez si nécessaire le câble d'alimentation à l'adaptateur secteur. Branchez l'adaptateur secteur au mur.

Voilà. Le portable est maintenant prêt à l'usage.

Faut-il brancher le portable sur un onduleur ?

Je conseille aux possesseurs d'ordinateurs de bureau d'investir dans un onduleur, notamment doté de protection contre les surtensions. Cet appareil protège l'ordinateur des défauts d'électricité et fournit du courant en cas de coupure.

Il n'est pas nécessaire de brancher un portable sur onduleur. La principale raison est que votre portable est déjà doté d'une batterie. Lorsque le portable est branché sur une prise électrique et que l'électricité se coupe (ou que quelque plaisantin vous débranche), le portable permute immédiatement sur sa batterie interne. Rien n'est perdu !

- Je recommande en revanche de brancher le portable sur une multiprise avec protection contre les surtensions et filtrage (les célèbres prises dites *parasurtenseurs*). Cela aide à fournir un courant propre et régulier.
- Il serait sage d'employer un onduleur pour tout périphérique de stockage externe connecté au portable. Par exemple, un disque dur externe. De même pour le modem ADSL ou câble, ainsi que le routeur. En revanche, inutile de brancher un scanner ou une imprimante sur onduleur.
- En règle générale, si un orage est proche, ne branchez pas votre portable sur le secteur, à moins d'utiliser une prise avec protection contre les surtensions. Servez-vous du portable sur batterie jusqu'à ce que l'orage passe.
- Pour plus d'informations sur les batteries, voir le Chapitre 8.

Et maintenant ?

Laissez-moi deviner : après installation du portable, vous allez vouloir l'allumer et voir comment il fonctionne. C'est ce qu'étudie le Chapitre 4. Il présente également des détails sur l'utilisation de Windows XP sur portable et décrit les nombreux moyens d'éteindre votre ordinateur portable (ce qui peut être perturbant si vous n'avez jamais employé d'ordinateur sur batterie auparavant).

Concernant les batteries, le Chapitre 8 indique aussi comment prendre correctement soin de la batterie du portable.

Enfin, avant de partir en déplacement, lisez le Chapitre 15.

Chapitre 4

Allumer et éteindre un portable

Dans ce chapitre :

- Allumer le portable.
- Trouver le bouton d'alimentation.
- Démarrer Windows.
- Les emplacements élémentaires dans Windows.
- Possibilités pour éteindre le portable.
- Mettre le portable en veille.
- Mettre le portable en veille prolongée.
- Problèmes d'arrêt.
- Changer l'action du bouton d'alimentation.

Les ordinateurs ne sont plus dotés d'interrupteurs d'alimentation on/off depuis la fin des années 1990. Ce sont les portables qui ont amorcé la tendance. Pour quelque raison, les chercheurs en informatique ont décidé que les consommateurs étaient juste trop satisfaits avec un bon vieux bouton on/off fiable, évident. Ce bouton donnait à l'utilisateur bien trop de contrôle pour éteindre l'ordinateur à sa guise. Une autre voie fut développée : le frustrant *bouton d'alimentation.*

À la différence de l'interrupteur on/off familier, la fonction du bouton d'alimentation n'est pas d'allumer ou d'éteindre directement l'ordinateur.

Allumer le portable

Allumer le portable s'opère facilement en appuyant sur le bouton d'alimentation. Un singe aux yeux bandés en serait capable. Où ce singe et de nombreux utilisateurs sont souvent embêtés, c'est pour *trouver* le bouton d'alimentation.

N'OUBLIEZ PAS

Il s'agit d'un *bouton d'alimentation*, pas d'un interrupteur on/off.

Avant de démarrer !

Placez le portable à un bon emplacement où vous serez dans une position correcte pour travailler. Si vous disposez d'une prise à proximité, branchez le portable. Utilisez toujours le courant lorsqu'il est disponible. Économisez la batterie pour plus tard.

- Lorsque le portable dispose d'une station d'accueil ou d'un réplicateur de port, connectez selon les instructions.
- Pour en savoir plus sur l'installation du portable, voir le Chapitre 3.
- Concernant les déplacements avec un portable, voir la Quatrième partie.

Ouvrez le capot

Le portable doit être ouvert. Impossible de voir l'écran et d'employer le clavier capot fermé. Il y en a qui ont essayé. Ils ont eu des problèmes.

Attention ! Le capot est doté d'un verrou, possiblement deux. Le verrou se présente sous forme d'un bouton à pousser ou d'un petit curseur à pousser latéralement pour libérer le capot. Lorsque vous libérez le ou les verrous, le capot du portable se soulève légèrement. Relevez-le pour lui donner l'angle adapté à un bon affichage (Figure 4-1).

- Dans le cas où le portable comporte un verrou qu'il faut libérer pour ouvrir le capot, il se trouve généralement au milieu.

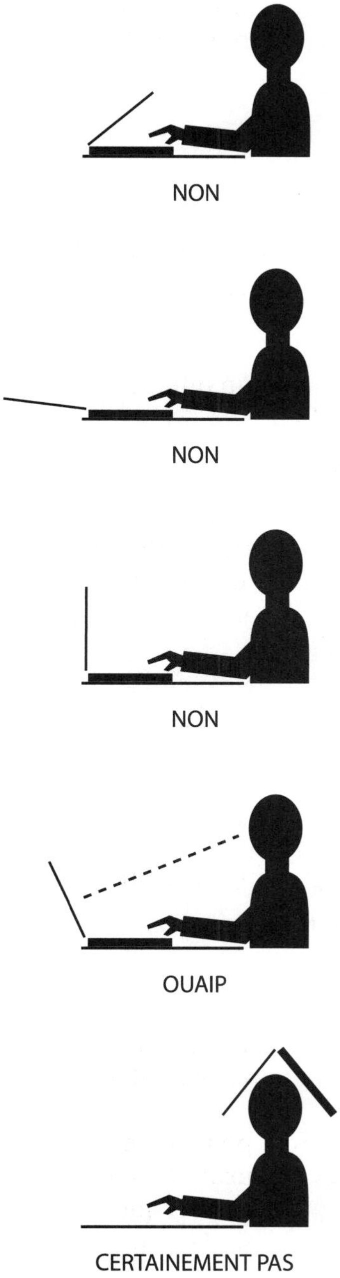

Figure 4.1 Réglez le capot pour voir l'écran sous un angle qui vous convient.

Lorsqu'il y a deux verrous, ils se trouvent dans les coins à l'avant du portable, soit en façade, soit sur les côtés (Figure 4.2).

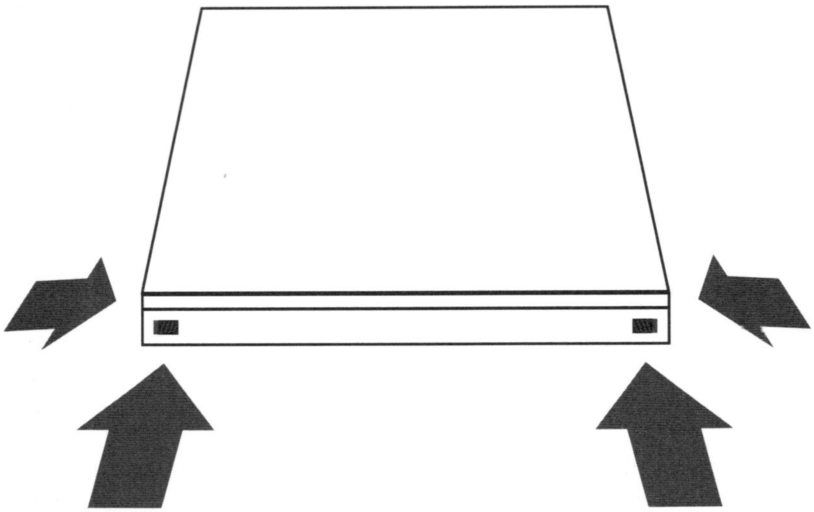

Figure 4.2 Emplacements possibles des verrous de capot.

- La façade du portable est le côté sans connecteurs. (Un portable peut cependant comporter quelques connecteurs à l'avant.)
- Il est possible de configurer le portable pour qu'il reste allumé même capot fermé, par exemple lorsqu'il est dans sa station d'accueil ou qu'un écran et un clavier externes sont branchés. Pour les détails, voir le Chapitre 7.

ATTENTION !

- Sachez que le système de refroidissement de votre portable est conçu pour un capot ouvert. De nombreux utilisateurs ayant exploité leur portable écran fermé ont grillé ce dernier. Attention !

Où est le bouton d'alimentation ?

Les concepteurs de portables adorent cacher le bouton d'alimentation. La tendance est maintenant de le placer sous le capot du portable ; vous devez donc soulever le capot pour le trouver et pouvoir allumer le portable. C'est une sécurité au regard des risques encourus à allumer un ordinateur capot fermé.

- Sur les portables plus anciens, le bouton d'alimentation est susceptible d'être n'importe où : devant, sur la gauche, sur la droite, à l'arrière.
- Le bouton d'alimentation peut être un interrupteur-curseur à ressort, qu'il faut pousser latéralement, puis relâcher.
- Certains boutons d'alimentation sont de petits boutons-poussoirs que j'appelle "poussons et prions". Il n'y a pas la sensation d'actionner un bouton ; il faut se contenter d'appuyer dessus avec le doigt et de prier que le portable comprenne vos intentions.
- Collez éventuellement un point rouge à côté du bouton d'alimentation pour mieux le repérer. Une fois que vous aurez bien intégré où se trouve le bouton, vous constaterez que cela ne vous est d'aucune utilité sur les portables des autres, car le bouton d'alimentation n'est jamais deux fois au même emplacement.
- De plus en plus de portables présentent un assez gros bouton de mise sous tension, qui en outre s'allume et reste éclairé durant toute l'utilisation de l'ordinateur. Dans ces conditions, difficile de se tromper sur les intentions de ce bouton lumineux. Bien entendu, il s'agit d'une lumière très faible qui ne perturbe en rien votre travail à l'écran.

À quoi sert le bouton lune ?

L'icône de lune désigne le bouton de *veille*. Il peut s'agir d'un bouton en plus de celui d'alimentation, mais sur la plupart des portables modernes les boutons de veille et d'alimentation sont les mêmes.

L'icône de lune reste utilisée sur de nombreux portables pour indiquer que l'ordinateur est en veille (suspension d'activité). Vous trouverez donc éventuellement cette icône dans la rangée de symboles sur votre portable, sans pour autant qu'elle soit associée à un bouton particulier.

- Le mode veille est étudié plus loin dans ce chapitre, à la section "Mettre le portable en veille".
- Pour plus d'informations sur les symboles trouvés sur votre portable, voir le Chapitre 5.

Divers symboles de boutons d'alimentation

Béni soit le possesseur de portable dont le bouton d'alimentation est orné d'un symbole. Et sage est celui qui reconnaît ce symbole comme étant celui d'un bouton d'alimentation. Ainsi soit-il. Amen.

La Figure 4.3 présente un assortiment de symboles de boutons d'alimentation d'ordinateurs portables.

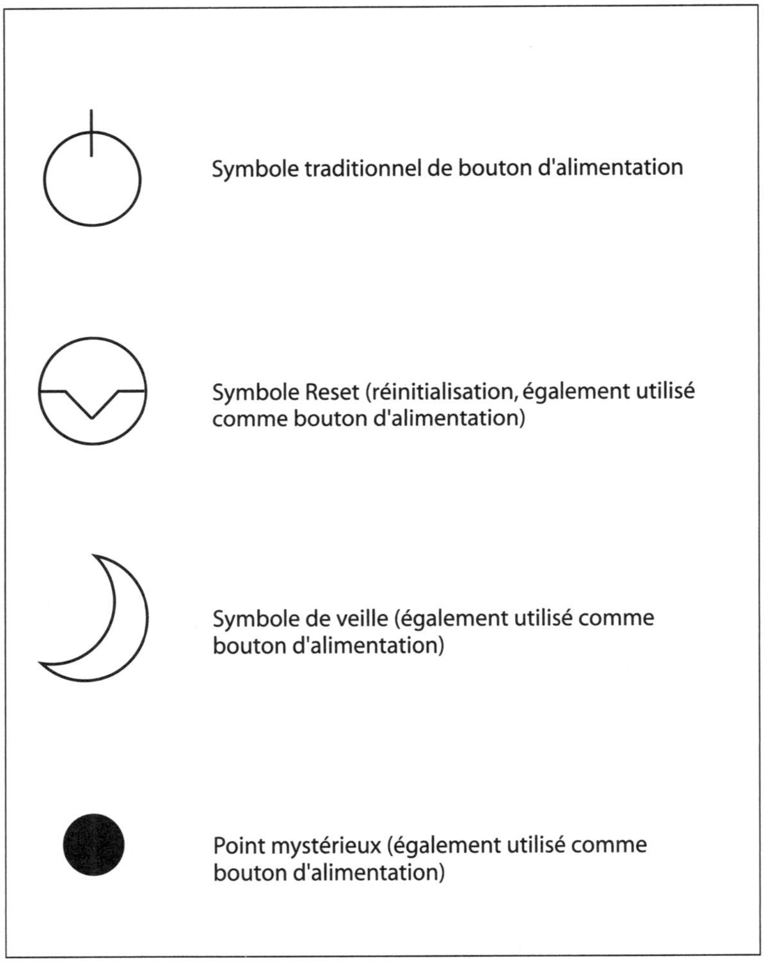

Figure 4.3 Symboles de boutons d'alimentation communs et occultes.

Moteur !

Pour allumer votre portable, appuyez sur le bouton d'alimentation.

- Si vous avez du mal à trouver le bouton, voyez les sections précédentes.
- Si rien ne se produit, la batterie est probablement déchargée : branchez le portable sur une prise murale à l'aide du câble secteur ou de l'adaptateur idoine.
- Vérifiez bien tous les câbles d'alimentation. L'adaptateur secteur peut être débranché du câble allant à la prise murale.
- Si tout est branché et que rien ne se produit, vous avez un problème. Contactez votre revendeur ou le fabricant du portable.

Brève incursion dans Windows

Au démarrage de votre portable, certains messages s'affichent, ainsi éventuellement qu'un logo ou une autre image. Puis le système d'exploitation de l'ordinateur, son principal programme, se charge. Pour les PC portables, ce programme est Windows.

La version de Windows utilisée sur les portables est identique à celle des ordinateurs de bureau. Il existe cependant des options spéciales portables, en particulier pour la gestion de l'alimentation et le contrôle de la batterie. Vous trouverez éventuellement quelques utilitaires et autres bonus installés par le fabricant du portable. En dehors de cela, c'est le même Windows que vous connaissez et décriez.

Les sections suivantes étudient quelques aspects de Windows avec lesquels les utilisateurs d'ordinateur portable doivent être familiers.

- Ici, la version de Windows abordée est Windows XP.
- Pour en savoir plus sur Windows, procurez-vous un bon livre sur Windows XP. (La dernière fois que j'ai regardé, il n'y avait pas de livres sur Windows spécifiques aux portables.)

NOTE TECHNIQUE

Termes techniques pour allumer un ordinateur

Malgré des années d'effort, l'industrie informatique continue d'employer du jargon technique primitif pour dire "allumer un ordinateur".

Boot. Le plus ancien et mystérieux terme informatique pour dire Démarrer. (Certes cela entend également la procédure d'initialisation de l'ordinateur, c'est-à-dire l'exécution d'un certain nombre d'instructions réalisées par un petit programme appelé BIOS qui est une mémoire permanente installée sur la carte mère. *Booter* est donc un peu plus qu'allumer ou simplement démarrer un PC. On parle alors plus aisément de *séquence de démarrage*. Lisez à ce sujet le prochain encadré.)

Démarrage à froid ou boot à froid (cold boot). Allumage de l'ordinateur alors qu'il est éteint depuis déjà quelque temps. Voir *redémarrage à chaud.*

Mettre hors puis sous tension (cycle power). Éteindre l'ordinateur, attendre quelques secondes, puis le rallumer. Cette opération est souvent requise lorsqu'on essaie de dépanner quelque chose.

Das Boot. Pas du tout un terme informatique, mais le titre d'un film sur un sous-marin allemand (U-boot) de la Seconde Guerre mondiale.

Mettre sous tension/Mettre hors tension.

Redémarrer/rebooter/réinitialiser. Il faut parfois redémarrer un ordinateur, c'est-à-dire l'éteindre et le redémarrer aussitôt. Cette opération s'effectue sans éteindre l'alimentation et se dit *redémarrer, rebooter* ou *réinitialiser.*

Démarrer/Allumer. Termes plus humains.

Redémarrage à chaud (warm boot). Un autre terme pour redémarrer, rebooter ou réinitialiser.

Windows, première fois

Lorsque vous allumez pour la première fois votre portable, Windows vous guide dans diverses étapes prévues pour vous aider à le configurer. Des questions vous sont posées comme dans quel fuseau horaire vivez-vous, quel est votre nom, celui de votre société. Cela sert à achever l'installation de Windows, qui a commencé en usine avant expédition de votre portable.

Le setup du portable

Les PC, portables inclus, sont dotés d'un programme spécial de démarrage, le setup. Ce programme ne fait pas partie du système d'exploitation de votre ordinateur (Windows). Il est intégré à l'électronique de l'ordinateur (ou chipset). On l'appelle aussi BIOS.

Le setup sert à configurer le matériel de votre portable. Il tient registre de choses comme la quantité de mémoire (RAM) installée, le type de disque dur, s'il existe ou non un lecteur de CD-ROM ou de DVD, et d'autres options touchant le matériel. Le setup stocke également la date et l'heure, entre autres choses.

Il est important de savoir comment entrer dans le setup du portable. On y parvient habituellement en appuyant sur une ou plusieurs touches juste après l'allumage de l'ordinateur (et avant le démarrage de Windows). Sur la plupart des portables, la touche Suppr ou F1 sert à interrompre le démarrage normal et à entrer dans le setup. (Si votre portable utilise une autre touche, notez-le quelque part.)

Il existe dans le setup un système de sécurité, avec habituellement la possibilité de créer un mot de passe. Je ne vous conseille pas de créer maintenant ce mot de passe (alors que vous commencez seulement à exploiter votre portable). Pour plus d'informations sur la sécurité des portables, voir le Chapitre 17.

Lisez bien les instructions affichées. C'est sans douleur et rapide.

Lorsque l'on vous demande de créer des comptes d'utilisateurs, créez-en juste un pour vous-même. Ne vous lancez pas dans la création de comptes pour chaque membre de votre famille. Vous pourrez le faire plus tard, si d'autres personnes doivent *réellement* exploiter l'ordinateur.

- Le nom que vous entrez comme administrateur sera utilisé par Windows à divers endroits.
- N'oubliez pas votre mot de passe d'administrateur ! Pour plus d'informations, lisez l'encadré "Mots de passe".
- Rien ne vous oblige à employer votre véritable nom pour votre compte Windows XP. En effet, l'informatique est assez sophistiquée, mais pas au point de vous identifier par vos nom, prénom,

adresse, numéro de Sécurité sociale... mais ne vous inquiétez pas, ou plutôt si inquiétez-vous, car cela ne va pas tarder à se faire ! Par exemple, tapez le nom donné à l'ordinateur. Cela n'a réellement aucune importance.

- La saisie d'un nom d'organisation est facultative, mais cela peut être amusant de taper un nom fictif comme "Services secrets".

Mots de passe

Windows permet d'associer un mot de passe à votre compte. Ce mot de passe sera réclamé à l'ouverture de Windows. C'est facultatif pour un utilisateur isolé, et complètement inutile lorsque vous ne travaillez pas dans un endroit où quelqu'un peut vous voler votre ordinateur pour y fouiner. En revanche, au bureau ou à l'école, je vous recommande vivement de créer un compte avec mot de passe.

Étant personnellement seul dans mon bureau, j'utilise le même mot de passe vide sur tous mes ordinateurs : `rien`. Il est certes considéré comme non sûr, mais je suis seul dans mon bureau et je m'en souviens facilement. Si vous êtes dans une situation similaire, envisagez de même un mot de passe simple.

Dans les situations où d'autres peuvent utiliser votre système, définissez un mot de passe qui contienne une combinaison de chiffres et de lettres. Par exemple, si vous avez vécu un jour au 48 rue Elsa, `elsa48` conviendra. Une autre technique est d'employer deux mots sans rapport et de les relier par un chiffre comme `dents7pasdelamer`.

Pour en savoir plus sur les mots de passe et la sécurité sous Windows XP, voir le Chapitre 16.

Inutile de préciser qu'il ne faut pas oublier le mot de passe choisi ! Il n'existe aucun moyen d'ouvrir Windows en cas de perte de mot de passe.

Logiciel d'offre spéciale

Suite à la configuration de Windows, vous rencontrerez éventuellement une routine d'enregistrement de quelque logiciel spécial fourni avec le portable.

Vous pouvez reporter cet enregistrement à plus tard. Généralement, on retrouve l'icône du programme d'enregistrement sur le bureau ou dans le menu Démarrer.

Par ailleurs, vous n'êtes pas obligé de vous inscrire à AOL, MSN et autre proposition accompagnant le portable. Ne vous gênez pas pour annuler ces routines d'inscription ou supprimer les icônes. Usez de ce refus, vous êtes encore libre, mais sans doute plus pour longtemps. Refuser, c'est résister !

Windows au quotidien

Après la configuration initiale et chaque fois que vous allumerez ensuite votre portable, Windows se chargera directement. Vous aurez éventuellement à commencer par ouvrir une session.

Si vous avez défini un compte avec mot de passe, vous devrez saisir ce mot de passe avant d'entrer dans Windows.

Sur les portables avec plusieurs comptes, vous devrez choisir votre nom de compte et entrer votre mot de passe avant de pouvoir accéder réellement à Windows.

Vous finirez par obtenir le bureau de Windows (la Figure 4.4 en présente un exemple).

Plusieurs éléments importants sont repérés sur la Figure 4.4 :

- **Le bureau.** C'est votre plan de travail, le point de départ de toutes vos aventures dans Windows.
- **Arrière-plan ou Papier peint.** C'est l'image affichée sur le bureau. Elle est facultative et se change via l'icône Affichage du Panneau de configuration. (Nous y reviendrons plus loin dans ce chapitre.)
- **Icônes.** Ce sont de petites images qui représentent les fichiers, dossiers ou programmes.
- **Le bouton Démarrer.** Ce bouton affiche un menu qui contient des commandes pour contrôler l'ordinateur et démarrer des programmes.

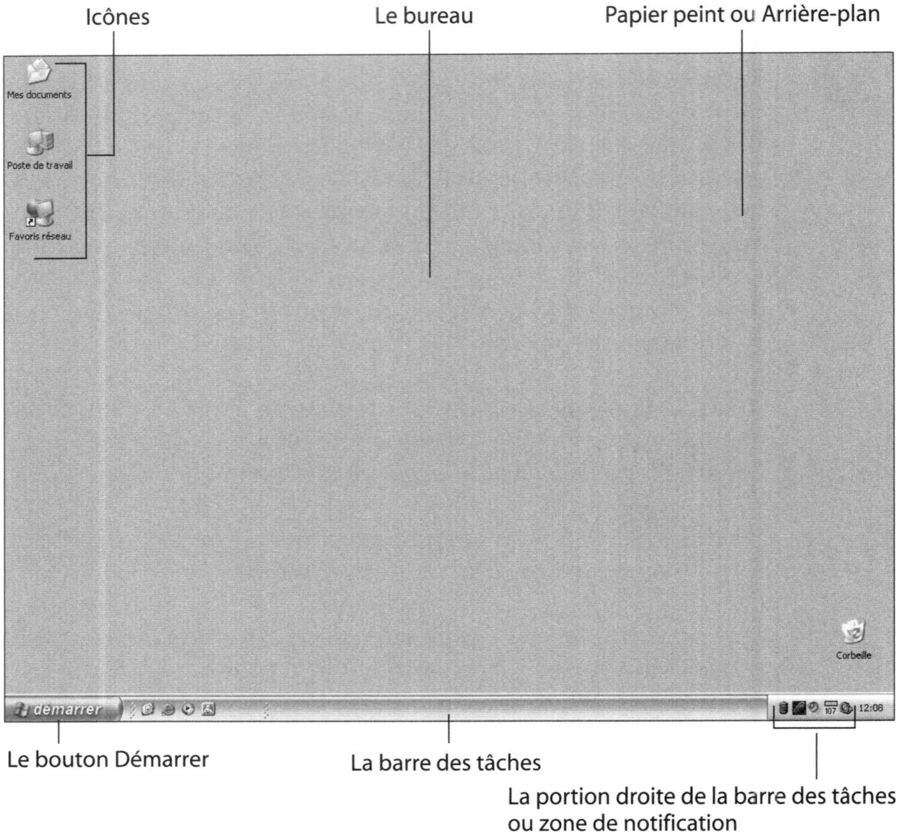

Figure 4.4 Windows dans toute sa gloire.

- **La barre des tâches.** Les boutons affichés servent à permuter entre les fenêtres et programmes ouverts sur le bureau.
- **La portion droite de la barre des tâches ou zone de notification.** Cette zone contient de minuscules icônes susceptibles de vous aider à réaliser des actions ou de vous prévenir de certains événements. Elle indique aussi l'heure et la date.

Prenez le temps de pointer chacun de ces éléments sur votre écran de portable (sans toucher celui-ci).

Découverte du menu Démarrer

Pour réaliser des actions, vous devez exécuter des programmes. Ceux-ci se démarrent via les icônes affichées sur le bureau ou via le menu Démarrer.

Pour afficher le menu Démarrer, cliquez sur le bouton Démarrer. La Figure 4.5 repère quelques éléments de ce menu :

- **L'image de votre compte.** Pour changer d'image, cliquez dessus.

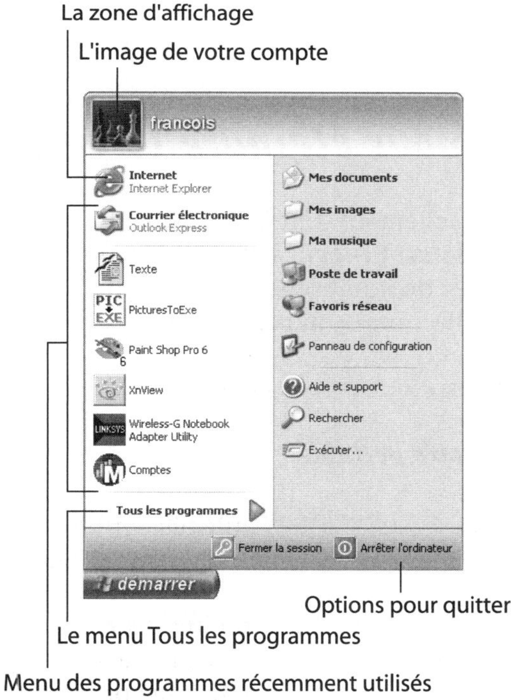

Figure 4.5 Le menu Démarrer.

- **La zone d'affichage.** On y trouve les programmes constamment affichés dans le menu Démarrer.
- **Menu des programmes récemment utilisés.** Présente les programmes utilisés.

- **Le menu Tous les programmes.** Un clic sur cet élément affiche une palette des programmes disponibles. Tout logiciel préinstallé sur votre portable apparaît dans cette liste.
- **Le Panneau de configuration.** Sert à opérer des réglages de l'ordinateur. Les possibilités sont explorées au Chapitre 6.
- **Options pour quitter.** Les options pour fermer votre session Windows apparaissent également dans le menu Démarrer. L'emplacement est bizarre ; j'aurais préféré un bouton Arrêter (mais je ne travaille pas chez Microsoft), car Démarrer pour arrêter, cela me paraît assez paradoxal.

Pour en savoir plus sur toutes ces notions, voir le Chapitre 6.

Les diverses options pour éteindre le portable

Un ordinateur s'allume facilement. Une fois trouvé le bouton d'alimentation, vous appuyez dessus et l'engin s'allume. Et pour l'éteindre ? Pas si simple. Il existe en effet de nombreuses possibilités d'arrêt du portable, de mise en veille simple ou prolongée.

Les sections suivantes expliquent tout cela.

Éteindre correctement votre portable

Voici les étapes (pas forcément évidentes) pour fermer correctement Windows et éteindre votre portable en fin de journée :

1. **Enregistrez votre travail et fermez tous vos programmes.**

   La commande Enregistrer traditionnelle est Ctrl+S. Enregistrez toujours votre travail !

2. **Cliquez sur le bouton Démarrer.**

   Le menu Démarrer s'affiche.

3. **Dans l'angle inférieur droit, cliquez sur le bouton Arrêter l'ordinateur.**

La boîte de dialogue Arrêter l'ordinateur apparaît (Figure 4.6). Le reste de l'écran s'estompe lentement en gris.

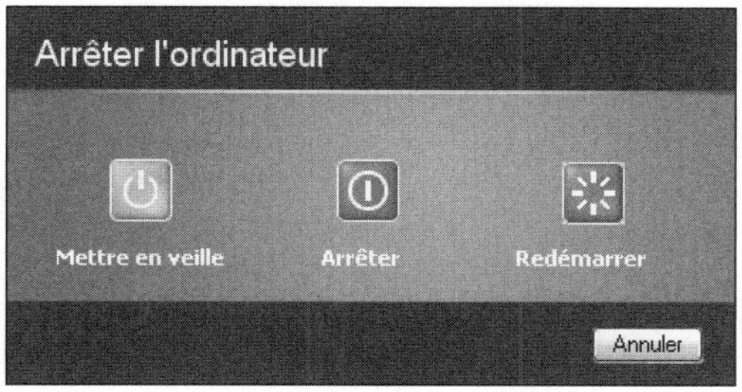

Figure 4.6 Pour éteindre votre portable.

4. **Cliquez sur le bouton Arrêter.**

   Windows entame sa procédure de fermeture, puis le portable s'éteint.

Lorsque l'écran devient noir, vous pouvez fermer le capot du portable et ranger ce dernier.

Il existe d'autres façons d'éteindre le portable (voir les sections ci-après).

Voici les raccourcis clavier pour éteindre le portable. Appuyez sur la touche Windows (ou sur Ctrl+Échap) pour afficher le menu Démarrer. Appuyez ensuite sur O (pour Arrêter l'ordinateur). Appuyez sur T pour actionner le bouton Arrêter.

Si vous changez d'avis, cliquez sur le bouton Annuler ou appuyez sur la touche Échappement à l'étape 4. Vous reviendrez à Windows, en couleurs.

Je dois redémarrer Windows

Occasionnellement, il vous sera demandé de "redémarrer Windows", c'est-à-dire en fait redémarrer votre ordinateur. Voici les étapes à suivre :

1. **Enregistrez votre travail et fermez tous vos programmes.**

2. **Cliquez sur le bouton Démarrer.**

3. **Cliquez sur le bouton Arrêter l'ordinateur.**

4. **Cliquez sur le bouton Redémarrer.**

   Le portable semble s'éteindre, mais redémarre aussitôt. Stupéfiant.

Notez que le redémarrage de Windows est parfois automatique en fonction d'opérations spécifiques réalisées sur l'ordinateur comme l'ajout d'un périphérique externe ou l'installation d'un logiciel. Vous aurez cependant généralement le choix : "Voulez-vous redémarrer Windows maintenant ?" Si vous le désirez, cliquez sur le bouton Oui. Si le processus est suspendu, par exemple si vous avez un document ouvert et non enregistré, vous devrez vous charger des opérations en attente, puis redémarrer manuellement Windows.

Mettre le portable en veille

Tous les portables ont un mode spécial faible consommation. Dans ce mode, certaines parties de l'ordinateur ne sont plus alimentées. Il est ainsi possible de garder le portable prêt à fonctionner mais sans gaspiller la batterie. Ce mode faible consommation est le mode veille.

Pour placer le portable en veille, suivez ces étapes :

1. **Cliquez sur le bouton Démarrer.**

2. **Cliquez sur le bouton Arrêter l'ordinateur.**

3. **Cliquez sur le bouton Mettre en veille.**

   L'ordinateur se prépare rapidement à la mise en veille. Vous entendrez éventuellement un *bip*. Puis il semblera s'éteindre, mais chut ! il s'est tout simplement endormi. Nounours et le Marchand de sable ne vont pas tarder à passer.

Le temps de survie de votre ordinateur en veille peut ne pas être limité. S'il est branché sur le secteur, vous pouvez garder le portable en veille tant qu'il y a du courant. Sur batterie, la veille dure longtemps, mais il est difficile de deviner combien de temps exactement. Disons qu'une heure est tout à fait envisageable, sauf si la batterie est réellement faible. Dans ce cas, il est préférable de passer en veille prolongée (voir plus loin).

- N'oubliez pas d'enregistrer votre travail avant de passer en veille.
- Si vous fermez tous vos programmes avant de passer en veille, il est aussi efficace d'éteindre carrément le portable. Il gagne qu'on l'éteigne complètement de temps à autre.
- En fonction du modèle, un voyant en forme de lune s'allume lorsque le portable est en veille.
- Parfois, la veille est identifiée par un clignotement très lent du bouton de mise sous tension.
- TRUC : Enregistrez votre travail avant de passer en veille. Juste au cas où vous oublieriez de sortir de veille, avec en définitive le vidage de la batterie.
- Pour savoir combien il reste de batterie, voir le Chapitre 8.

Il se met tout seul en veille !

Les portables sont conçus pour passer en veille lorsqu'ils sont sur batterie et après un certain temps d'inactivité (pas de saisie ou pas de mouvement de souris). L'intention est d'économiser la batterie ; Lorsque l'ordinateur pense que vous vous êtes endormi ou êtes parti vous promener, il passe en veille pour moins consommer.

Le délai après lequel le portable entre automatiquement en veille est défini dans la boîte de dialogue Propriétés de Options d'alimentation, accessible via le Panneau de configuration. Pour les détails, voir le Chapitre 8.

Sortir de veille

Pour sortir de veille votre portable, appuyez sur une touche du clavier ou tapotez sur le pavé tactile.

- Si fermer le capot place le portable en veille, sa réouverture le sort habituellement de cet état. Voir plus loin la section "Que se passe-t-il lorsque vous fermez le capot ?".
- J'appuie généralement sur la touche Ctrl pour sortir mon portable de veille.
- La touche enfoncée pour sortir le portable de veille n'est pas transmise au programme qui était en cours d'exécution lors de la mise en veille. Ainsi, si l'écran annonce "Détruire tous vos documents ? O/N" et que vous appuyez sur la touche O pour sortir le portable de veille, rien de tel ne se produira.
- Il est parfois nécessaire d'appuyer sur le bouton d'alimentation pour sortir de veille un portable.
- Si le portable ne se réveille pas, c'est que la batterie est probablement vide. Vérifiez les voyants d'alimentation du portable. S'ils sont éteints, la batterie est vide.
- Si le portable ne sort pas de veille, il est possible que vous ayez un problème avec le logiciel de gestion de l'alimentation. Essayez en enfonçant (et en le laissant enfoncé) le bouton d'alimentation, jusqu'à ce que l'appareil s'éteigne ou s'allume de nouveau. Puis, démarrez le portable comme d'habitude. Voyez avec votre revendeur ou le fabricant du portable pour obtenir une mise à jour du logiciel de gestion de l'alimentation.

Qu'est-ce que la veille prolongée ?

La *veille prolongée* est une caractéristique trop souvent ignorée malgré ses avantages. Ce mode ressemble à la veille, hormis qu'au lieu de passer en état de faible consommation, l'ordinateur s'éteint réellement. Le contenu de la mémoire est cependant sauvegardé. Ainsi, lorsque vous rallumez l'ordinateur, vous le retrouvez comme si vous ne l'aviez pas éteint.

Voici comment mettre votre portable en veille prolongée :

1. **Enregistrez votre travail.**

C'est une précaution ; il faut toujours enregistrer son travail. Ne fermez pas pour autant vos applications, ni les documents qui y sont ouverts. Je rappelle, ou vous apprend, que pour enregistrer rapidement un travail en cours, il suffit d'appuyer sur Ctrl+S.

2. **Cliquez sur le bouton Démarrer.**

3. **Cliquez sur le bouton Arrêter l'ordinateur.**

   La boîte de dialogue Arrêter l'ordinateur apparaît (Figure 4.6).

4. **Appuyez sur la touche Majuscule (Maj).**

   Notez que la mention au-dessous du bouton Mettre en veille devient Mettre en veille prolongée. Gardez la touche Majuscule enfoncée.

   Si la mention ne change pas, c'est que votre portable ne dispose pas de la fonction de veille prolongée (ou qu'elle n'a pas été activée).

5. **Cliquez sur le bouton Mettre en veille prolongée.**

   Le portable travaille pendant quelques instants, puis se met en veille prolongée.

Ce travail est l'enregistrement sur disque du contenu de la mémoire. Le portable s'éteint complètement. Vous pouvez appuyer sur le clavier ou déplacer la souris, il ne sort pas de sa léthargie.

Pour sortir le portable de veille prolongée, allumez-le. Voir plus haut la section "Moteur !". Vous aurez éventuellement à rouvrir une session dans Windows, mais vous retrouverez finalement le bureau et toutes les applications ouvertes, telles qu'elles étaient avant la veille prolongée.

TRUC

- Le meilleur moyen pour faire la différence entre un portable en veille ou en veille prolongée est qu'en veille le voyant en forme de lune est normalement allumé, ou le bouton de mise sous tension clignote lentement. En veille prolongée, le portable est éteint. Rien n'est allumé !

N'OUBLIEZ PAS

- Je préfère placer mon portable en veille prolongée lorsque je sais que je m'absente plus d'une heure.
- Un gros avantage de la veille prolongée est que le démarrage de l'ordinateur est beaucoup plus rapide qu'un démarrage ordinaire. Je connais des utilisateurs fans de veille prolongée qui mettent toujours ainsi leur ordinateur, sans jamais l'éteindre.
- À la différence du mode veille, vous pouvez laisser votre portable en veille prolongée aussi longtemps que vous voulez. Même si la batterie finit par se vider, vous retrouverez le système tel que vous l'aviez laissé, une fois que vous aurez rebranché et démarré l'ordinateur.
- Il me semble que sur certains portables les modes veille et veille prolongée sont identiques.

Activer le mode veille prolongée

Si votre portable semble incapable d'entrer en veille prolongée, suivez ces étapes :

1. **Dans le menu Démarrer, choisissez Panneau de configuration.**
2. **Ouvrez l'icône Options d'alimentation.**

   Pour plus d'informations sur le Panneau de configuration, voir le Chapitre 6.

3. **Dans la boîte de dialogue Propriétés de Options d'alimentation, cliquez sur l'onglet Veille prolongée.**

   S'il n'y a pas d'onglet Veille prolongée, vous avez votre réponse : le portable ne gère pas la veille prolongée. (Voyez cependant dans le setup du portable si vous pouvez y activer le mode veille prolongée. Lisez plus haut l'encadré "Le Setup du portable".)

4. **Cochez l'option Activer la mise en veille prolongée.**
5. **Passez en revue les autres options, s'il y en a.**

6. **Cliquez sur OK pour confirmer les changements et fermer la boîte de dialogue Propriétés de Options d'alimentation.**

7. **Fermez aussi le Panneau de configuration.**

Certains portables réclameront que vous redémarriez Windows pour que ce changement prenne effet. Si c'est le cas, consultez la section "Je dois redémarrer Windows", plus haut dans ce chapitre.

Notez que la veille prolongée occupe de la place sur le disque dur. Il se peut donc, lorsque l'espace disque est faible, que la veille prolongée ne fonctionne pas.

Forcer le portable à s'éteindre

À la différence d'un ordinateur de bureau, débrancher le câble d'alimentation d'un portable ne l'éteint pas. En effet, dès que le portable n'est plus alimenté par le secteur, il commute immédiatement sur sa batterie. Cela peut être très déconcertant lorsque le système est bloqué et que vous voulez réellement éteindre le portable.

Il suffit alors de maintenir enfoncé le bouton d'alimentation pendant cinq à dix secondes. Le portable finira par s'éteindre.

Pour des informations sur le dépannage des portables, voir la Cinquième partie de ce livre.

Modifier le processus de démarrage et d'arrêt

Comme je l'ai déjà dit au cours de ce chapitre, votre portable n'a pas d'interrupteur on/off, il est doté d'un *bouton d'alimentation.* Cela a tout d'abord un côté frustrant, mais finalement confère un avantage : *vous* pouvez définir ce qui se passe lorsque vous appuyez sur ce bouton portable allumé.

Définir la fonction du bouton d'alimentation

Pour indiquer à l'ordinateur que faire lorsque vous appuyez sur le bouton d'alimentation, suivez ces étapes :

1. **Dans le menu Démarrer, choisissez Panneau de configuration.**

Vous trouverez au Chapitre 6 de l'aide sur ce Panneau de configuration.

2. **Ouvrez l'icône Options d'alimentation.**

Si vous ne trouvez pas cette icône dans le Panneau de configuration, cliquez sur le lien Basculer vers l'affichage classique situé dans le coin supérieur gauche du Panneau de configuration. Toutes les icônes apparaissent triées par ordre alphabétique.

3. **Dans la boîte de dialogue Propriétés de Options d'alimentation, cliquez sur l'onglet Avancé.**

En bas de l'onglet, se trouve une section Boutons d'alimentation (Figure 4.7). Notez que vous ne disposerez pas forcément de toutes les options visibles sur cette figure.

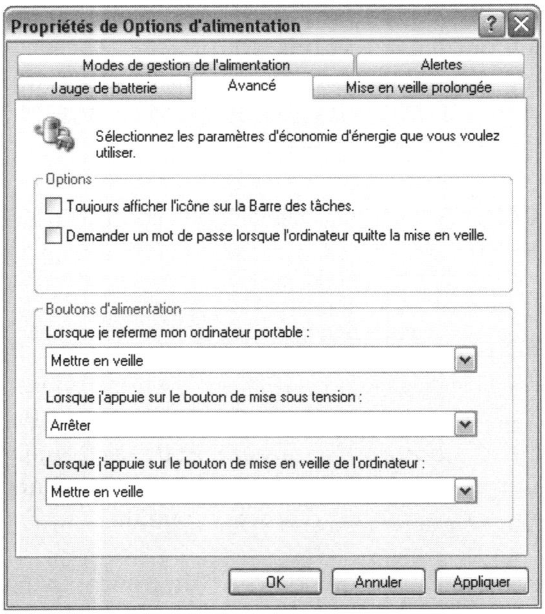

Figure 4.7 Réglage du bouton d'alimentation.

4. **Dans la liste déroulante Lorsque j'appuie sur le bouton de mise sous tension, choisissez une option.**

Il en existe cinq :

A. **Ne rien faire.** Le bouton d'alimentation est désactivé. Il ne sert pas à éteindre le portable. Dans ce cas, vous devez utiliser à la place le bouton Arrêter l'ordinateur.

B. **Demandez-moi que faire.** Dans ce cas, l'appui sur le bouton d'alimentation affiche le message Arrêter l'ordinateur (voir la Figure 4.6). Choisissez alors dans ce menu ce qu'il faut opérer.

C. **Mettre en veille.** L'ordinateur se met en veille.

D. **Mettre en veille prolongée.** L'ordinateur se met en veille prolongée.

E. **Arrêter.** L'ordinateur ferme Windows et s'éteint.

5. **Cliquez sur le bouton OK pour valider l'option choisie.**

6. **Fermez le Panneau de configuration.**

Cette modification n'affecte pas le rôle du bouton d'alimentation lorsqu'il s'agit d'allumer l'ordinateur.

Notez enfin que toutes les options énumérées ici ne seront pas systématiquement disponibles. Cela dépend de la conception de votre portable, des fonctions implantées ou non par le fabricant.

Modifier la fonction du bouton de mise en veille

Lorsque votre portable dispose d'un bouton de mise en veille, vous pouvez employer l'onglet Avancé de la boîte de dialogue Propriétés de Options d'alimentation pour choisir le rôle de ce bouton. Consultez la précédente section : les informations sur le bouton d'alimentation s'appliquent également au bouton de mise en veille.

- Tous les portables ne disposent pas d'un bouton séparé de mise en veille ; c'est parfois le bouton d'alimentation qui fait office de bouton de mise en veille.

- Le bouton de mise en veille arbore une icône de lune. Voir la Figure 4.3.

Que se passe-t-il lorsque vous fermez le capot ?

Un des mystères du portable, dans la même catégorie que "La lumière du réfrigérateur s'éteint-elle lorsque je ferme la porte ?", est "Que se passe-t-il lorsque je ferme le capot de mon portable ?".

Pour ce qui me concerne, mon portable entre en veille lorsque j'en ferme le capot. C'est pratique lorsqu'un serveur vient m'indiquer que j'ai passé trop de temps à travailler dans le restaurant et qu'il me faut libérer ma table pour un client qui va véritablement payer. Bien qu'il soit logique que le portable passe en veille lorsqu'on en ferme le capot, ce n'est pas toujours le cas. Comme pour le bouton d'alimentation, vous pouvez décider ce qui se passe lorsque vous fermez le capot. Voici comment :

1. **Choisissez Démarrer/Panneau de configuration et double-cliquez sur l'icône Options d'alimentation.**

2. **Cliquez sur l'onglet Avancé.**

   Dans la zone Boutons d'alimentation se trouve une option pour indiquer que faire lorsqu'on ferme le capot de l'ordinateur (comme pour le bouton d'alimentation). Les options, cependant, sont peu nombreuses :

   A. **Ne rien faire.** Le portable reste allumé lorsque vous fermez le capot.

   B. **Mettre en veille.** Le portable passe en veille.

   C. **Mettre en veille prolongée.** Le portable passe en veille prolongée.

   Certes, l'option Demandez-moi que faire serait sans intérêt une fois le capot fermé, et une option Arrêter l'ordinateur serait peut-être un peu radicale. En revanche, ces trois options ont un sens.

   Oui, même l'option Ne rien faire est logique. En effet, si vous désirez conserver l'ordinateur branché sur sa station d'accueil et utiliser un écran plus grand et un clavier et une souris séparés, il est pratique de laisser le capot du portable abaissé.

3. Choisissez une option.

4. Cliquez sur le bouton OK.

Voilà le capot du portable doté de nouveaux pouvoirs.

5. Fermez le Panneau de configuration.

Pour ce qui me concerne, je trouve que l'option la plus logique est Mise en veille. Cela dit, lorsque le portable est constamment branché sur le secteur, la mise en veille prolongée est le meilleur choix.

Chapitre 5

Tour d'horizon du matériel

Dans ce chapitre :

- Connaître son portable.
- Repérage des connecteurs et prises.
- Décrypter les symboles.
- Emploi du clavier.
- Utilisation du pavé tactile.
- Nettoyage du portable.

Il y a tant à regarder sur un portable que j'ai consacré la totalité de ce chapitre à l'exploration des diverses fonctions dont est doté un PC portable type.

- Le *matériel* se compose des éléments physiques de l'ordinateur, c'est-à-dire des choses que vous pouvez toucher. Le *logiciel* est constitué des instructions qui font travailler le matériel, c'est-à-dire qu'il est impalpable, sauf si vous le restreignez à son emballage, à son CD ou son DVD.

- Chaque portable ne dispose pas de tous les éléments mentionnés dans ce chapitre. Certains sont encore davantage équipés ! Considérez donc ceci plutôt comme un tour d'horizon général.

Inspection du portable

Les règles de conception d'un portable sont simples : elles n'existent pas ou elles sont si vagues qu'elles semblent dénuées de sens à tous.

Par exemple, j'ai utilisé des portables où le CD est éjecté sur le côté droit, d'autres où c'est en façade. La seule chose que je n'ai pas vue, c'est un CD éjecté à l'arrière du portable, ce qui est logique, ou sur le côté gauche, encore un affront aux gauchers.

Aujourd'hui la plupart des portables, sinon tous, sont équipés d'un lecteur/graveur de DVD-ROM qui, comme chacun sait, peut également graver des CD. (Ah ! vous ne le saviez pas ? Alors vous venez d'apprendre quelque chose !)

Les sections suivantes présentent certains des nombreux éléments que l'on rencontre sur les côtés d'un portable (éventuellement au-dessous).

Emplacement du CD/DVD

Repérez le lecteur de CD ou DVD.

Il existe deux types de lecteurs de CD/DVD. Le premier est celui où le disque est inséré dans une fente. À un certain point, l'ordinateur "avale" le disque. Le second est le type plateau : vous poussez un bouton et un plateau à disque sort du portable, ou encore le plateau n'est accessible que via une commande Éjecter, dans Windows. Vous achevez de sortir le plateau et y déposez le CD ou DVD. Puis vous repoussez le plateau dans le portable.

Le lecteur de CD peut être repéré par la mention CD, Compact Disc, CD-RW, CD/R-RW ou quelque autre combinaison. Le mot "disc" peut aussi être inscrit sur le lecteur.

Les lecteurs de DVD utilisent le logo DVD (voir en marge).

Les lecteurs combinés CD/DVD peuvent être ornés d'une combinaison de logos.

Et, bien sûr, certains disques ne sont pas repérés du tout.

- Sachez quelle méthode d'insertion de disque est employée : soit mange-disque, soit plateau, c'est-à-dire à tiroir.
- Dans le cas du plateau, sachez quel petit bouton sert à éjecter le disque.
- Il est judicieux d'employer la commande Éjecter de Windows pour éjecter correctement un CD ou un DVD, en particulier avec le type de lecteur à plateau. Dans Windows, ouvrez le dossier Poste de travail et cliquez sur l'icône de disque amovible. Choisissez ensuite Fichier/Éjecter. Si vous éjectez directement en poussant sur le bouton, il se peut que l'ordinateur affiche un message d'erreur.

J'ai évoqué dans cette courte section les lecteurs de CD et de DVD. Toutefois, il me semble important d'insister sur un chose essentielle : tous les portables modernes sont équipés d'un graveur de DVD double couche. Ce type de graveur, comme son nom l'indique mais aussi ne l'indique pas, peut lire et graver des DVD de données, des DVD vidéo, des CD de données, des CD audio, le tout en inscriptible, c'est-à-dire des disques estampillés +R ou -R, et réinscriptible (dont on peut effacer le contenu), identifiés en +RW ou -RW. Enfin, le DVD double couche, qui présente une capacité de stockage deux fois supérieure à celle du DVD simple couche, c'est-à-dire 8,5 Go contre 4,7, n'existe qu'en version réinscriptible. Il est identifié par les lettres DVD+R DL ou DVD-R DL, où DL signifie *dual layer* entendu comme *double couche*.

Votre portable est-il doté d'un lecteur de disquette ?

La majorité des portables modernes ne comportent pas de lecteur de disquette. Bon débarras ! Si votre portable en a un, sachez où il se trouve. L'ouverture est plus petite que celle du lecteur/graveur CD/DVD. Un petit bouton d'éjection est visible près de l'ouverture.

Si votre portable ne comporte pas de lecteur de disquette et que vous en avez besoin, il est possible de l'ajouter sous forme externe. Prenez un lecteur USB autoalimenté, plus portable que le type externe à brancher sur le secteur.

Voilà tout ce que je dirai sur les lecteurs de disquette.

Emplacement pour carte PC

Localisez sur votre portable l'endroit où s'insèrent les cartes PC. Ce peut être une fente sur le côté, éventuellement cachée derrière un volet amovible.

J'ai souvent vu le logement à carte PC repéré par l'icône reproduite en marge, mais je ne suis pas sûr que ce soit un repère standard.

Certains portables disposent de deux emplacements pour cartes PC, l'un au-dessus de l'autre.

Une carte PC s'insère en engageant d'abord l'extrémité dotée de trous. D'ailleurs, on ne peut les enfoncer complètement que dans un sens. Poussez la carte à fond jusqu'à connexion complète avec le connecteur dans le portable.

Pour extraire la carte, localisez le bouton d'éjection à côté de la carte (voir la Figure 5.1). Enfoncez-le complètement : la carte sort légèrement de l'emplacement. Pincez-la alors entre le pouce et l'index et finissez de l'extraire.

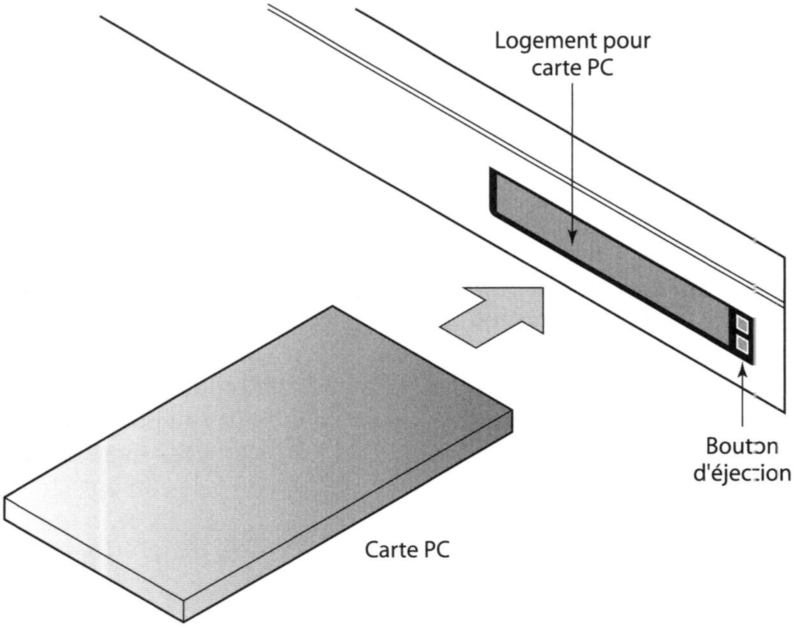

Figure 5.1 Les cartes PC s'insèrent dans un logement spécial.

Il y a un bouton d'éjection par logement pour carte PC.

- Lisez bien les instructions avant la toute première insertion d'une carte PC. Certaines cartes réclament d'éteindre le portable avant d'insérer la carte.
- Notez que certains boutons d'éjection dépassent du boîtier du portable lorsque vous les actionnez. Aussi pensez à les repousser lorsque vous en avez terminé avec la carte PC.

Le mystère des ports

Malgré leur portabilité, les PC portables sont équipés de toutes les possibilités d'extension que l'on trouve sur les ordinateurs de bureau. Ces options portent généralement le nom de *ports*. Il s'agit de connecteurs, de prises, dont on se sert pour ajouter des fonctions, brancher des câbles au portable, pour étendre son potentiel (tout en réduisant sa mobilité).

À chacun de ces ports correspond une prise ou un connecteur de forme spécifique. Chacun est également repéré par un symbole approprié, et souvent coloré de manière standard.

Le Tableau 5.1 présente les symboles, couleurs et rôles des divers ports rencontrés sur portable. Prenez le temps de localiser chacun d'entre eux. Certains seront peut-être masqués par des volets ou des glissières. Enfin, tous les fabricants de portables n'utilisent pas le codage couleur.

Si la plupart de ces ports manquent sur votre portable, envisagez l'achat d'un réplicateur de port ou d'une station d'accueil.

Un *réplicateur de port* se branche dans un emplacement ou connecteur d'extension spécial de votre portable. Il ajoute au portable tout ou partie des caractéristiques du Tableau 5.1, plus d'autres éventuellement. Le réplicateur de port se branche sur le secteur et alimente le portable ou peut être juste une extension qui se connecte à l'arrière du portable.

Tableau 5.1 : Ports de portable, symboles, aspects et couleurs.

Nom du port	Configuration	Symbole	Couleur	Rôle
Personnalisé	Non spécifique	?	Aucune	Probablement un connecteur pour station d'accueil ou unité de disque externe ou quelque autre forme d'extension.
Vidéo numérique		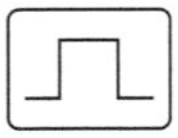	Blanc	Connexion d'un écran numérique (LCD) externe hautes performances ou d'une télévision. Ce type de port est appelé DVI (Digital Visual Interface).
Casque			Vert forêt	Branchement d'écouteurs, avec désactivation automatique des haut-parleurs du portable.
IEEE			Aucune	Connexion de périphériques à haut débit. Également appelé port 1394 ou FireWire. Connaît et va connaître des évolutions incroyables avec l'arrivée des ordinateurs 64 bits. Certains portables sont déjà équipés de ports FireWire 800 deux fois plus rapides que l actuel standard FireWire 400.
Infrarouge			Aucune	Communication avec d'autres périphériques infrarouges.
Clavier		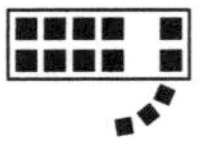	Violet	Ajout d'un clavier externe de taille normale.
Entrée ligne (Line in)		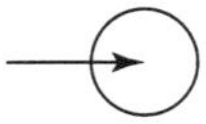	Gris	Branchement d'un périphérique d'entrée audio externe.
Sortie ligne (Line out)		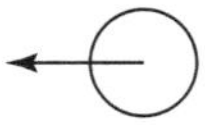	Citron vert	Transmission du son aux enceintes.
Microphone			Rose	Connexion du microphone.

Tableau 5.1 : Ports de portable, symboles, aspects et couleurs. (*suite*)

Nom du port	Configuration	Symbole	Couleur	Rôle
Modem/ téléphone			Aucune	Branchement d'un modem, pour communications électroniques ou envoi/réception de télécopies.
Écran	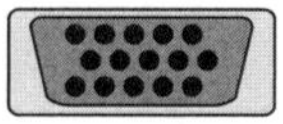		Bleu	Connexion d'un écran externe ou autre système d'affichage pour présentations.
Souris		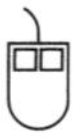	Vert	Branchement d'une souris externe.
Alimentation			Jaune	Branchement du portable sur le secteur.
Imprimante			Violet	Branchement d'une imprimante sur le portable.
RJ-45/Ethernet		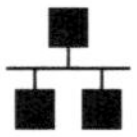	Aucune	Connexion du portable à un réseau Ethernet ou pour établir la connexion à Internet.
Série	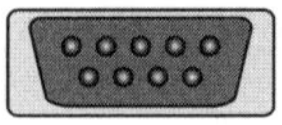		Cyan	Port plus ancien, peut encore servir pour l'ajout d'une souris ou pour des communications entre ordinateur de bureau et portable.
Sortie S-vidéo (S-video out)			Aucune	Branchement d'un projecteur vidéo, d'une télévision ou d'un magnétoscope.
USB			Aucune	Permet l'adjonction de divers éléments au portable dont imprimante, scanner, graveur externe et unité de disque dur.

Une *station d'accueil* est une version plus sophistiquée (et coûteuse) du réplicateur de port. Comme avec le réplicateur de port, vous avez la possibilité d'ajouter des périphériques et d'alimenter le portable. Cela dit, par rapport au réplicateur de port, son rôle consiste davantage à servir de base permanente. Certaines stations d'accueil présentent même la forme d'un PC de bureau, avec une ouverture pour y glisser le portable.

- Les prises des ports souris et clavier sont identiques. Fiez-vous au pictogramme à côté du port, ainsi qu'au code couleur.

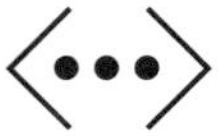

- Le port RJ-45/Ethernet peut également être repéré par l'icône reproduite en marge.
- Attention ! le port Ethernet et le port modem se ressemblent beaucoup. Cependant, le port Ethernet est plus gros que le port modem. En d'autres termes, le port RJ-45 ressemble à une énorme prise téléphonique.
- L'aspect de la prise d'alimentation peut différer de ce qui est présenté au Tableau 5.1.
- Le symbole IEEE peut varier sur certains portables. Apparemment, le symbole en Y n'est pas universel. Ce cas de figure reste malgré tout très marginal.
- Si votre portable est doté d'une sortie S-vidéo, sachez que cette connexion ne fournit que de la vidéo, pas du son.

Antivol

Afin d'éviter les vols, votre portable est équipé d'un dispositif spécial auquel vous attachez un câble antivol. Il s'agit d'une fente de verrouillage de sécurité ou USS (Universal Security Slot). Son icône est reproduite en marge.

- Pour empêcher le vol du portable, le câble antivol doit être attaché à quelque chose de solide et fixe. Passer le câble dans la fente de sécurité ne suffit pas.
- Pour en savoir plus sur la sécurité des portables, voir le Chapitre 17.

La chose respire

N'OUBLIEZ PAS

Pour terminer le tour de votre portable, repérez l'emplacement des aérations. Elles ne sont peut-être pas très visibles, il se peut même qu'il n'y en ait pas. Si vous en voyez, prenez-les en compte, faites en sorte qu'elles ne soient pas obstruées.

L'aération du portable est le point le plus sensible. En règle générale, le ventilateur chargé de l'extraction de la chaleur se situe sous le portable avec parfois des sorties d'air sur le côté de l'appareil. L'utilisation du portable ne doit en aucun cas, et je dis bien en aucun cas, réduire l'espace très restreint qui existe entre l'emplacement du ventilateur et la surface sur laquelle vous posez le portable. Que devez-vous en déduire ? Que le portable doit toujours reposer sur une surface absolument plane. Pas de moquette épaisse (et même pas de moquette du tout à cause de l'électricité statique), pas de drap (donc dans un lit utilisez une tablette), pas de nappe ou de matière plastique sur une table. Non ! du plat, du plat et encore du plat !

Voyons les voyants

Les voyants qui clignotent font partie de l'histoire de l'informatique. Ils constituent les éléments principaux des ordinateurs dans les téléfilms de science-fiction.

Votre portable aussi est doté de voyants. Ils servent à rendre compte de l'état de certains éléments de l'ordinateur (Tableau 5.2).

Tableau 5.2 : Voyants de portable.

Symbole	Signification possible
	Le portable est en veille. Il peut être remplacé par un clignotement très lent du bouton d'alimentation (c'est-à-dire de mise sous tension de l'appareil).
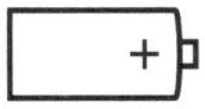	Le portable fonctionne sur batterie. Souvent il s'agit d'un voyant lumineux situé à côté de cette icône estampée dans le châssis du portable.
	Le portable est allumé.
	Le disque dur est en cours d'accès.

Tableau 5.2 : Voyants de portable. (*suite*)

Symbole	Signification possible
	Allumé, indique le verrouillage des majuscules. La touche Verrouillage majuscules peut aussi être dotée d'un voyant.
	Allumé, indique le verrouillage du pavé numérique. La touche Num Lock (Verrouillage numérique) peut aussi être dotée d'un voyant.
	Indique l'activité du réseau sans fil.
	Indique l'activité sans fil de type Bluetooth.

Vous trouverez probablement d'autres voyants, certains spécifiques au fabricant de votre portable. Cela dit, la plupart des symboles sont communs. Vérifiez à l'aide du Tableau 5.1 si certains des symboles apparaissent dans la série de voyants du portable.

Certains voyants peuvent clignoter ou changer de couleur. Par exemple, l'indicateur de batterie passera de vert à ambre, puis à rouge, au fur et à mesure que la batterie se vide. Le voyant du disque dur ou du réseau sans fil peut clignoter lors des accès.

Lorsque le portable est éteint, aucun voyant n'est allumé. Cela inclut le mode veille prolongée. (Pour en savoir plus sur la veille prolongée, voir le Chapitre 4.)

Clavier condensé

Le clavier PC de taille normale fait presque porte-avions. Il est énorme. La chose a été conçue pour être séparée de l'ordinateur – une innovation en 1981 – de façon que l'utilisateur puisse placer le clavier dans la position lui convenant le mieux – pourquoi pas sur ses genoux ! Cela dit, ce clavier est trop grand, même pour de gros genoux.

Le clavier PC est grand, car il comporte beaucoup de touches, 105 pour être précis. Or, presque toutes les touches sont utilisées : on doit donc les retrouver sur le clavier du portable. Mais un portable ne peut être équipé d'un grand clavier. Il a donc fallu arriver à quelque compromis.

Les sections suivantes sont consacrées au clavier du portable. Lisez avec votre portable à portée de main, en notant l'emplacement des touches importantes.

Disposition générale du clavier

La Figure 5.2 montre une disposition type d'un clavier de portable. Toutes les touches courantes du clavier de bureau sont réduites à la taille nécessaire.

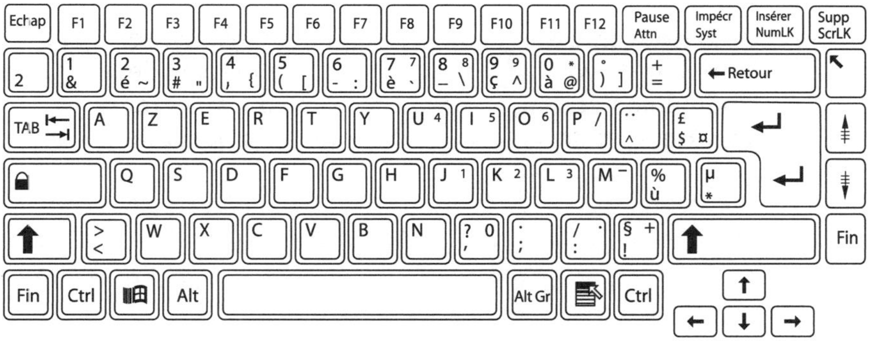

Figure 5.2 Disposition type d'un clavier de portable.

Vous devriez pouvoir identifier sur le clavier de votre portable les éléments de base suivants :

- **Touches alphanumériques (machine à écrire).** Ce sont les touches élémentaires de frappe, chacune repérée par un caractère (lettre, chiffre ou symbole de ponctuation). Lorsque vous tapez sur le clavier d'un ordinateur, l'emploi d'une touche affiche son caractère sur l'écran.

- **Touches de contrôle.** Le clavier comporte diverses touches de contrôle utilisées seules ou en combinaison avec d'autres touches. Il s'agit des touches Majuscule, Alt, Ctrl et des touches propres à Windows : la touche Windows et la touche contextuelle. La touche Windows se trouve sur la rangée inférieure, entre les touches Ctrl et Alt sur la Figure 5.2 ; la touche contextuelle se trouve entre AltGr et Ctrl, sur la droite. Notez également la présence de la touche Échap (ou Esc), à gauche de la ligne de touches du haut.

- **Touches de fonction.** Ces touches sont marquées F1 à F12. Elles se trouvent sur la rangée supérieure du clavier, juste au-dessus des touches de chiffres.
- **Touches de contrôle du curseur.** Ces touches sont susceptibles de se trouver n'importe où sur le clavier. Sur la Figure 5.2, elles sont à droite et en bas. Elles comprennent les quatre touches directionnelles fléchées, habituellement agencées en "T" inversé, ainsi que les touches Insérer, Supprimer, Origine, Fin, Page précédente, Page suivante.
- **Pavé numérique.** Il est étudié à la section suivante.

Les touches alphanumériques sont généralement les plus grandes, avec souvent la même taille et le même toucher de frappe que sur un clavier de bureau.

Certaines touches sont plus petites. Ce sont les touches moins importantes, moins souvent utilisées, comme les touches de fonction et les touches de contrôle du curseur.

Les inscriptions de certaines touches respectent un code couleur qui indique généralement les touches à actionner en conjonction avec d'autres. Par exemple, si la touche Alt et la touche Num sont vertes, cela signifie que la combinaison Alt+Num sert à verrouiller le pavé numérique. (Voir aussi plus loin la section "La touche Fn".)

À une certaine époque, les touches de fonction étaient programmables ; vous pouviez indiquer à l'ordinateur que faire lorsque telle touche était enfoncée. Dans Windows, cependant, les touches de fonction ont des actions prédéfinies. Par exemple, F1 est la touche d'aide.

Les touches de contrôle du curseur servent à déplacer le curseur texte lorsque vous modifiez du texte dans Windows. Elles peuvent également servir à naviguer sur le Web. Les touches peuvent aussi avoir d'autres fonctions dans d'autres programmes.

Certaines touches sont marquées d'un symbole au lieu de texte. Par exemple, la touche de verrouillage des majuscules peut être marquée d'un "A" sur un cadenas.

N'OUBLIEZ PAS

Votre clavier peut comporter plus ou moins de touches par rapport à la Figure 5.2, avec une disposition différente.

Où est le pavé numérique ?

Le pavé numérique est la première chose que les concepteurs de portables ont sacrifiée sur le clavier. Depuis le Model 100, on le retrouve sous forme de combinaison pavé numérique/clavier alphanumérique.

Regardez les touches 7, 8 et 9 de votre portable. Elles comportent deux fois les mêmes chiffres. Les seconds sont ceux du pavé numérique. Un pavé numérique virtuel est ainsi recréé sur le côté droit de certaines touches du clavier alphanumérique (Figure 5.3). Il faut, bien sûr, savoir comment activer et désactiver ce pavé virtuel.

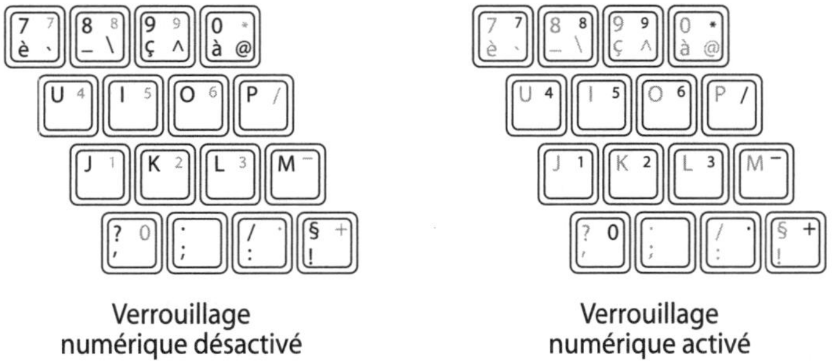

Figure 5.3 Le pavé numérique virtuel.

Pour trouver comment verrouiller/déverrouiller le pavé numérique virtuel :

1. **Ouvrez un programme comme le Bloc-notes où il est possible de taper.**

   Pour ouvrir le Bloc-notes, choisissez Démarrer/Tous les programmes/Accessoires/Bloc-notes.

2. **Dans le Bloc-notes, saisissez J'aime Kimmy.**

Vous comprendrez pourquoi un peu plus loin.

3. **Recherchez le voyant Num dans la série de voyants de votre portable.**

   Ce voyant vous confirme si vous êtes en verrouillage numérique et si donc vous pouvez utiliser le pavé numérique virtuel. (Voir le Tableau 5.2.)

4. **Cherchez la touche Num sur le clavier de votre portable.**

   Elle peut s'appeler Num, NumLock, NumLk ou encore être marquée d'un symbole comme celui dans la marge.

5. **Essayez d'activer le verrouillage numérique.**

   Appuyez sur la touche Num. Si rien ne se produit, essayez Majuscule+Num.

   Si le texte Num est inscrit dans une autre couleur, trouvez la touche de couleur correspondante, comme Alt ou Fn. Enfoncez cette touche en combinaison avec Num.

   Vous aurez réussi lorsque le voyant Num s'allumera. À ce stade, le clavier sera passé en mode pavé numérique.

6. **Tapez de nouveau J'aime Kimmy.**

   Cela ne marche pas. À la place, vous obtenez : `1'a5-e 25--y`. Car la plupart des touches du côté droit du clavier sont maintenant en mode pavé numérique. C'est intéressant pour la saisie de nombres dans une feuille de calcul, mais plutôt frustrant le reste du temps.

7. **Désactivez le pavé numérique.**

   Appuyez de nouveau sur la combinaison de touches vous ayant servi à l'activer.

8. **Fermez le Bloc-notes.**

   Inutile d'enregistrer le document comme vous le demande cet utilitaire.

N'OUBLIEZ PAS

Notez la combinaison de touches servant à activer le pavé numérique.

La touche Fn

Pour pallier le manque de touches, les anciens portables étaient équipés d'une touche de fonction spéciale, la touche Fn. Elle était utilisée en combinaison avec d'autres touches, les touches de contrôle par exemple, pour donner à ces touches plusieurs rôles.

La Figure 5.4 présente le clavier d'un ancien modèle, le Compaq SLT. Sa touche Fn (fonction) est située dans l'angle inférieur gauche, son nom est dans un rectangle. Les fonctions des autres touches comportant un rectangle ne sont actives que lorsque la touche Fn est elle-même enfoncée. Ainsi les touches fléchées sont-elles doublées d'autres fonctions de déplacement du curseur (en bas et à droite sur la photo). Notez aussi que le pavé numérique virtuel devient aussi un pavé de déplacement du curseur. (Quel cauchemar !)

Figure 5.4 Le clavier du Compaq SLT (1987).

La majorité des portables modernes conservent la touche Fn. Elle sert principalement à activer des fonctions *spéciales* portable. Ces fonctions servent au partage d'autres touches du clavier, typiquement les touches de fonction. Elles sont marquées au moyen d'icônes spéciales et ont un code de couleur pour les assortir à la touche Fn.

Malheureusement, il n'existe pas de standard pour les fonctions générées par les touches liées à la touche Fn. Vous trouverez par exemple ces effets :

- Augmenter le volume du haut-parleur interne du portable.
- Réduire le volume du haut-parleur interne du portable.
- Désactiver le haut-parleur interne du portable.
- Augmenter ou diminuer la luminosité ou le contraste de l'écran.
- Activer un écran externe pour y afficher une présentation.
- Passer en veille.
- Mettre le portable en veille prolongée.
- Verrouiller le clavier.

Prenez le temps d'inspecter votre portable et de découvrir les touches Fn disponibles.

Certaines touches Fn peuvent être plaisantes. Par exemple, sur mon portable IBM, Fn+Page précédente allume une petite lampe de clavier intégrée au capot du portable.

Touches particulières

En plus du clavier standard, votre portable propose peut-être des touches ou boutons spéciaux à côté du clavier. Il s'agit de caractéristiques totalement propres au fabricant, vous ne vous en servirez d'ailleurs éventuellement jamais.

L'endroit le plus courant pour ces touches est au-dessus du clavier (j'en ai cependant vues sur la gauche et la droite). Certaines touches serviront à récupérer votre e-mail, à surfer sur le Web, à connecter un appareil photo numérique ou à contacter le service d'assistance technique du fabricant. On en rencontre aussi qui contrôlent l'affichage ou le volume du haut-parleur.

Utilisez ces touches si vous le désirez, en gardant à l'esprit que leurs fonctions sont spécifiques à votre portable. N'attendez pas de les retrouver sur un ordinateur de bureau ou même sur un portable d'un autre fabricant.

Les touches spéciales sont gérées par un logiciel particulier qui doit être chargé dans Windows. Si un problème se produit avec ce logiciel, ou si vous utilisez un autre système d'exploitation que Windows, ne soyez pas surpris que ces touches spéciales ne fonctionnent plus.

La souris

Le mariage de la souris et du portable ne date pas d'hier. Même avant Windows, certains utilisateurs de portable savaient à quel point une souris est pratique. Le problème était que les utilisateurs de portable n'auraient pas accepté la solution de la souris standard de bureau.

La Figure 5.5 présente une solution un peu bizarre au problème de souris pour portable : la souris à *boule de commande*. Elle se branchait sur le port série du portable et se montait soit sur le capot, soit sur le côté du clavier, et fournissait à l'utilisateur un périphérique de pointage primitif. C'était un peu comme manger une glace avec un couteau. Mais c'était toujours ça.

Le pavé tactile

Il a fallu des années aux concepteurs de portables pour arriver à la solution actuelle : le pavé tactile. Le *pavé tactile* permet de piloter la souris en glissant le pouce ou un doigt sur une petite surface plane. Des boutons simulent les boutons gauche et droit d'une souris traditionnelle (Figure 5.6).

L'emploi du pavé tactile est tout un art :

- Il ne faut pas le toucher à plusieurs endroits en même temps, sinon le pointeur saute comme s'il était électrocuté. Ne touchez le pavé tactile qu'en un point, avec un doigt.

Figure 5.5 Un modèle ancien, la souris à boule de commande Microsoft.

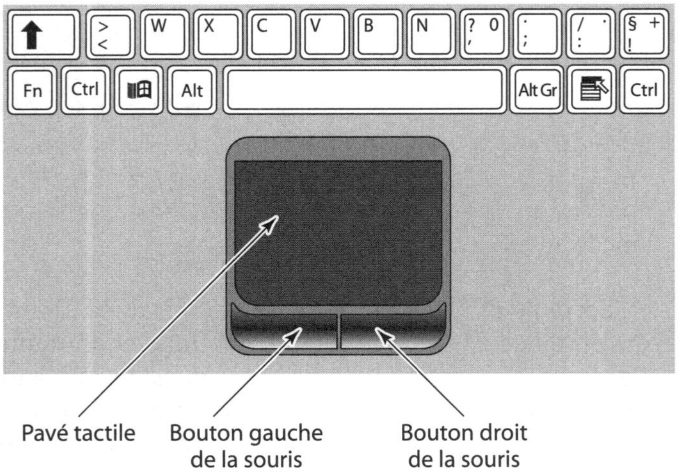

Figure 5.6 Le pavé tactile.

- Il est préférable d'employer l'index pour déplacer la souris. Utilisez votre pouce pour enfoncer les boutons gauche-droit au-dessous du pavé tactile.
- Un léger appui est suffisant.
- L'opération la plus difficile est le *cliquer-glisser.* Il s'agit de maintenir un bouton de souris enfoncé tout en déplaçant le pointeur. Vous y arriverez avec de l'entraînement.
- Évitez d'enfoncer le bouton droit de la souris quand c'est le gauche qu'il faut employer. Il affiche un menu contextuel dans Windows. Très frustrant.
- Sur certains pavés tactiles, on peut tapoter pour simuler un clic de la souris. Pour activer ou désactiver cette fonction, passez par l'icône Souris du Panneau de configuration ; pour plus d'informations, voir plus loin la section "Contrôle de la souris".

Où est la molette ?

La majorité des souris de bureau actuelles sont dotées d'une *molette.* Elle se trouve entre les boutons gauche et droit, et sert au défilement vertical et horizontal, ou se clique pour obtenir un effet variable. Les gens adorent la molette et désirent la retrouver sur leur portable. Pas facile !

Il n'y a d'ailleurs pas de remplacement standard pour la molette sur les pavés tactiles de portables. Certains fabricants placent un bouton avec des caractéristiques similaires, mais si vous voulez une vraie molette, il faudra employer une souris à molette externe. (Ce qui au demeurant n'est pas une mauvaise idée.)

Cependant, certains pavés tactiles sont configurables. Dans ce cas, la molette est remplacée par une pression continue et soutenue sur le pavé tactile. A cet instant, le pointeur de la souris prend la forme d'une double flèche verticale pointant vers le haut et le bas. Il suffit de faire glisser le doigt sur le pavé tactile pour faire défiler, par exemple, le contenu d'un document Word, comme si vous utilisiez le bouton-roulette (ou molette) d'une souris de bureau. Gérer la pression n'est pas chose simple, car l'utilisateur mesure assez mal au début la sensibilité du pavé. Pour déplacer le pointeur, un effleurement suffit, sinon vous basculez en "mode molette". Vous verrez que l'utilisation de la dalle tactile (ou pavé tactile) est un art que vous maîtriserez, malgré tout, très vite.

L'ergot d'IBM

Sur certains modèles IBM, on trouve un ergot, qui ressemble à une gomme de crayon, casé entre les touches G, H et B. IBM l'appelle Track-Point. On rencontre ce terme en anglais ou dans sa traduction, *ergot*. Peu importe, l'outil est très pratique.

L'idée de l'ergot est qu'il est manipulable avec l'index de n'importe quelle main. Vous vous servez du pouce (d'une des deux mains) pour opérer les clics avec les boutons de souris gauche ou droit (Figure 5.7).

Figure 5.7 L'ergot (TrackPoint).

Notez sur la Figure 5.7 la présence d'un bouton du milieu. Il représente le bouton "molette". Il est utilisable en conjonction avec l'ergot pour faire défiler le contenu d'une fenêtre. Ce n'est pas un remplacement complet de la molette sur souris de bureau, mais l'astuce est pratique.

- Comme pour le pavé tactile, l'emploi de l'ergot demande quelque entraînement.
- Certains modèles IBM sont dotés d'un ergot et d'un pavé tactile.

Contrôle de la souris

Le dispositif souris de votre portable se contrôle via l'icône Souris du Panneau de configuration.

En plus des réglages standard de souris, vous trouverez, dans la boîte de dialogue Propriétés de Souris, un onglet personnalisé, semblable à celui de la Figure 5.8. C'est ici que vous pourrez configurer le pavé tactile du portable ou un autre périphérique de pointage.

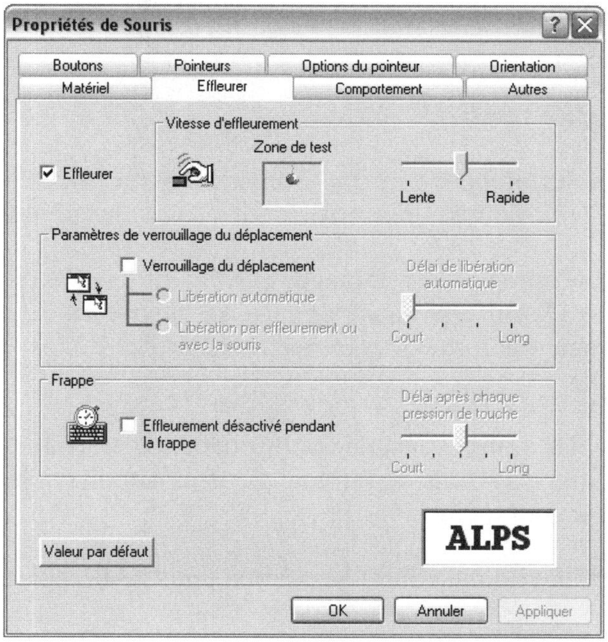

Figure 5.8 Réglage des options personnalisées de souris.

- Si vous êtes gaucher, utilisez l'onglet Boutons de la boîte de dialogue Propriétés de Souris pour permuter les fonctions des boutons gauche et droit de la souris. Gardez cependant à l'esprit que la plupart des documentations considèrent que le bouton principal est celui de *gauche*.

- L'onglet Pointeurs de la boîte de dialogue Propriétés de Souris sert à changer l'aspect du pointeur de souris à l'écran.
- TRUC Les réglages dans l'onglet Options du pointeur servent entre autres à vous aider à suivre plus facilement le pointeur à l'écran. Des paramètres comme "traces de la souris" et "afficher l'emplacement" sont aussi utilisables pour aider à localiser le pointeur de souris lorsque l'on a du mal à le voir sur l'écran du portable.
- Il est possible de désactiver le pavé tactile de votre portable. Par exemple dans le cas où vous désirez n'utiliser qu'une souris externe. (Voir la section suivante.)
- Pour en savoir plus sur le Panneau de configuration, voir le Chapitre 6.

Utiliser une vraie souris

TRUC La meilleure solution pour l'emploi d'une souris sur portable est d'utiliser une *vraie souris.* Une souris pour ordinateur de bureau.

Vous vous en servirez pour remplacer carrément le pavé tactile de votre portable. Eh oui, une chose de plus à transporter. Cependant, la souris de bureau étant un accessoire si pratique, cela n'est pas dénué de sens.

TRUC

- Il existe des souris spéciales pour portables. Certaines sont plus petites que les souris de bureau, d'autres ont un câble rétractile, certaines sont même sans fil.
- Achetez une bonne souris à roulette, vous ne le regretterez pas.
- J'ai vu des personnes utiliser de vraies souris en avion. Même dans cet espace si réduit, elles trouvent une place pour la faire rouler. Cela marche même sur les jambes de pantalon.
- Pensez à désactiver le pavé tactile lorsque vous branchez une souris externe. Voir la précédente section.

ATTENTION !

- Soyez attentif lors de l'installation du logiciel de la souris externe. Cela désactive parfois le logiciel qui gère le pavé tactile. Je vous conseille donc de connecter la souris externe et de voir si cela fonctionne. Si oui, tant mieux, inutile d'installer le logiciel.
- Notez que tous les portables ne sont pas dotés d'un port souris ! Si c'est le cas, procurez-vous une souris USB et branchez-la dans le port USB du portable. Vous n'aurez aucun mal à trouver une souris USB puisque de plus en plus de périphériques externes utilisent ce mode de connexion.

Nettoyage

Vous vous êtes souvent déplacé avec votre portable ; il est temps maintenant de faire un peu de nettoyage. Sans aller jusqu'aux empreintes de pas, voyez toutes ces traces de doigts !

Les portables sont des engins vraiment robustes. Ils sont capables d'en endurer pas mal sans nettoyage. Cela dit, voici quelques instructions avant de passer aux sections suivantes :

- Il est préférable d'éteindre le portable avant de commencer à le nettoyer.
- Munissez-vous d'une éponge ou d'un tissu non pelucheux.
- L'alcool isopropylique (alcool à brûler) est aussi un bon nettoyant.
- Si le fabricant du portable donne des indications particulières de nettoyage, donnez-leur la priorité sur celles proposées ici.

Nettoyage du boîtier

Le mieux pour le boîtier est une éponge humide. Vous pouvez utiliser du liquide vaisselle ordinaire, dans un mélange d'une part de détergent pour cinq parts d'eau. Plongez l'éponge dans le mélange, puis essorez-la. Passez doucement l'éponge sur le boîtier du portable.

Après l'éponge, essuyez le reste de liquide ou de poussière avec un tissu non pelucheux.

- L'éponge doit être bien essorée, de façon que du liquide ne se glisse pas dans le portable.
- Employez des Coton-Tige pour enlever la saleté des rainures.
- Ne nettoyez pas dans les ouvertures de lecteur ou de carte PC. Ne pulvérisez jamais de liquide dans ces ouvertures.
- Évitez l'emploi de détergents contenant des produits chimiques forts (acides ou alcalins). N'utilisez pas de poudres abrasives.

Nettoyage du clavier

De temps à autre, j'aspire le clavier de mon portable. J'utilise un petit aspirateur portable, avec une petite brosse (type brosse à dents) ou l'accessoire pour tissu. Cela aspire efficacement les saletés du clavier.

Certaines personnes préfèrent nettoyer le clavier à l'aide d'une bombe d'air comprimé. Je ne le recommande pas, car cela peut pousser les saletés du clavier dans le portable. Employez plutôt un aspirateur.

Rappelons qu'il est préférable que l'ordinateur soit *éteint* avant de procéder !

Pour le dessus des touches, utilisez de l'alcool à brûler. Imbibez un tissu doux ou un Coton-Tige, et frottez doucement le dessus des touches. Ne faites pas tomber de liquide dans le clavier.

Ne pulvérisez jamais de produit de nettoyage directement sur le clavier.

Nettoyage de l'écran

Les techniques de nettoyage d'écran LCD (d'ordinateur de bureau ou de portable) sont sujettes à controverse ! Généralement, on déconseille l'emploi de liquides, susceptibles d'abîmer la délicate surface du LCD. Pourtant, il faut bien passer quelque chose sur l'écran si on veut le nettoyer !

Tout d'abord, pour le nettoyage général, prenez un tissu doux non pelucheux. Servez-vous-en pour essuyer la poussière de l'écran.

Puis, humidifiez d'eau une éponge ou un tissu non pelucheux. Essorez bien. Frottez doucement la surface de l'écran.

Laissez l'écran sécher complètement avant de refermer le capot.

- Il arrive que le clavier produise des "taches" sur l'écran. C'est difficile à éviter, et encore plus difficile à nettoyer. Pour éviter les taches, rangez dans le portable le tissu doux non pelucheux que vous utilisez pour nettoyer l'écran, entre le clavier et l'écran.
- Les boutiques de fournitures de bureau proposent des nettoyants spéciaux pour écran LCD, et des chiffons non pelucheux pour nettoyer l'écran et le reste du portable.

- Évitez d'employer pour l'écran des produits à base d'alcool ou d'ammoniaque. Cela pourrait endommager l'écran LCD.
- Ne faites jamais couler de liquide directement sur un écran de portable.

Chapitre 6

Windows et les logiciels de votre portable

Dans ce chapitre :

- Emplacements courants de Windows.
- Accès au dossier Mes documents.
- Le réseau.
- Le Panneau de configuration.
- Configuration de l'affichage.
- Trouver les paramètres et options importants.
- La portion droite de la barre des tâches.
- Installation et suppression de programmes.
- Changer les options d'ouverture de session.
- Ouvrir rapidement une session.

Sans logiciel, le matériel de l'ordinateur est inopérant. Un logiciel est nécessaire pour piloter votre portable. Et, à moins que votre portable ne soit estampillé d'un logo Apple, ce logiciel est Windows XP.

Ce chapitre propose une vue d'ensemble de Windows XP, en mettant l'accent sur les parties particulières ou utiles au portable. Pour en savoir plus sur l'emploi de Windows ou de programmes particuliers, procurez-vous un livre dans votre librairie préférée.

Emplacements courants de Windows

Windows abrite quelques endroits dont on entend souvent parler. Les sections suivantes résument comment y accéder et qu'y faire.

Mes documents

L'emplacement le plus populaire de Windows est le dossier appelé *Mes documents.* Comme son nom l'indique, c'est là que vous stockez la plupart des choses que vous créez sur votre ordinateur.

Pour accéder le plus facilement au dossier Mes documents, ouvrez son icône sur le bureau (voir en marge). La fenêtre du dossier s'ouvre, vous révélant son contenu : vos affaires.

Si l'icône du dossier Mes documents n'est pas visible sur le bureau, suivez ces étapes :

1. **Dans le Panneau de configuration, ouvrez l'icône Affichage.**

   Ou cliquez du bouton droit sur un espace vide du bureau et choisissez Propriétés dans le menu contextuel.

   Si vous ne trouvez pas cette icône dans le Panneau de configuration, vous avez deux possibilités : soit cliquer sur le lien Basculer vers l'affichage classique, soit cliquer sur l'icône Apparence et thèmes. Ensuite, dans la partie inférieure du Panneau de configuration, cliquez sur l'icône Affichage.

2. **Dans la boîte de dialogue Propriétés de Affichage, cliquez sur l'onglet Bureau.**

3. **Cliquez sur le bouton Personnalisation du Bureau.**

4. **Dans la zone Icônes du bureau (onglet Général), cochez Mes documents.**

5. **Cliquez sur OK pour fermer chaque boîte de dialogue.**

   L'icône Mes documents apparaît maintenant sur le bureau de Windows.

L'accès au dossier Mes documents est également possible via le menu Démarrer. Cliquez sur le bouton Démarrer pour afficher le menu Démarrer. Une des icônes dans la portion supérieure droite est celle du dossier Mes documents.

Si le dossier Mes documents n'apparaît pas dans le menu Démarrer, suivez ces étapes :

1. **Cliquez du bouton droit sur le bouton Démarrer.**
2. **Choisissez Propriétés dans le menu contextuel.**
3. **Dans la boîte de dialogue Propriétés de la Barre des tâches et du menu Démarrer, cliquez sur l'onglet Menu Démarrer.**
4. **Cliquez sur le bouton Personnaliser.**

   Il s'agit du bouton Personnaliser à côté de l'option Menu Démarrer, pas de l'option Menu Démarrer classique. Vous déduisez que l'option Menu Démarrer doit être active.

5. **Cliquez sur l'onglet Avancé de la boîte de dialogue Personnaliser.**
6. **Faites défiler la liste Éléments du menu Démarrer pour trouver Mes documents.**
7. **Sélectionnez l'option Afficher en tant que lien.**
8. **Cliquez sur OK pour fermer chaque boîte de dialogue.**

   L'icône Mes documents est maintenant visible dans le menu Démarrer.

Prenez maintenant le temps de visiter le dossier Mes documents. Il contient les documents que vous créez, ainsi que d'autres dossiers. On trouve des dossiers spécialisés, comme Mes images et Ma musique, destinés à contenir des types de fichiers particuliers.

Rien ne vous empêche de créer vos propres dossiers pour y ranger des types de fichiers particuliers ou pour mieux vous organiser. Par exemple, j'ai créé un dossier Mes téléchargements dans le dossier Mes documents où je conserve les fichiers que je télécharge sur Internet.

- Mes documents est véritablement un dossier, c'est-à-dire un conteneur pour stocker des fichiers.
- Ce dossier se trouve sur le disque dur de votre portable. Ainsi, lorsque vous lisez une phrase comme "enregistrez cela sur le disque dur", le dossier Mes documents est l'emplacement adéquat.
- Vous disposez aussi d'un accès rapide au dossier Mes documents dans les boîtes de dialogue Enregistrer sous et Ouvrir.
- La majorité des boîtes de dialogue Enregistrer sous proposent en premier lieu le dossier Mes documents pour y enregistrer votre travail.
- *Télécharger* est le terme pour désigner le transfert d'un fichier depuis Internet sur votre propre ordinateur.
- Les dossiers constituent un concept très important pour organiser vos fichiers. Nous n'aurons pas le temps ici de nous pencher en détail sur le sujet. Il est donc préférable que vous vous procuriez un bon livre sur le PC pour apprendre à organiser vos fichiers, comme *Le PC pour les Nuls* (First Interactive).
- Vos programmes ne se trouvent *pas* dans le dossier Mes documents. Ils sont stockés dans le dossier Program Files. Voir plus loin la section "Où sont les programmes ?".

Poste de travail

L'icône du Poste de travail est le point d'accueil de tous les éléments présents sur votre portable. Cela pourrait s'appeler Mon portable.

Vous trouverez l'icône du Poste de travail sur le bureau. Elle est aussi accessible via le menu Démarrer. L'ouverture de cette icône affiche la fenêtre Poste de travail et son contenu : des endroits importants de votre ordinateur. La Figure 6.1 montre un exemple de fenêtre du Poste de travail.

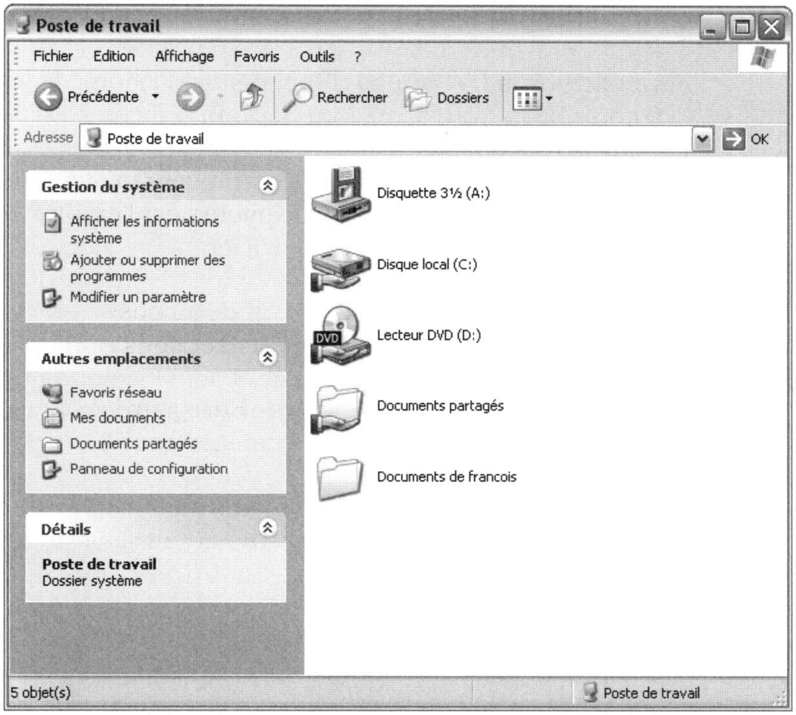

Figure 6.1
Un exemple de fenêtre Poste de travail.

On y trouve des dossiers spéciaux, l'unité de disque dur (éventuellement plusieurs), les supports de stockage amovible. Vous pouvez aussi y trouver une icône de scanner ou d'appareil photo numérique et d'autres dispositifs que vous aurez branchés sur votre ordinateur. La fenêtre Poste de travail constitue un point central à partir duquel vous avez accès à tous ces périphériques.

- Si l'icône du Poste de travail n'est pas sur le bureau ou dans le menu Démarrer, consultez la section précédente. Les instructions qui concernent l'ajout de l'icône Mes documents sont semblables pour le Poste de travail ; lisez simplement "Poste de travail" à la place de "Mes documents" dans les étapes présentées.

- Notez le panneau du côté gauche de la fenêtre. Il contient des commandes courantes et des liens vers d'autres endroits intéressants de votre ordinateur. Les commandes, dans la section Gestion du système, varient selon l'élément sélectionné dans la fenêtre Poste de travail.

- Pour éjecter un DVD ou un CD, choisissez l'icône du lecteur dans la fenêtre Poste de travail, puis actionnez Fichier/Éjecter, ou bien cliquez sur l'icône Ejecter ce disque affichée dans le volet d'exploration du Poste de travail. Si vous ne voyez pas ce volet affichant les sections Gestion du système, Autres emplacements et Détails, cliquez simplement sur l'icône Dossiers de la barre d'outils du Poste de travail.

- L'icône du lecteur CD ou DVD peut changer selon qu'un disque est présent ou non dans le lecteur et selon le contenu du disque. Par exemple, les CD audio ont une icône spéciale (voir en marge).

Favoris réseau

Un autre endroit à découvrir est la fenêtre Favoris réseau et l'icône associée.

L'icône Favoris réseau se trouve sur le bureau ou dans le menu Démarrer. Elle est également accessible via la fenêtre Poste de travail, en cliquant sur le lien Favoris réseau dans la zone Autres emplacements (sur la gauche).

À moins que votre portable soit connecté à un réseau et que d'autres ordinateurs du réseau partagent des ressources (unités de disque ou imprimantes), le dossier Favoris réseau est vide.

Lorsque le portable est connecté à un réseau, vous pouvez utiliser cette connexion pour échanger des fichiers entre votre portable et les autres ordinateurs.

Si vous ne trouvez pas l'icône Favoris réseau sur le bureau ou dans le menu Démarrer, consultez plus haut la section "Mes documents". Les instructions s'appliquent aussi à l'icône Favoris réseau ; remplacez simplement "Mes documents" par "Favoris réseau" dans les étapes présentées.

La fenêtre Connexions réseau

Un autre emplacement important est la fenêtre Connexions réseau. Son nom ressemble à Favoris réseau mais ce n'est pas la même chose. La fenêtre Connexions réseau est l'endroit où l'on gère la façon dont le portable se connecte aux réseaux, sans fil (Wi-Fi pour la plupart) ou câblés (Ethernet pour la majorité).

Pour accéder le plus facilement à la fenêtre Connexions réseau, passez par l'icône Connexions réseau du Panneau de configuration. Il existe cependant d'autres voies :

- L'icône Connexions réseau peut également être affichée dans le menu Démarrer. Un clic suffit alors pour ouvrir la fenêtre Connexions réseau.
- Si la petite icône réseau est visible dans la zone de notification, cliquez dessus du bouton droit, puis choisissez Ouvrir les Connexions réseau dans le menu contextuel (Figure 6.2).

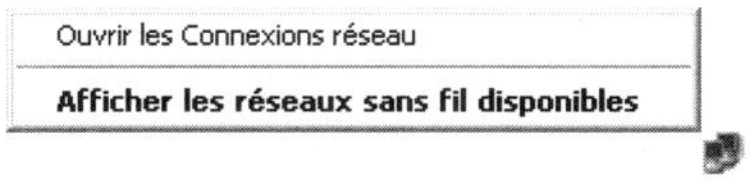

Figure 6.2 Un moyen d'accéder aux connexions réseau.

- La fenêtre Connexions réseau est aussi accessible à partir de la fenêtre Favoris réseau, en cliquant sur le lien Afficher les connexions réseau dans le panneau de tâches courantes Gestion du réseau (sur la gauche).

La fenêtre Connexions réseau contient une icône pour chaque connexion réseau établie par votre portable. Vous aurez donc une icône pour le réseau Ethernet par câble, le Wi-Fi et pour toute connexion à la demande à un prestataire Internet.

Sur la Figure 6.3, deux adaptateurs réseau sont visibles, un pour le réseau câblé et un autre pour le sans-fil (non connecté).

Figure 6.3 La fenêtre Connexions réseau.

La fenêtre Connexions réseau est un endroit où l'on peut tout à fait passer de nombreuses heures à chercher péniblement une solution à un problème de réseau. Toutefois, avec les réseaux Wi-Fi, les services Pack 1 et 2 de Windows XP, les choses ont été largement simplifiées. Ce sujet est abordé au Chapitre 9.

Éléments importants du Panneau de configuration

Dans Windows, on travaille, on joue ou on optimise. *Optimiser* est l'art de régler et peaufiner Windows, de changer l'aspect de ceci et les performances de cela. Ces actions se déroulent dans le Panneau de configuration.

Il existe diverses possibilités d'accès au Panneau de configuration. Par exemple :

- Choisissez Panneau de configuration dans le menu Démarrer.
- Dans la fenêtre Poste de travail, choisissez le lien Modifier un paramètre ou le lien Panneau de configuration, dans le panneau de gauche.

En fait, là où vous rencontrerez l'icône du Panneau de configuration (voir en marge), un clic sur cette icône devrait vous mener au Panneau de configuration.

Définir le meilleur affichage dans le Panneau de configuration

Vous pouvez choisir l'aspect du Panneau de configuration : la solution de facilité ou le meilleur moyen.

La solution de facilité, également connue sous le nom d'Affichage par catégories, est présentée Figure 6.4. Ce mode d'affichage est plus visuel, mais demande davantage d'étapes pour arriver à ce que l'on veut. Sur un portable, le temps, c'est de la consommation d'énergie, il est donc préférable de permuter en affichage classique.

La Figure 6.5 montre l'affichage classique du Panneau de configuration. Dans ce mode, toutes les icônes du Panneau de configuration sont visibles d'un coup, ce qui en rend l'accès plus rapide.

Pour permuter en affichage classique, cliquez sur le lien Basculer vers l'affichage classique, dans la zone de gauche de la fenêtre Panneau de configuration.

- Notez que certaines icônes du Panneau de configuration de votre portable seront peut-être différentes de ce qui est visible sur la Figure 6.5.
- Certains fabricants de portables ou d'éléments matériels ajoutent des icônes personnalisées dans le Panneau de configuration.
- Dans les icônes du Panneau de configuration, seules quelques-unes jouent un rôle propre à l'ordinateur portable. Pour plus

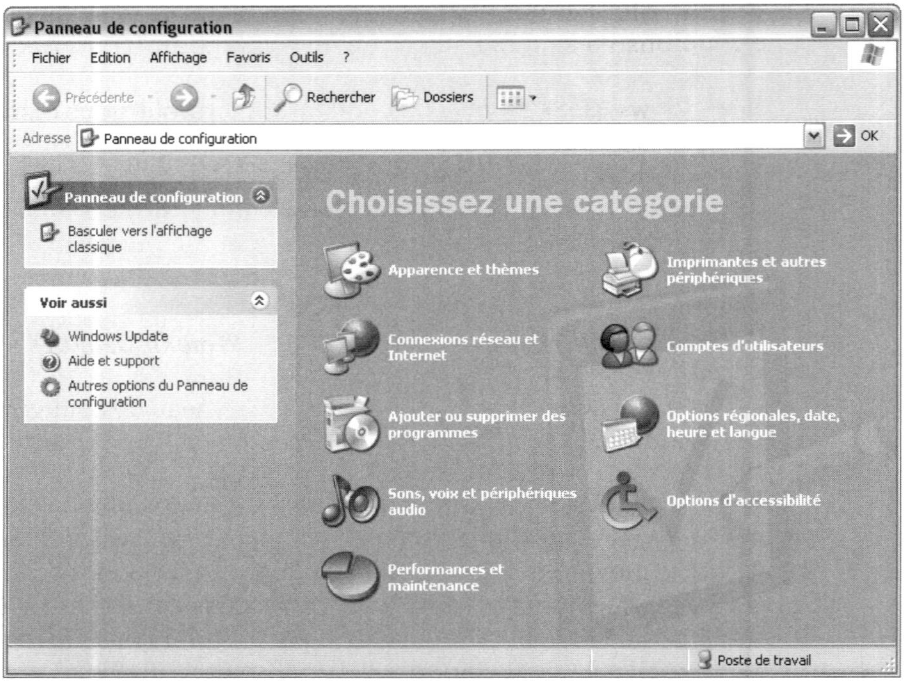

Figure 6.4 L'affichage par catégories du Panneau de configuration.

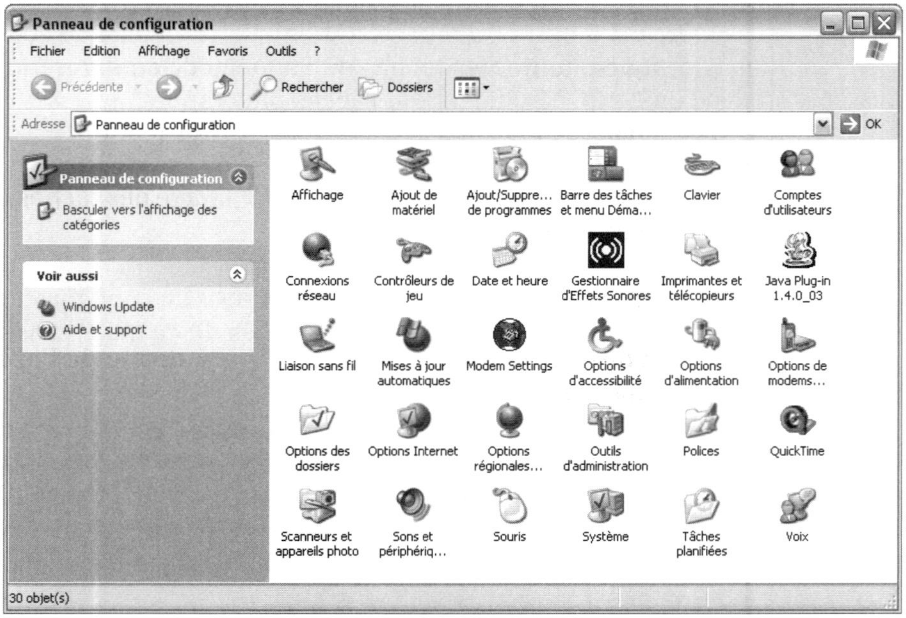

Figure 6.5 Le Panneau de configuration est plus efficace en affichage classique.

d'informations sur les icônes dont nous ne parlons pas ici, consultez un bon ouvrage de référence sur Windows.

TRUC

Si Windows XP SP2 est installé sur votre portable, vous disposez d'une icône de sécurité qui permet de gérer des éléments aussi essentiels que l'activation du pare-feu de Windows, les mises à jour automatiques et l'antivirus. Tous ces éléments sont essentiels, surtout lorsque vous vous connectez à Internet en haut débit, et qui plus est via un réseau Wi-Fi.

Accès au Panneau de configuration par le menu Démarrer

TRUC

Il existe une autre manière d'accéder au Panneau de configuration, plus rapide encore.

La Figure 6.6 présente les icônes du Panneau de configuration sous forme de menu flottant dans le menu Démarrer. C'est probablement le meilleur moyen (et certainement le plus rapide) pour accéder aux éléments du Panneau de configuration : vous aurez juste à afficher le menu Démarrer, puis Panneau de configuration, puis l'icône qui vous intéresse.

Pour afficher le Panneau de configuration comme menu flottant dans le menu Démarrer :

1. **Cliquez du bouton droit sur le bouton Démarrer.**
2. **Choisissez Propriétés dans le menu contextuel.**

   La boîte de dialogue Propriétés de la Barre des tâches et du menu Démarrer apparaît.
3. **Cliquez sur l'onglet Menu Démarrer.**
4. **Cliquez sur le bouton Personnaliser à droite de l'option Menu Démarrer.**

   Vous ne pouvez afficher le Panneau de configuration sous forme de menu flottant que lorsque le menu Démarrer est affiché en mode XP, pas en mode Menu Démarrer classique.

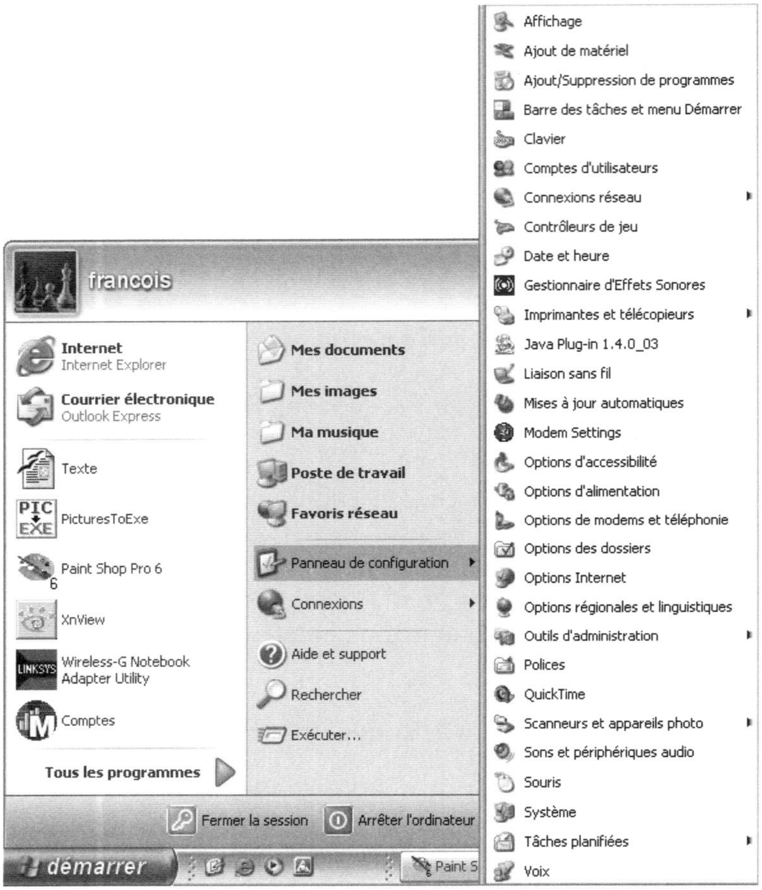

Figure 6.6 Le Panneau de configuration sous forme de menu flottant dans le menu Démarrer.

5. **Dans la boîte de dialogue Personnaliser, cliquez sur l'onglet Avancé.**

6. **Localisez la ligne Panneau de configuration dans la liste Éléments du menu Démarrer.**

7. **Au-dessous de la ligne Panneau de configuration, sélectionnez l'option Afficher en tant que menu.**

8. **Cliquez sur OK pour fermer chaque boîte de dialogue.**

Pour vérifier, cliquez sur le bouton Démarrer. Vous devez trouver une commande Panneau de configuration ornée d'un triangle indiquant un sous-menu.

Options d'affichage

L'icône Affichage mène aux réglages pour ajuster les paramètres d'écran de votre portable. Vous pouvez régler les couleurs, les styles et l'aspect des fenêtres à l'écran. Il est aussi possible de choisir un écran de veille. Ou encore de configurer la résolution de l'écran et le nombre de couleurs.

La boîte de dialogue Propriétés de Affichage est présentée Figure 6.7. Une image estompée d'un écran est visible, car ce portable est équipé d'un port de sortie vidéo pour présentations. Sur cette figure, le bouton Avancé sert à choisir l'écran utilisé par le portable.

Figure 6.7 L'onglet Paramètres de la boîte de dialogue Propriétés de Affichage.

TRUC

- Le moyen le plus rapide et le plus pratique pour accéder à la boîte de dialogue Propriétés de Affichage est de cliquer du bouton droit sur une partie vide du bureau et de choisir Propriétés dans le menu contextuel.

- Vous devrez accéder à la boîte de dialogue Propriétés de Affichage lorsque vous ferez une présentation avec votre portable. C'est là que vous opérerez les réglages pour l'écran externe ou le système de projection vidéo.

- L'affichage de votre portable est meilleur dans certains modes et résolutions. Par exemple, 800 x 600 ou 1 024 x 768. Ces résolutions sont connues sous le nom de paramètres *natifs* de l'écran. D'autres résolutions seront peut-être utilisables, mais les résultats ne seront pas aussi bons. En revanche, si vous utilisez un portable avec écran WXGA, les circuits graphiques de la carte mère fournissent des résolutions plus importantes que la très conventionnelle 1 024 x 768.

- Petite chose triviale : Windows passe moins de temps à actualiser l'écran lorsque le bureau n'a pas d'image d'arrière-plan ou de papier peint. Or, le temps, c'est de l'autonomie ! Pour ne pas utiliser d'arrière-plan, cliquez sur l'onglet Bureau de la boîte de dialogue Propriétés de Affichage, puis choisissez "(Aucun)" dans la liste Arrière-plan.

- Si vous préférez utiliser une image, l'image en soi n'a pas d'importance. Pour choisir une image d'arrière-plan, cliquez sur l'onglet Bureau, puis sur le bouton Parcourir pour localiser l'image sur votre disque dur. (Elle se trouve probablement quelque part dans le dossier Mes images.)

- Envisagez aussi de choisir une résolution d'écran et un nombre de couleurs plus faibles. Une résolution et un nombre de couleurs plus élevés réclament plus de mémoire vidéo, ce qui veut dire plus de travail pour l'ordinateur, plus d'énergie, moins d'autonomie. Pour cela, cliquez sur l'onglet Paramètres dans la boîte de dialogue Propriétés de Affichage, puis choisissez une résolution d'écran plus faible.

Connexions réseau

L'icône Connexions réseau mène aux réglages du matériel servant à la connexion réseau du portable. C'est là que vous passerez peut-être de nombreuses heures à configurer et corriger les paramètres réseau.

TRUC

Cependant, ne paniquez pas. La mise en œuvre des réseaux Wi-Fi haut débit s'est considérablement simplifiée. Autrefois apanage des spécialistes, aujourd'hui elle est à la portée de tous.

Pour plus d'informations, voir plus haut la section "La fenêtre Connexions réseau".

Options d'alimentation

L'icône Options d'alimentation est le principal endroit pour régler la manière dont votre portable utilise la batterie. Les réglages de la boîte de dialogue Propriétés de Options d'alimentation permettent de gérer les conditions de mise en veille et veille prolongée du portable, la fonction du bouton d'alimentation, ainsi que le contrôle des réglages pour gérer la batterie elle-même.

La boîte de dialogue Propriétés de Options d'alimentation est reproduite Figure 6.8. Notez que certains onglets peuvent être spécifiques à votre portable. Vous y trouverez aussi éventuellement des onglets dédiés au matériel.

Figure 6.8 La boîte de dialogue Propriétés de Options d'alimentation.

En plus de l'icône Options d'alimentation, le Panneau de configuration peut disposer d'une icône pour la batterie ou l'alimentation secteur de votre portable.

Le Chapitre 8 présente des informations supplémentaires sur la batterie et la gestion des problèmes d'alimentation.

Système

L'icône Système permet la gestion du matériel du portable et la résolution de certains problèmes.

La Figure 6.9 montre l'onglet Matériel de la boîte de dialogue Propriétés système. Notez la présence du bouton Gestionnaire de périphériques. C'est par là que vous passerez probablement un jour pour résoudre des problèmes.

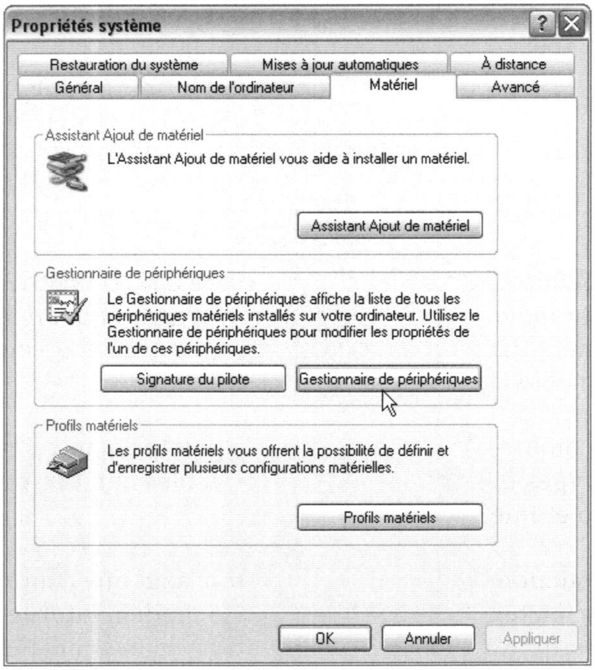

Figure 6.9 La boîte de dialogue Propriétés système.

Ce bouton ouvre la fenêtre Gestionnaire de périphériques, qui contient la liste de tous les éléments matériels de votre portable. Une rapide inspection de la liste permet de dire si tout fonctionne correctement ou non ; le matériel présentant un dysfonctionnement est marqué d'un cercle jaune. Le matériel désactivé est repéré par un X.

D'autres actions sont réalisables dans la boîte de dialogue Propriétés système. Vous les découvrirez dans la suite du livre.

- L'accès à la boîte de dialogue Propriétés système est aussi possible en cliquant du bouton droit sur l'icône Poste de travail, puis en choisissant Propriétés.
- Désactivez les éléments que vous n'utilisez pas, pour économiser la batterie. Par exemple, sur mon portable, j'ai désactivé le modem interne. Le Chapitre 21 présente des astuces pour allonger l'autonomie du portable.

Options de modem et téléphonie

L'icône Options de modem et téléphonie sert non seulement à configurer le modem, mais aussi à la numérotation téléphonique lorsque vous êtes en déplacement. Ce sujet est étudié au Chapitre 11.

Imprimantes et télécopieurs

Utilisez cette icône pour aider votre portable à reconnaître une imprimante. Ou pour afficher les imprimantes partagées qui apparaissent automatiquement dans la fenêtre Imprimantes et télécopieurs lorsque vous êtes connecté à un réseau Windows.

La Figure 6.10 montre un exemple de fenêtre Imprimantes et télécopieurs. Trois types d'imprimantes y sont visibles : un fax, deux imprimantes réseau et une imprimante locale.

La télécopie fonctionne comme l'impression, sauf que l'imprimante est un télécopieur. La télécopie est gérée par le modem interne du portable. Il faut donc que votre portable en possède un et qu'il soit activé.

De plus, il ne faut pas que vous utilisiez la connexion haut débit qui proscrit l'envoi de télécopies. Donc, le modem interne RTC classique et

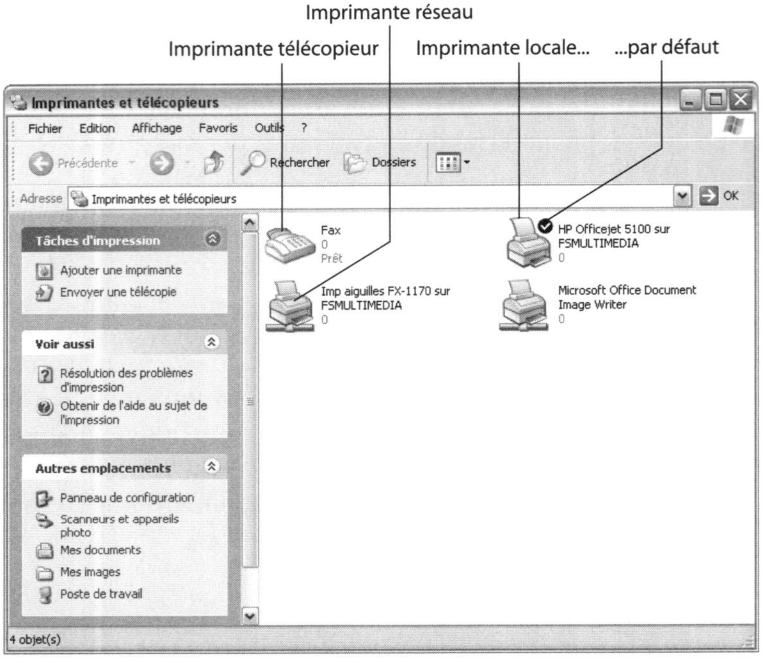

Figure 6.10 La fenêtre Imprimantes et télécopieurs.

très utile à la maison, mais à la seule condition de ne pas être en haut débit dégroupage total. Cette option proposée par certains fournisseurs d'accès à Internet permet de ne plus payer d'abonnement auprès de France Télécom. Vous économisez ainsi 13 euros par mois pour un abonnement que vous n'utilisez plus lorsque vous téléphonez par Internet. La conséquence est que vous n'avez plus du tout accès à une ligne téléphonique analogique classique permettant, entre autres, d'envoyer des fax.

Pour ajouter une imprimante à votre portable, cliquez sur le lien Ajouter une imprimante, à gauche de la fenêtre. Puis suivez les instructions de l'assistant. Voyez aussi la documentation de votre imprimante ; notez aussi que certaines imprimantes doivent être branchées avant installation de leur logiciel ; pour d'autres imprimantes, c'est le logiciel qui doit d'abord être installé.

Les imprimantes réseau apparaissent automatiquement lorsque votre portable se connecte au réseau. Sous réserve que le réseau comporte d'autres ordinateurs Windows et que ces derniers partagent leurs imprimantes. Les icônes d'imprimantes réseau sont repérables grâce à un tube figurant au-dessous de l'icône.

Le rond noir avec marque de cochage (ou coche) représente l'imprimante *par défaut*, c'est-à-dire celle que Windows utilise systématiquement lorsque vous n'en choisissez pas une autre en particulier. Pour définir l'imprimante par défaut, cliquez du bouton droit sur l'icône d'une imprimante, puis choisissez Définir comme imprimante par défaut.

- L'imprimante Microsoft Office Document Image Writer visible sur la Figure 6.10 est une imprimante *virtuelle*. Je n'ai aucune idée de quoi il s'agit. Je pense qu'elle permet simplement d'imprimer vers un fichier en conservant des caractéristiques bien précises d'impression. Il s'agit d'une opération que vous découvrirez dans un ouvrage consacrée à la suite bureautique Office ou à Windows XP.

- Pour partager l'imprimante de votre portable avec d'autres ordinateurs du réseau, cliquez du bouton droit sur l'icône de l'imprimante et choisissez Partager.

- Si votre télécopieur n'apparaît pas dans la fenêtre Imprimantes et télécopieurs, cliquez sur le lien Configurer les télécopies, du côté gauche de la fenêtre. Après avoir suivi l'assistant de configuration, cliquez sur le lien Installer une imprimante-télécopieur locale.

- Il existe aussi des logiciels de télécopie tierce partie, qui sont souvent meilleurs que le système fax de Windows.

- Pour envoyer une télécopie, choisissez Fax dans la liste d'imprimantes de la boîte de dialogue Impression. Puis, suivez les instructions affichées.

- Moi non plus, je n'aime pas l'expression *par défaut*. C'est le terme informatique pour signifier l'"option systématiquement choisie lorsque vous ne choisissez pas autre chose".

Liaison sans fil

L'icône Liaison sans fil sert à gérer le port de communications infrarouge de votre portable (s'il existe).

Vous pouvez utiliser le port infrarouge pour transférer des fichiers entre deux ordinateurs ou pour télécharger des images d'un appareil photo numérique. Notez que les deux équipements doivent gérer le même type de port infrarouge et le même type de protocoles.

- Pour découvrir les problèmes de sécurité liés au port infrarouge, voir le Chapitre 17.

Icônes spécifiques au portable

En plus de celles mentionnées dans les précédentes sections, vous rencontrerez éventuellement dans le Panneau de configuration des icônes spécifiques à votre portable. Certaines sont des versions améliorées des icônes originales de Windows. (Par exemple, un meilleur outil de gestion de batterie.)

Je vous conseille d'en ouvrir quelques-unes et de voir à quoi elles servent.

Éléments dans la zone de notification

La zone de notification est la petite zone complètement à droite de la barre des tâches. Elle est reproduite Figure 6.11.

Figure 6.11 La zone de notification se trouve à droite de la barre des tâches.

Les avis sur la zone de notification se partagent en deux camps : certains l'ignorent ; les autres l'adorent. Ils en sont obsédés. En réalité, ce n'est qu'un endroit pour stocker des icônes de programmes susceptibles, de temps à autre, d'attirer votre attention.

Les icônes dans la zone de notification confèrent également un accès rapide à certains endroits de Windows. Par exemple, lorsque l'icône de deux ordinateurs en réseau indique que votre réseau ne fonctionne pas, un double clic sur l'icône vous mène à une boîte de dialogue réseau pour régler le problème.

TRUC

Lorsqu'un élément de la zone de notification vous dérange, cliquez dessus du bouton droit. Vous obtiendrez souvent un menu contextuel comportant une commande Exit, Shut Down, Quit ou Quitter. Si ce n'est pas le cas, voyez s'il existe une commande Propriétés ou un accès à la fenêtre qui contrôle cette icône. Vous devriez y trouver une option pour désactiver l'élément.

- L'heure est affichée dans la zone de notification. Pour désactiver cet affichage, ouvrez l'icône Barre des tâches et menu Démarrer du Panneau de configuration, affichez l'onglet Barre des tâches et désactivez l'option Afficher l'horloge.

- L'affichage de l'icône de haut-parleur se gère via l'icône Sons et périphériques audio du Panneau de configuration, onglet Volume, option Placer l'icône de volume dans la barre des tâches.

- L'affichage de l'icône d'ordinateurs en réseau est contrôlé via l'icône Connexions réseau du Panneau de configuration. Ouvrez cette icône, puis ouvrez la connexion réseau concernée dans la fenêtre Connexions réseau. Dans la boîte de dialogue État de la connexion réseau, cliquez sur le bouton Propriétés. Dans la boîte de dialogue suivante, vous verrez une option Afficher une icône dans la zone de notification une fois connecté.

Où sont les programmes ?

Chaque chose à sa place. Mes documents sert à stocker vos affaires. Le Poste de travail contient certaines affaires de l'ordinateur. Le Panneau de configuration permet de contrôler certains éléments. Pour le logiciel que vous installez, il existe le dossier Program Files.

Désactiver les infobulles

Un des aspects les plus irritants de la zone de notification est l'affichage inattendu d'infobulles jaunes annonçant diverses choses. Certes, ce qui est indiqué est souvent utile (par exemple, vous êtes correctement connecté au réseau sans fil ou la charge de votre batterie est faible), mais le problème est que l'infobulle ne disparaît pas automatiquement. Elle traîne. Il est possible de désactiver les infobulles, mais cela nécessite la modification du Registre de Windows, ce qui n'est pas un travail de débutant. Si vous vous sentez prêt, suivez ces étapes :

1. **Choisissez Démarrer/Exécuter.**

   Si Exécuter n'est pas disponible dans le menu Démarrer, appuyez sur Win+R pour afficher la boîte de dialogue Exécuter.

2. **Dans la case, tapez** regedit.
3. **Cliquez sur le bouton OK.**

   L'Éditeur de Registre s'affiche.

4. **Ouvrez l'arborescence de dossiers suivante :**

   ```
   HKEY_CURRENT_USER
   Software
   Microsoft
   Windows
   CurrentVersion
   Explorer
   Advanced
   ```

5. **Dans le dossier Advanced, cliquez du bouton droit dans la portion droite de la fenêtre.**
6. **Choisissez Édition/Nouveau/Valeur DWORD.**

   La nouvelle valeur est créée et prête à être renommée.

7. **Tapez** EnableBalloonTips.

   Cela remplace le texte "Nouvelle valeur #1" du côté droit de la fenêtre.

8. **Double-cliquez sur EnableBalloonTips.**
9. **Vérifiez que la case Données de la valeur comporte bien zéro.**
10. **Cliquez sur OK.**
11. **Fermez la fenêtre de l'Éditeur de Registre.**
12. **Redémarrez Windows pour que le changement prenne effet.**

Certes, il devrait s'appeler Mes programmes. Mais ce n'est pas le cas.

Program Files n'est pas un dossier que vous visiterez souvent. Ce n'est pas un lieu très touristique. Voici comment y accéder :

1. **Ouvrez l'icône du Poste de travail.**
2. **Double-cliquez sur l'icône du disque dur C.**

   L'icône s'appelle en général `Disque local (C:)`. Même si le début du nom change, la fin est forcément `(C:)`.

   À ce stade, vous tomberez peut-être sur un avertissement vous indiquant de passer votre chemin. Ignorez cet avertissement.
3. **Ouvrez le dossier Program Files.**

   Vous aurez éventuellement un autre avertissement. C'est en fait un peu vrai : vous n'avez pas grand-chose à faire dans le dossier Program Files à part regarder.
4. **Fermez la fenêtre Program Files.**

Ne gérez pas vos programmes directement dans le dossier Program Files, passez par le Panneau de configuration. Une icône spéciale permet d'ajouter ou de supprimer des logiciels sur votre ordinateur. Ces sujets sont étudiés dans les sections ci-après.

Installation d'un nouveau programme

Pour installer un nouveau logiciel sur votre ordinateur, le plus facile est d'insérer le CD du logiciel dans le lecteur/graveur de CD-ROM ou DVD de votre portable, de refermer le lecteur, puis de regarder le programme d'installation s'exécuter. Suivez les instructions affichées et ce sera tout.

- Si le programme ne s'installe pas automatiquement après insertion du CD, ouvrez la fenêtre Poste de travail. Double-cliquez sur l'icône du lecteur de CD. Cherchez une icône de programme nommée Setup ou Install. Double-cliquez sur cette icône pour déclencher le programme d'installation du logiciel.

- Certains programmes réclament le redémarrage de Windows pour achever l'installation.

- La raison pour laquelle il vous faut occasionnellement fermer tous les programmes en cours est qu'ils peuvent interférer avec le processus d'installation. Par ailleurs, si l'ordinateur devait redémarrer automatiquement à la fin de l'installation, vous perdriez éventuellement les données non enregistrées dans les programmes en cours.

- Si vous arrêtez l'exécution de votre pare-feu et/ou de votre anti-virus, il est conseillé de désactiver également la connexion haut débit. Vous réactiverez après installation du programme en ouvrant le dossier des Connexions réseau et en effectuant un clic droit sur l'icône de la connexion haut débit. Dans le menu contextuel, choisissez Activer. Dans la foulée, vous redémarrerez l'anti-virus et le pare-feu.

À quoi sert l'icône Ajout/Suppression de programmes dans le Panneau de configuration ? À ce stade, à rien. Vous perdriez votre temps à l'employer pour installer un nouveau logiciel. L'insertion du CD ou du DVD dans le lecteur est le meilleur moyen.

Suppression d'un programme

La seule occasion d'employer l'icône Ajout/Suppression de programmes est pour désinstaller un programme. L'emploi de cette icône est la méthode la plus efficace pour désinstaller un logiciel dont vous n'avez plus besoin.

Voici les étapes à suivre :

1. **Dans le Panneau de configuration, ouvrez l'icône Ajout/ Suppression de programmes.**

   La liste des programmes installés apparaît (Figure 6.12).

2. **Localisez dans la liste le programme à supprimer.**

3. **Cliquez sur le programme.**

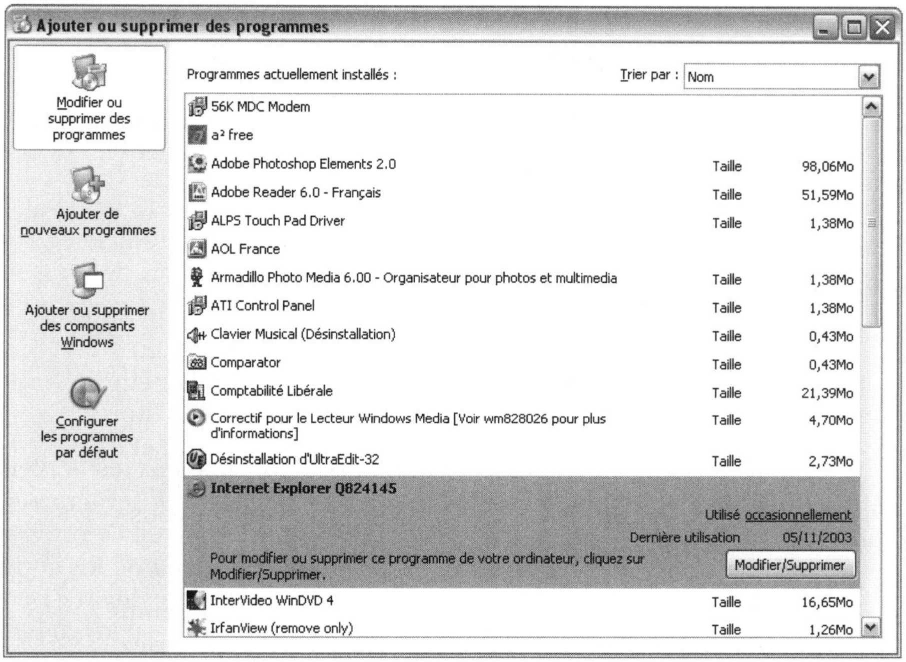

Figure 6.12 Suppression d'un programme.

Des informations supplémentaires s'affichent, indiquant notamment l'espace occupé par le programme et la fréquence d'utilisation du programme.

4. **Pour supprimer le programme, cliquez sur le bouton Modifier/Supprimer.**

   La portion *Modifier* est assez étrange. Il semblerait que certains programmes soient capables d'exploiter cette méthode pour modifier leur installation. Il n'y a aucun risque à cliquer sur le bouton, puisque rien n'est directement désinstallé, il est donc difficile de savoir lorsqu'une option Modifier est véritablement proposée.

   À ce stade, il se trouve que Windows passe la main au programme de désinstallation accompagnant le programme que vous essayez de désinstaller. Vous êtes invité à continuer la manœuvre.

5. **Confirmez que vous voulez supprimer le programme.**

   À moins que l'on ne vous présente une illusoire option Modifier. Quoi qu'il en soit, si vous choisissez de continuer, le programme sera supprimé.

La suppression d'un programme efface ses fichiers sur le disque dur du portable. Le programme de désinstallation réinitialise également certaines options au sein de Windows, en tentant de remettre les choses comme elles étaient avant l'installation de ce programme.

Toutes les désinstallations ne réussissent pas. Certains fichiers du programme resteront là.

La suppression d'un programme ne supprime *pas* les fichiers de données associés. Par exemple, supprimer un programme graphique n'efface pas les images que vous avez créées avec ce programme. En effet, ce sont vos fichiers, vous seul avez le droit de les supprimer. La suppression de ces fichiers (si c'est ce que vous désirez) s'opère dans le dossier Mes documents ou dans tout endroit où les fichiers de données de l'application ont été stockés. Notez cependant qu'il est peut-être possible d'exploiter ces documents avec d'autres programmes.

- Supprimez tout programme que vous n'exploitez pas.
- Cette suppression libérera de la place sur votre disque dur.
- Ne désinstallez pas un programme en supprimant simplement l'icône ou le dossier du programme ou les fichiers apparentés. Servez-vous toujours de l'icône Ajout/Suppression de programmes pour désinstaller les programmes.
- Occasionnellement, vous trouverez une commande Désinstallation dans le menu Tous les programmes (dans le menu Démarrer). Ce genre de commande se trouve dans le même sous-menu que le programme lui-même. C'est très pratique.
- Lorsque l'icône Ajout/Suppression de programmes échoue à supprimer un programme, ne vous en inquiétez pas. Certes, vous pouvez essayer de supprimer le programme, mais il est probable que vous n'arriverez de toutes façons pas à tout supprimer, sans

compter que vous pourriez endommager d'autres programmes dans la foulée. Les disques durs actuels sont spacieux : laissez le programme indésirable où il est.

- Pour éviter les problèmes de désinstallation, je recommande l'utilitaire Norton SystemWorks dont l'un des programmes surveille vos installations pour mieux les désinstaller. Il est non seulement capable de libérer de la place sur disque dur, mais également de dénicher les programmes récalcitrants et de les supprimer.
- L'icône Ajouter ou supprimer des composants Windows (à gauche dans la fenêtre Ajout/Suppression de programmes) sert à l'ajout et à la suppression de composants Windows. Pour en savoir plus sur ce sujet, procurez-vous un livre consacré à Windows XP.

Ce logiciel, oui ! Celui-là, non !

La majorité des portables sont fournis avec tout un tas de logiciels préinstallés. Ne vous sentez pas obligé de les exploiter. Reprenez simplement les étapes de la précédente section pour désinstaller ce qui ne vous convient pas.

Il n'existe aucune obligation à conserver sur votre disque dur des choses que vous ne comptez pas utiliser.

C'est *votre* portable !

Ouverture de session Windows

Les sections suivantes présentent les options d'ouverture de session, l'emploi d'un mot de passe ou comment ignorer ce processus.

- *Ouverture de session* est l'expression utilisée pour vous identifier auprès de Windows. De la sorte, plusieurs personnes peuvent exploiter le même ordinateur tout en gardant leurs affaires séparées. Cela permet aussi à l'ordinateur de garder trace des éléments personnels tels que mots de passe, e-mail et autres.

- L'expression *ouvrir une session* signifie vous identifier. Le nom pour l'ouverture de session est celui de votre compte utilisateur.
- Les termes *se logger* et *login* se rencontrent également à la place d'*ouvrir une session* et *nom d'utilisateur*.

L'icône Comptes d'utilisateurs

Pour modifier votre type d'ouverture de session Windows, passez par l'icône Comptes d'utilisateurs dans le Panneau de configuration. L'ouverture de cette icône affiche la liste des comptes existant sur votre portable et des liens pour effectuer des réglages (Figure 6.13).

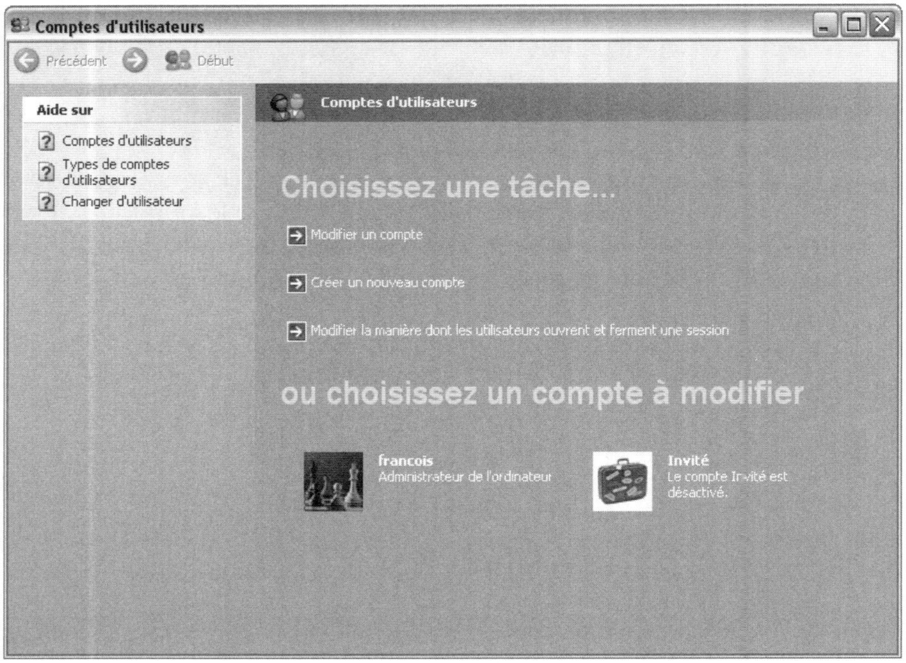

Figure 6.13 Écran d'accueil de la fenêtre Comptes d'utilisateurs.

Changement de mot de passe

Si vous devez changer de mot de passe, affichez la fenêtre Comptes d'utilisateurs (voir Figure 6.13) et cliquez sur l'image de votre compte. Vous obtenez une fenêtre comme celle de la Figure 6.14.

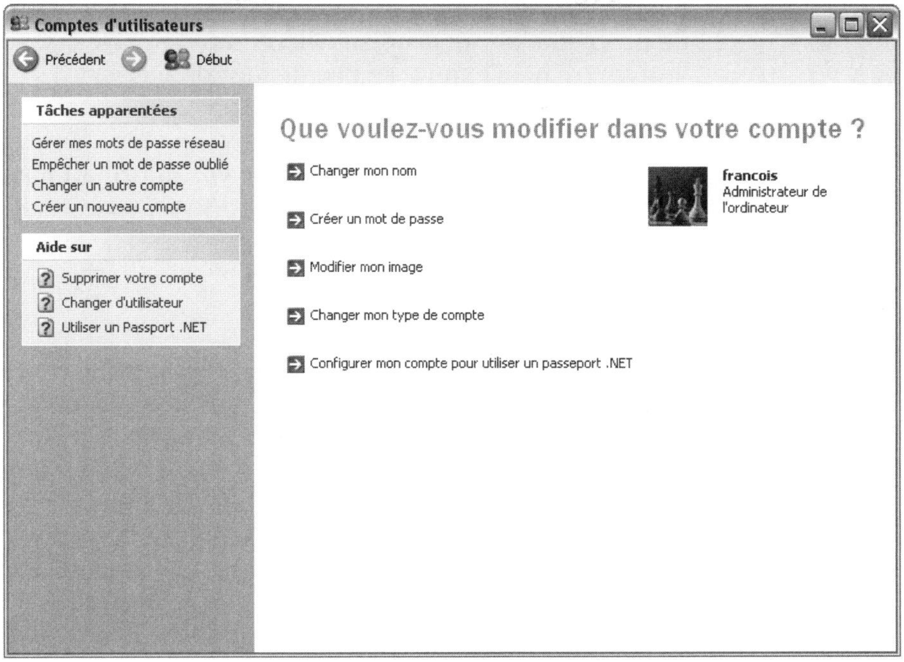

Figure 6.14 La fenêtre pour modifier votre compte d'utilisateur.

Si votre compte n'a pas de mot de passe, cliquez sur le lien Créer un mot de passe.

Pour modifier un mot de passe existant, cliquez sur le lien Modifier mon mot de passe.

Pour supprimer votre mot de passe, cliquez sur le lien Supprimer mon mot de passe.

Suivez ensuite les instructions affichées.

- Les mots de passe les *plus puissants* (c'est-à-dire les plus difficiles à casser) utilisent une combinaison de lettres et de chiffres et font au moins huit caractères de long. Bien sûr, ces mots de passe sont également faciles à oublier ; aussi nombreux sont ceux qui font l'erreur de choisir quelque chose de court et de simple.

- N'employez jamais le mot *motdepasse* comme mot de passe. Il est trop facile à trouver.

- Lorsque vous êtes le seul à utiliser le portable, et qu'il n'y a pas de problème de sécurité aux alentours de votre domicile ou de votre bureau, n'employez pas de mot de passe.

- Si vous oubliez votre mot de passe, vous êtes coincé. Il restera possible d'accéder à Windows mais vos informations de compte seront perdues. Gardez cela à l'esprit lors du choix de votre mot de passe.

Changement de votre image

Pour sélectionner une nouvelle image pour votre compte, cliquez sur Modifier mon image (voir la Figure 6.14). Vous obtenez une fenêtre présentant des photographies que vous pouvez choisir pour l'image de votre compte. Si vous avez mieux, cliquez sur le lien Rechercher d'autres images et sélectionnez votre image sur le disque dur.

Par exemple, choisissez une véritable photo (de vous-même, de votre chat, de votre voiture, de ce que vous voulez) stockée sur votre disque dur. Inutile de redimensionner l'image, Windows le fera à votre place.

Ajout de comptes

Pour déclarer un autre utilisateur sur votre portable, cliquez sur le lien Créer un nouveau compte dans la page Comptes d'utilisateurs (voir la Figure 6.13). Suivez les instructions affichées.

Le compte de niveau *administrateur* accorde au nouvel utilisateur total accès à toutes les fonctions du portable. Ne créez un compte *Limité* que si vous n'avez pas réellement confiance en la personne qui utilisera le compte.

N'hésitez pas à créer de nouveaux comptes ! Lorsque plusieurs personnes exploitent le portable, chacune doit avoir son propre compte. Cela sépare les fichiers, les comptes de messagerie, les mots de passe, les favoris de sites Web, etc.

Suppression d'un compte

Pour supprimer un compte, suivez ces étapes :

1. **Dans la page d'accueil Comptes d'utilisateurs, cliquez sur le compte à supprimer.**

   Voir la Figure 6.13.

2. **Cliquez sur le lien Supprimer le compte.**

3. **Pour récupérer de l'espace disque, cliquez sur le bouton Supprimer les fichiers.**

   Ne cliquez sur Conserver les fichiers que si vous savez comment trouver et récupérer ensuite les fichiers d'utilisateur à conserver.

4. **Cliquez sur le bouton Supprimer le compte.**

   Hop là !

Désactiver le compte Invité

Le compte Invité peut être supprimé, ou au moins désactivé. Dans la page Comptes d'utilisateurs, cliquez sur l'icône Invité. À l'écran suivant, cliquez sur le lien pour désactiver le compte Invité. Et voilà !

Ouverture de session en tant qu'administrateur

Pour quelque raison, les utilisateurs de Windows deviennent cinglés lorsqu'on leur indique d'ouvrir une session en tant qu'administrateur de l'ordinateur. Or, vous êtes déjà l'administrateur de l'ordinateur. Inutile d'ouvrir une session sous un compte spécial.

Vous pouvez vérifier que votre compte est bien de type Administrateur dans la page Comptes d'utilisateurs. Si votre compte n'est pas de type Administrateur, vous devrez demander à quelqu'un qui en a le statut de l'attribuer à votre compte.

Pour attribuer à un utilisateur le statut Administrateur, cliquez sur le compte concerné dans la page d'accueil. Dans la page suivante, cliquez sur Changer le type de compte. Suivez les instructions. Et voilà !

Court-circuiter l'ouverture de session

Lorsque vous êtes la seule personne à utiliser votre portable, et que vous évoluez dans un environnement où il est peu probable que l'on vous vole votre PC, sachez qu'il est possible de vivre sans ouverture de session. Les experts en sécurité informatique vous en feront probablement une jaunisse, mais vous en avez le droit.

Tout d'abord, supprimez le mot de passe de votre compte.

Ensuite, assurez-vous que votre compte est l'unique compte sur l'ordinateur. Désactivez si nécessaire le compte Invité.

Au prochain démarrage de Windows, vous arriverez directement sur votre bureau, sans passer par la fenêtre d'ouverture de session.

Chapitre 7

Extension de l'univers du portable

Dans ce chapitre :

- Découverte du port USB.
- Connexion d'un périphérique USB.
- Emploi d'un système de stockage USB.
- Le port FireWire ou IEEE 1394
- Utilisation de cartes PC.
- Ajout d'un clavier.
- Connexion d'un écran externe.
- Au-delà du pavé tactile.
- Imprimer depuis un portable.
- Imprimer sans imprimante.

Les portables expriment notre besoin de liberté, de s'affranchir des câbles et autres dépendances de l'ordinateur type de bureau. En quelque sorte, la liberté c'est de se déplacer avec un puissant système informatique que vous savez pouvoir exploiter à tout moment, n'importe où, particulièrement dans les endroits où les gens vous regarderont avec grande jalousie.

Malgré cette idéologie sans fil, l'on gagne à améliorer son portable avec quelques périphériques à câbles, lourds, encombrants, plus connus pour leur facilité d'emploi que leur capacité à vous faire traverser Roissy sans souci. Ce chapitre parle de l'adjonction à votre portable de périphériques supplémentaires. Certains accessoires sont eux aussi portables, mais la plupart ne le sont pas. Pourtant chacun est séduisant à sa façon. Quoi qu'il en soit, bienvenue dans le chapitre de l'antiportabilité qui, chez bien des utilisateurs sédentaires, transforme purement et simplement leur portable en un PC de bureau, avec les possibilités d'évolution en moins.

USB mon ami

Bien que cela ait déjà été dit, je rappelle qu'un ordinateur portable ne peut pas évoluer comme un ordinateur de bureau. Il ne possède pas les connecteurs PCI (et bientôt PCI Express) internes permettant de lui adjoindre toutes sortes de cartes qui augmentent ses possibilités. La seule solution pour faire évoluer un temps soit peu votre PC portable consiste à tirer profit des ports externes, dont le plus répandu est le connecteur USB. La liste des périphériques que vous pouvez alors raccorder au portable est presque illimitée. La restriction vient de la quantité d'accessoires que vous êtes prêt à transporter et, naturellement, de la taille de votre compte bancaire.

(Précisons cependant que vous n'avez pas à tout transporter constamment.)

Les miraculeuses possibilités d'extension du port USB

USB signifie Universal Serial Bus. C'est probablement la meilleure possibilité d'extension dont soit doté votre portable.

TRUC

Cette affirmation vaut malgré la présence quasi systématique aujourd'hui d'un port FireWire (IEEE 1394) dont je parle un peu plus loin dans un encadré spécifique. Cependant, force est de constater que l'IEEE 1394 s'accorde davantage à une utilisation sédentaire d'un ordinateur puisque son objectif principal est le transfert vidéo numérique depuis un caméscope DV, Digital8 et même HD (haute définition). La vidéo étant gourmande en capacité de stockage et nécessitant de grosses ressources système, il est préférable de la pratiquer sur un ordinateur de bureau qui comportera tous les accessoires, les logiciels et les disques durs nécessaires à une exploitation sans faille de l'ordinateur pour monter des films de famille ou des vidéos professionnelles.

Le port USB a été conçu pour remplacer plusieurs anciens ports standard par un système plus souple et plus rapide. Les objectifs ont été atteints : le port USB a impressionné tout le monde. Le standard USB actuel, le 2.0, est peut-être le meilleur type de port d'extension existant sur ordinateur.

L'USB permet d'ajouter divers périphériques à votre ordinateur. Les plus courants sont regroupés au Tableau 7.1 ; un certain nombre sont ensuite étudiés dans la suite du chapitre. Le Tableau 7.2, quant à lui, décrit des emplois inhabituels du port USB.

Tableau 7.1 : Usages types du port USB.

Périphérique	Usage type
Stockage externe	Disques durs externes, CD/R, DVD, stockage sur mémoire flash. Voir plus loin la section "Stockage USB externe".
Imprimante	Voir plus loin la section "Impression".
Scanner	Sert à reconstituer sous forme de fichier graphique dans l'ordinateur une image imprimée. Ce sujet n'est pas étudié dans ce livre.
Adaptateur réseau	Le port USB fournit un autre moyen de connecter votre portable à un réseau. Un périphérique réseau USB est cependant moins commode qu'un adaptateur réseau sous forme carte PC, qui s'adapte mieux.
Lecteur MP3	Pour transférer vos fichiers de musique du portable au lecteur.
Appareil photo numérique	Pour récupérer les photos de votre appareil photo et les stocker sur le portable. Cela se réalise également en ôtant la carte mémoire de l'appareil photo numérique et en l'insérant dans un appareil spécial. Voir plus loin la section "Stockage USB externe".

TRUC

En matière audio, soulignons qu'il existe des cartes PC (format PCMCIA) comme la SoundBlaster Audigy 2 ZS Notebook qui s'insère dans le portable et qui, malgré quelques câbles audio externes, prend

Tableau 7.2 : Usages moins habituels du port USB.

Périphérique	Usage
Anciens adaptateurs	Connexion d'anciens périphériques série, parallèle et autres, et de joysticks. Évite d'acheter un réplicateur de port et donne la possibilité de continuer à exploiter un ancien matériel sur votre portable récent.
Connecteur souris/ clavier	Branchement d'une souris et/ou d'un clavier externe et non USB sur un portable sans port souris ou clavier.
Matériel audio	Les portables ne disposent pas des possibilités d'extension pour ajouter du matériel audio de haute qualité. La solution est alors de brancher du matériel audio externe compatible USB. Par exemple, la SoundBlaster Audigy 2 NX qui se branche sur le port USB donne au portable la capacité Dolby surround.
Enceintes	En plus de l'extension audio USB, il existe de mini-enceintes USB autoalimentées pour portable.
Caméra vidéo	Pour vos besoins en vidéoconférence lors de vos déplacements. (On l'appelle aussi parfois *webcam*, quoique le terme *webcam* s'applique généralement à une caméra constamment connectée à Internet.)
Petite lampe	Imaginez ! Une petite lampe qui se branche sur le port USB. Imaginez cela avec un pied souple pour orienter la lampe vers le clavier, pour les cas où vous tapez dans le noir.
Contrôleurs de jeu	La majorité des nouveaux contrôleurs de jeu sont de type USB.
Refroidisseur de portable	Il s'agit d'un plateau spécial sur lequel vous posez le portable. Il contient de petits ventilateurs silencieux qui évitent la chauffe du portable. Ils sont alimentés via le port USB. (Voir aussi le Chapitre 22.)
Chargeur pour téléphone portable	Cet intéressant accessoire USB permet de recharger un téléphone mobile en le branchant sur l'ordinateur portable.
Protection	Un dispositif branché sur le port USB alimente une alarme associée à un câble de sécurité ou permet le déverrouillage (ou décodage) des données du portable.

Tableau 7.2 : Usages moins habituels du port USB. (*suite*)

Périphérique	Usage
Communications Bluetooth	Lorsque votre portable n'est pas équipé pour les communications sans fil Bluetooth, cet accessoire branché sur port USB lui donne la capacité de converser avec d'autres appareils compatibles Bluetooth.
Boîtier d'acquisition vidéo	Permet d'effectuer des captures de sources vidéo analogiques et numériques, tel que le permettent les systèmes Dazzle, Pinnacle MovieBox ou Pinnacle 500 et 700 USB.

beaucoup moins de place qu'un système audio USB. Certes, les performances sont souvent moindres, mais n'est-ce pas la mobilité qui vous intéresse ?!

Description de l'USB

Votre portable possède un ou deux ports USB sur ses côtés ou sa face arrière. Pour plus d'informations, voir le Chapitre 5. Les périphériques USB se branchent directement sur ces ports ou à l'aide d'un câble USB.

Par exemple, un lecteur de carte mémoire ou une mémoire flash se branchent directement (Figure 7.1).

D'autres périphériques réclament un câble USB. Par exemple, une imprimante USB ou un disque dur externe USB se connectent au portable par l'intermédiaire d'un câble USB.

Les mêmes ports et les mêmes câbles servent pour divers périphériques. Du moment qu'un périphérique est au standard USB, vous pouvez le connecter à tout portable doté de ports USB.

- Si votre portable n'a pas de ports USB, il est possible d'en ajouter en utilisant un réplicateur de port ou (mieux) une carte PC avec ports USB. (Voir plus loin la section "Emploi d'une carte PC".)
- Les câbles USB existent en de nombreuses longueurs.
- Tous les périphériques USB n'ont pas besoin d'un câble.

Figure 7.1
Une clé USB ressemble plus à un plongeoir une fois branchée sur le portable.

- Les magasins d'informatique disposent toujours de divers câbles USB en stock.

- De préférence, un câble USB ne doit pas dépasser 3,5 mètres. Au-delà, le signal se dégrade. Pour certains périphériques, il est même souhaitable d'employer des câbles plus courts, notamment pour l'acquisition vidéo.

- Les périphériques et câbles USB sont ornés du symbole USB.

- Le standard USB actuel est la version 2.0. On parle de l'USB 2.0. Ce standard est beaucoup plus rapide que le premier USB, tout en restant compatible avec les anciens périphériques USB. L'USB 2.0 rend possible la connexion sur port USB de périphériques à haut débit tels que les disques externes et lecteurs CD/DVD. Veillez que votre portable soit compatible USB 2.0 et que tous vos périphériques USB gèrent ce standard. Dans ces conditions, vous tirerez le meilleur de votre équipement.

Extrémités A et B d'un câble USB

Les périphériques USB sont susceptibles d'utiliser deux types de connecteurs. Ils se distinguent en fonction de l'extrémité du câble branché sur le périphérique. On trouve le connecteur A et le connecteur B.

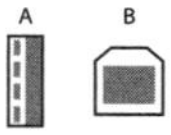

L'extrémité A est la rectangulaire, celle qui se branche sur l'ordinateur. On l'appelle parfois extrémité "montante".

L'extrémité B du câble a une forme en D. C'est l'extrémité qui se branche sur le périphérique USB. On l'appelle extrémité "descendante".

Par exemple, pour connecter une imprimante USB, vous branchez l'extrémité A du câble sur votre portable et l'extrémité B sur l'imprimante.

- Si vous avez besoin d'un câble USB, il s'agit d'un câble USB A-vers-B.
- Si vous avez besoin d'une *rallonge* USB, il faut un câble A-vers-A.
- Il existe d'autres types d'extrémités de câbles, spécifiques aux périphériques auxquels elles se branchent. Par exemple, votre lecteur MP3 utilise éventuellement un câble USB avec connecteur A à une extrémité et un connecteur spécial à l'autre, celle qui se branche sur le lecteur MP3.

Connexion des accessoires USB

La connexion des périphériques USB est réellement facile. Inutile d'éteindre l'ordinateur, d'exécuter un programme spécial ou de sortir sa baguette magique. Vous branchez le périphérique USB, ça marche.

- Notez l'existence des périphériques USB de type *pass-through* (intercommunication). Ce sont des périphériques USB dotés d'un port USB supplémentaire. Vous pouvez ainsi brancher le périphérique USB sur votre portable, puis un autre périphérique USB sur le premier. Cela évite d'être à court de ports USB. (Voir aussi la section "Ajout d'un concentrateur".) Le standard USB permet de chaîner ainsi jusqu'à 127 périphériques.

- Certains périphériques sont reconnus dès que vous les branchez. Un lecteur flash (flash drive ou clé USB), par exemple, peut être *monté* instantanément sur votre ordinateur (son icône d'unité de disque apparaît dans la fenêtre Poste de travail), prêt à l'emploi. Pour plus d'informations, voir la section "Stockage USB externe".

- Lorsque le périphérique USB dispose de sa propre alimentation, vous devez l'allumer pour que l'ordinateur puisse le reconnaître.

- Ne débranchez pas un périphérique de stockage USB (unité de disque ou carte mémoire flash) lorsque votre portable est en veille, veille prolongée ou éteint. Attendez que le portable soit de nouveau allumé avant d'ôter ce périphérique. Vous pourriez perdre ou brouiller vos fichiers.

- Certains périphériques, tels que scanner ou imprimante, réclament éventuellement quelque configuration supplémentaire. Lisez le manuel fourni pour savoir si vous devez installer un logiciel spécial avant de brancher le périphérique ou de l'allumer. C'est d'ailleurs souvent le cas. L'installation du pilote est l'étape préalable à la connexion USB d'une imprimante. Ainsi, dès que vous branchez l'imprimante au port en question et que vous l'allumez, Windows XP l'identifie et l'installe. Elle est opérationnelle en moins de temps qu'il ne faut pour le dire.

- Il est certes possible de débrancher un périphérique sans autre forme de procès, mais il est préférable de le *démonter* correctement. Pour plus d'informations, consultez la section "Déconnexion d'un stockage externe".

- La capacité de brancher et débrancher les périphériques USB sans devoir éteindre l'ordinateur est dite *remplacement à chaud* ou *connexion à chaud.*

Périphériques USB autoalimentés

De nombreux accessoires USB sont *autoalimentés*. Cela signifie qu'ils tirent leur énergie du port USB du portable. C'est pratique, car vous n'avez pas besoin de câble supplémentaire, d'alimentation électrique particulière, de prise murale ou de batterie pour ce périphérique. L'inconvénient est que cela vide plus rapidement la batterie du PC.

J'ai une inclination pour les périphériques USB autoalimentés. Ils sont plus portables puisqu'ils ne réclament pas de câbles d'alimentation ou de batteries séparées. Or, tout ce qui allège l'ensemble est bienvenu.

TRUC

- Préférez les périphériques USB en version autoalimentée.
- La majorité des lecteurs flash USB (clés USB) sont autoalimentés.
- Les tablettes de refroidissement pour portable sont également autoalimentées.
- Tous les ports USB ne fournissent pas la puissance suffisante pour alimenter certains périphériques USB autoalimentés. En règle générale, il faut brancher le périphérique USB autoalimenté sur le portable lui-même ou sur un concentrateur alimenté.

Ajout d'un concentrateur

Cela peut ne pas sembler pratique, mais votre portable peut accueillir jusqu'à 127 périphériques USB en même temps. C'est l'un des grands atouts d'extension de l'USB. Pour ajouter des ports, on connecte un *concentrateur USB* à l'ordinateur. La Figure 7.2 montre un concentrateur USB.

TRUC

En langage informatique, un concentrateur est plus connu sous le nom de *hub*.

Un concentrateur USB est en définitive un accessoire avec des ports USB supplémentaires. Vous branchez le concentrateur dans le port USB de votre portable. Vous pouvez ensuite relier de deux à huit périphériques USB au concentrateur.

- Certains périphériques ne sont pas exploitables à travers un concentrateur, par exemple certains disques durs à haut débit.

Figure 7.2 Un concentrateur USB, plus simplement appelé Hub USB.

Dans ce cas, le périphérique doit être branché directement sur le port USB de l'ordinateur. Un message d'avertissement devrait s'afficher et vous indiquer que faire.

- Il existe deux types de concentrateurs, alimentés et non alimentés. Les concentrateurs alimentés doivent être branchés sur le secteur. Ils sont nécessaires pour fournir plus de puissance à certains périphériques USB.
- Évidemment, le concentrateur USB n'est pas ce que l'on désire forcément emporter en déplacement. Plus l'ordinateur réclame de câbles, plus il perd son caractère portable.
- Notez qu'il existe des concentrateurs USB de petites dimensions, qui les rendent plus portables.
- Un des meilleurs moyens d'ajouter des ports USB à votre portable est via une carte PC.
- Chaque port USB du portable est dit *port racine*. La limite de 127 périphériques s'applique par port racine. Ainsi, lorsque votre portable a deux ports USB racine, il peut accéder à 254 périphériques USB.

Accessoires IEEE 1394 ou FireWire

L'USB est l'un des deux standards inventés pour remplacer les diverses possibilités et ports d'extension disponibles pour PC depuis de nombreuses années. Le second standard est l'IEEE 1394 ou IEEE tout court. Apple Computer l'appelle le standard *FireWire*.

À un moment, l'USB était préféré pour la connexion des claviers, souris, enceintes, imprimantes et autres périphériques à bas débit. L'IEEE ou FireWire était préféré pour le stockage externe ou le transfert de fichiers vidéo, car il était beaucoup plus rapide que l'USB. Cela a changé avec le standard USB 2.0, qui est essentiellement aussi rapide et performant que l'IEEE (pas encore cependant pour ce qui est de la vidéo numérique). Il y a encore quelques années, le port FireWire était rare sur les portables. Et nous pouvons considérer que si le vôtre en est doté, il ne va pas vous servir à grand-chose. Je l'ai dit : l'intérêt du port FireWire est le transfert vidéo pour monter des films et surtout les graver sur DVD. Or, pour travailler dans d'excellentes conditions, vous devez investir dans un système d'acquisition vidéo interne doté d'une prise FireWire. Ce système prend la forme d'une carte PCI qui s'insère dans un ordinateur de bureau. Bien sûr, vous pouvez tenter de faire de la vidéo avec un portable, mais vous vous trouverez rapidement limité. D'abord, il faut un disque dur de grande capacité, et si possible distinct de celui qui stocke Windows et vos applications. Or, pour disposer d'un second disque dur sur un portable, vous devez l'installer en externe. Malheureusement, les disques durs USB ne sont pas assez rapides pour la capture vidéo numérique, et vous risquez des pertes d'images qui ruineront tous vos espoirs de produire de beaux films sur de magnifiques DVD vidéo. Il faudrait alors installer un disque dur FireWire. Or, votre PC ne disposera probablement que d'un seul port IEEE 1394. Vous comprenez le dilemme !

La norme FireWire évolue plus rapidement que la norme USB. Le standard le plus répandu est l'IEEE 1394a-S400 qui présente un taux de transfert de 400 Mbits/s. Or, les nouveaux ordinateurs de bureau intégrant la technologie 64 bits proposent désormais un ou plusieurs ports IEEE 1394b-S800 assurant un débit de 800 Mbits/s. Et ce n'est pas fini puisque sous peu nous verrons apparaître sur nos PC et nos Mac les normes IEEE 1394b-1600 et b-3200 pour des débits respectifs de 1 600 Mbits/s et 3 200 Mbits/s.

Techniquement, l'IEEE fonctionne comme l'USB. On trouve des câbles, des ports, des concentrateurs, des périphériques que l'on branche et débranche à sa guise. Certains périphériques – scanners et unités de disque – peuvent gérer l'USB et l'IEEE. (Sans cependant pouvoir utiliser les deux en même temps.) En revanche, au niveau du chaînage des périphériques, si l'USB autorise jusqu'à 127 appareils sur le port racine, le FireWire se limite à 64. Franchement, qui a ou aura 64 périphériques à chaîner si ce n'est des sociétés multipliant les disques durs à taux de transfert élevés.

Accessoires IEEE 1394 ou FireWire (*suite*)

Si votre portable n'est pas doté d'un port IEEE et que vous en avez besoin, vous pouvez l'ajouter via une carte PC. L'IEEE est le mieux, particulièrement si vous comptez transférer des vidéos depuis une caméra numérique.

Stockage USB externe

L'un des ajouts les plus courants aux portables est un périphérique de stockage USB tel qu'un lecteur de carte mémoire flash ou lecteur flash, que le quidam préfère appeler *clé USB*.

Ces deux périphériques s'intègrent à votre système exactement comme toute autre unité de disque. Vous pouvez aussi connecter au port USB de votre portable un vrai disque dur externe ou lecteur/graveur de CD/DVD, sous réserve qu'il soit compatible USB et correctement alimenté. Voici comment cela fonctionne :

1. **Branchez le périphérique de stockage USB sur le port USB de votre portable.**

   À ce stade, l'ordinateur doit être déjà allumé.

2. **Vous entendrez éventuellement une alerte sonore indiquant que Windows a détecté le périphérique.**

3. **Dans la boîte de dialogue qui s'affiche, choisissez que faire avec ce périphérique (Figure 7.3).**

   Cette fenêtre peut être avantageuse. Lorsque vous insérez une carte numérique d'appareil photo, vous avez le choix entre les trois options visibles sur cette illustration.

   En général, je clique sur le bouton Annuler en bas de la fenêtre.

   Si cette boîte de dialogue vous gêne, vous pouvez en désactiver l'affichage. Voir l'encadré "Suppression de l'ennuyeuse boîte de dialogue".

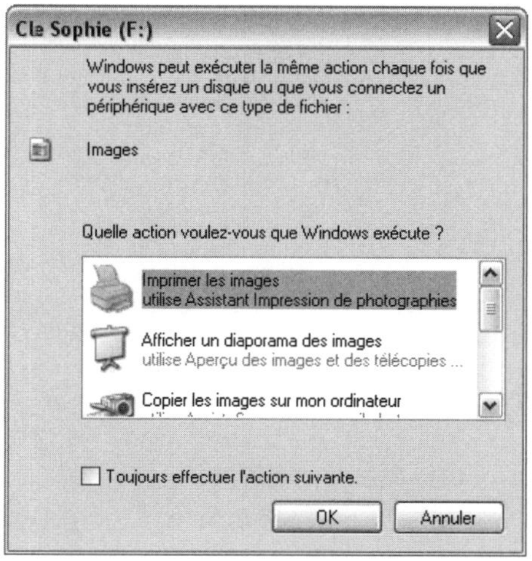

Figure 7.3 Options possibles après insertion d'un stockage amovible USB.

4. **Ouvrez la fenêtre Poste de travail.**

   Pour savoir comment accéder à cet emplacement, voir le Chapitre 6. Dans cette fenêtre, vous trouvez le périphérique amovible *monté* (Figure 7.4).

5. **Pour accéder au lecteur, ouvrez l'icône du disque amovible.**

   Son contenu s'affiche.

Le périphérique de stockage USB et ses données sont maintenant utilisables comme tout autre disque de votre ordinateur.

Laissez le disque USB branché sur votre ordinateur aussi longtemps que vous le désirez. Pour ôter un lecteur (le *démonter*) correctement, voir la section suivante.

- *Stockage de masse* veut dire un dispositif à même de stocker des informations comme un disque dur, CD, DVD ou disque silicium (mémoire flash, carte mémoire, etc.).

- Un lecteur de carte mémoire flash est utilisable pour lire une carte mémoire de type Secure Digital ou Compact Flash. C'est ce que l'on utilise dans les appareils photo numériques pour stocker les photos. Pour transférer les photos de votre appareil photo au

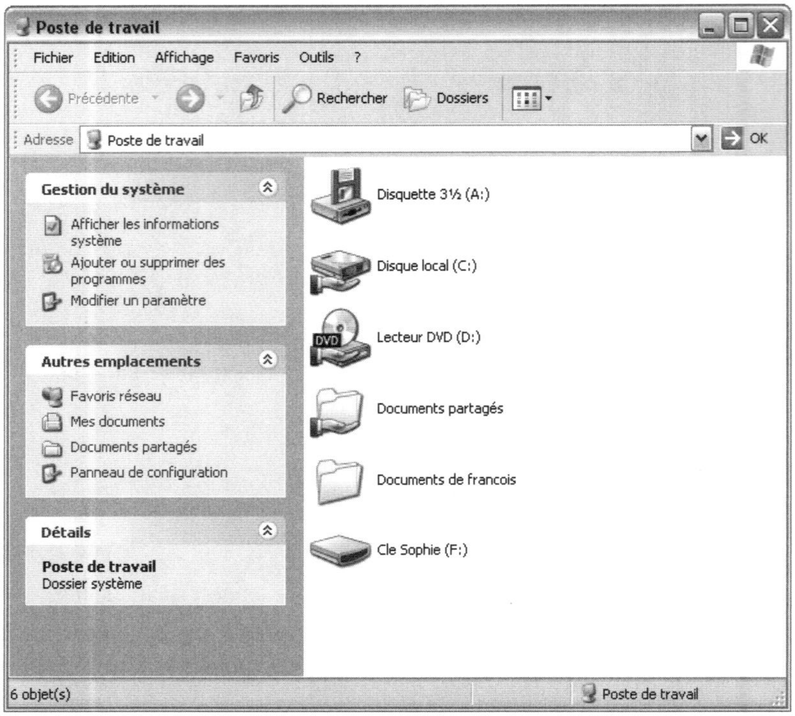

Figure 7.4 Le lecteur amovible (Clé Sophie) prêt à l'emploi.

portable, il suffit d'ôter la carte mémoire de l'appareil photo et de l'insérer dans le lecteur de carte du portable.

- Il est probable que votre appareil photo numérique stocke les photos dans un sous-dossier du dossier DCIM de la carte mémoire. Pas forcément très clair, mais c'est ainsi que la plupart des appareils photo numériques se comportent.

Déconnexion d'un stockage externe

Certes, il est possible de débrancher directement un disque USB de son port USB. Cela fonctionne. Ce n'est pourtant pas la procédure correcte. En procédant ainsi, vous risquez de perdre des données importantes et d'apercevoir le légendaire *écran bleu de la mort !* Mieux vaut ne pas prendre le risque.

Suppression de l'ennuyeuse boîte de dialogue

Si vous n'aimez pas la boîte de dialogue qui s'affiche chaque fois que vous insérez un périphérique de stockage de masse amovible (voir la Figure 7.3), indiquez à Windows de ne *pas* l'afficher. Voici les instructions à suivre :

1. **Dans la fenêtre Poste de travail, cliquez du bouton droit sur l'icône du disque amovible (voir la Figure 7.3).**
2. **Choisissez Propriétés.**
3. **Dans la boîte de dialogue Propriétés du lecteur, cliquez sur l'onglet Exécution automatique.**
4. **Cliquez sur Sélectionner une action à exécuter.**
5. **Dans la liste des actions, choisissez Ne rien faire.**
6. **Cliquez sur OK.**

Ces étapes peuvent ne pas fonctionner pour certains périphériques amovibles, ce qui est ennuyeux.

De même qu'il existe une bonne procédure pour éteindre votre portable, il existe une bonne manière pour déconnecter un stockage externe.

1. **Localisez l'icône Retirer le périphérique en toute sécurité dans la zone de notification.**

   L'icône est reproduite dans la marge. Elle n'est pas forcément facile à repérer.

   Si vous ne la trouvez pas, cliquez sur le chevron à gauche de la zone de notification.

2. **Cliquez sur l'icône Retirer le périphérique en toute sécurité.**

   Un menu apparaît (après une brève attente), énumérant les périphériques de stockage amovibles branchés sur votre ordinateur (Figure 7.5).

Figure 7.5 La liste des périphériques amovibles connectés au portable.

3. **Cliquez sur le périphérique à retirer.**

   Si tout va bien, un message vous annonce que le périphérique peut être débranché en toute sécurité.

4. **Débranchez ou retirez le périphérique.**

L'idée générale est qu'il ne faut pas retirer un périphérique de stockage avant que le logiciel arrête de l'exploiter. Bien que le matériel USB puisse être remplacé à chaud, retirer quelque chose en activité implique que vous pouvez perdre des fichiers. Pas bon, pas bon.

- Si un avertissement indique que le périphérique ne peut être retiré ou "arrêté", cliquez sur le bouton OK. Voyez quels programmes ont des fichiers de données ouverts sur le lecteur, enregistrez ces fichiers, puis fermez les programmes. Cela devrait permettre de retirer le lecteur.

- Un double clic sur l'icône Retirer le périphérique en toute sécurité ouvre la boîte de dialogue de même nom. Il s'agit essentiellement d'un moyen plus long d'opérer l'action décrite dans les étapes ci-dessus.

- Pour plus d'informations sur la zone de notification, voir le Chapitre 6.

Emploi d'une carte PC

Admettons-le : la carte PC est sur le déclin. Bien qu'elle ait dominé le domaine des extensions pour portable depuis dix ans maintenant, en permettant aux utilisateurs d'ajouter du mini-disque dur à l'adaptateur réseau en passant par les ports supplémentaires, les possibilités de l'USB sont plus nombreuses et plus souples. En fait, si vous entrez aujourd'hui dans un magasin d'informatique, vous ne trouverez probablement sous forme de cartes PC que des adaptateurs réseau.

Cependant, même si la carte PC (ou PCMCIA) vit peut-être ses dernières heures, elle fait toujours partie du paysage de l'informatique portable, et les quelques sections ci-après lui sont dues.

Insertion d'une carte PC

Il suffit de glisser la carte PC dans l'emplacement adéquat. Elle ne s'insère que dans un sens ; insérez d'abord le côté le moins épais, avec les trous. Lorsque l'ordinateur est allumé, Windows reconnaît la carte instantanément (Figure 7.6). À ce stade, vous pouvez commencer à exploiter les fonctions que la carte ajoute au portable.

Figure 7.6 Détection d'un nouveau matériel par Windows.

- Certaines cartes réclament du logiciel supplémentaire pour fonctionner, indiqué dans le manuel de la carte. Pour d'autres cartes, il suffit de les insérer pour qu'elles fonctionnent.
- La carte PC la plus courante aujourd'hui est la carte réseau sans fil, notre célèbre appellation Wi-Fi. L'insertion de la carte ne constitue que la moitié de la bataille. Le reste consiste à configurer correctement le portable pour se connecter au réseau sans fil. Pour plus de détails, voir le Chapitre 9.
- Le périphérique installé sur la Figure 7.6 est un lecteur de carte mémoire flash (ben une clé USB quoi !).

Emploi de cartes PC

Une fois la carte PC insérée et correctement configurée, vous avez accès à ses fonctions. Vous pouvez laisser la carte dans le PC tant que vous avez besoin de ces fonctions.

Notez que certaines cartes dépassent légèrement du logement. Il est préférable de les retirer du portable avant de le ranger dans sa sacoche.

- Il est possible d'ajouter une extension USB ou IEEE 1394 à l'aide d'une carte PC, auquel cas vous bénéficierez ensuite de ce type de ports. Pour plus d'informations, voir plus haut les sections sur l'utilisation de périphériques USB.
- L'ajout d'un périphérique réseau vous donne la possibilité de vous connecter à un réseau, sous réserve que les paramètres réseau soient correctement configurés (voir le Chapitre 9). Une fois la configuration réseau mise en place, vous pouvez retirer et réinsérer la carte PC réseau aussi souvent que nécessaire.
- Les périphériques de stockage amovibles sont utilisables après leur insertion dès qu'ils ont été reconnus par Windows. N'oubliez pas de retirer le périphérique correctement (voir la section suivante).

Retirer une carte PC

Bien que les cartes PC puissent être retirées directement de leur logement, ce n'est pas le moyen le plus adéquat. Suivez plutôt cette procédure :

1. **Dans la zone de notification, cliquez sur l'icône Retirer le périphérique en toute sécurité.**

   Pour les détails, voir plus haut la section "Déconnexion d'un stockage externe".

2. **Choisissez le périphérique à retirer.**

   Un message apparaît, vous indiquant que le périphérique peut être retiré en toute sécurité.

3. **Tirez sur la carte PC pour l'extraire de son logement.**

   Certaines cartes sont plus dures à extraire. Vous trouverez un petit bouton à droite de la carte. Cherchez-le bien car il n'est pas toujours évident à trouver. Poussez sur ce bouton pour le faire ressortir du boîtier. Enfoncez ensuite le bouton pour repousser la carte PC hors du portable.

Stockez la carte PC dans un endroit adéquat, dans la sacoche de votre portable ou dans un tiroir, avec le reste de votre équipement portable.

Accessoires de gros calibre

Si vous comptez laisser votre portable tout le temps au même endroit, vous aurez peut-être envie de lui adjoindre des accessoires prévus pour ordinateur de bureau. Je pense en particulier au clavier, à l'écran et à la souris.

- Si cela vous chante, vous pouvez même emporter le clavier et la souris grande taille en déplacement.
- Alors que claviers et souris ne réclament pas une alimentation séparée pour fonctionner, celle-ci est indispensable pour les écrans.
- Si vous tenez à un grand écran, achetez un de ces portables avec écran grande largeur. Ils ne sont pas aussi portables que les petits modèles, mais c'est une question de choix.

Emploi d'un clavier externe

Le clavier de taille normale vous manque ? Branchez-en un ! La connexion se fait sur le port clavier ou un port USB du portable, selon le modèle de clavier. Le clavier est exploitable dès que vous l'avez branché.

Notez que l'ajout d'un clavier externe ne désactive pas forcément le clavier interne du portable. Les deux sont exploitables conjointement.

Lorsque vous avez fini de travailler avec le clavier externe, débranchez-le simplement.

- Il se peut aussi que vous n'ayez besoin que d'un pavé numérique séparé. Vous trouverez des pavés numériques USB dans la plupart des magasins d'informatique et les boutiques de fournitures de bureau.
- Le seul moyen de connecter un clavier externe non USB à un portable consiste parfois à passer par un réplicateur de port ou une station d'accueil.
- La couleur standard du connecteur de clavier (un trou, quelque part sur votre portable, pour y brancher le clavier) est le violet.

Connexion d'un second écran ou d'un vidéoprojecteur

La majorité des portables modernes sont équipés pour gérer deux écrans, le LCD du portable et un écran externe. Cela est dû au fait que de nombreux portables sont souvent utilisés pour les présentations, il semble donc logique d'avoir un portable tout équipé pour ce domaine.

Pour connecter un écran externe, trouvez le connecteur pour écran, à l'arrière du PC. Branchez l'écran. Cet écran est utilisable en conjonction avec celui de votre portable ou comme écran exclusif.

- Sur certains portables, la même image apparaît sur le LCD et l'écran externe.
- Pour utiliser exclusivement l'écran externe, fermez le capot du portable. La majorité des portables sont assez évolués pour détecter l'écran externe et laisser le portable allumé alors que le capot est fermé. Lorsque vous rouvrirez le capot, l'affichage sera de nouveau dirigé vers le LCD du portable.
- Si vous fermez le capot et que vous désirez pouvoir piloter le portable, il faut brancher une souris ou un clavier externe.
- Il est possible que vous disposiez aussi d'un connecteur S-vidéo. Cela permet de connecter le portable à une télévision, un magnétoscope, un lecteur DVD de salon. Pour plus d'informations, voir le Chapitre 5, Tableau 5.1.

Deux écrans à la fois

Pour utiliser deux écrans à la fois, vous devez régler Windows. Après connexion du second écran, suivez ces étapes :

1. **Ouvrez la boîte de dialogue Propriétés de Affichage.**

   Pour plus de détails, voir le Chapitre 6.

2. **Cliquez sur l'onglet Paramètres.**

   Les deux écrans sont affichés en haut de la boîte de dialogue.

3. **Cliquez sur le second écran.**

4. **Cochez l'option Étendre le Bureau Windows à ce moniteur.**

5. **Cliquez sur le bouton Appliquer.**

6. **Réglez la position des écrans, dans la zone en haut de la boîte de dialogue.**

   Faites glisser les deux écrans pour les positionner comme dans la réalité.

7. **Lorsque vous avez terminé, cliquez sur le bouton OK.**

Notez que le LCD du portable reste toujours l'affichage principal. C'est le seul qui contiendra la barre des tâches et le bouton Démarrer. Bien que vous puissiez cliquer-glisser des fenêtres et des icônes sur le second écran, elles seront rapatriées sur le premier écran au prochain redémarrage de Windows.

Brancher une souris

Une souris de bureau est peut-être le meilleur compagnon à offrir à votre portable. Elle apporte beaucoup de confort, quand bien même vous devriez la faire rouler sur votre cuisse.

Les fabricants de souris savent l'inclination des utilisateurs de portables pour les souris. Ils proposent donc toute une gamme de produits. Il n'est pas obligatoire de prendre un modèle de la taille d'une souris de bureau. Il existe aussi des mini-souris pour portables. Elles ont tout d'une grande, avec une taille réduite de moitié. Certaines sont même sans fil. Et elles sont plus pratiques que le pavé tactile.

L'ajout d'une souris externe désactive parfois le pavé tactile du portable. Si vous tenez à ce que le pavé tactile soit désactivé, ouvrez l'icône Souris (dans le Panneau de configuration) pour le désactiver (sous réserve que cette possibilité soit offerte par votre matériel).

Impression

Lorsque Adam Osborne inventa le premier ordinateur portable, l'impression n'était pas au programme. L'impression est d'ailleurs quelque chose que l'on peut reporter. Il est possible de transférer sur votre ordinateur de bureau les fichiers créés en déplacement ou de connecter votre portable à sa station, puis d'imprimer. Qu'en est-il de l'impression portable ?

Il existe des imprimantes portables. J'ai eu l'occasion d'employer une Canon Bubble Jet portable avec mon portable. Elle est légère, travaille en couleurs, est plutôt rapide et fonctionne sur batterie. Il existe donc bien des possibilités d'impression nomades.

Que vous imprimiez en déplacement ou chez vous, les sections suivantes décrivent l'installation et l'emploi d'une imprimante sur votre ordinateur portable.

Installation de l'imprimante

Bien que le portable soit doté d'un connecteur dit *port imprimante*, il est probable que vous utiliserez une imprimante USB. Sauf si vous possédez déjà une imprimante traditionnelle (non USB). Pour connecter l'imprimante, suivez ces étapes :

1. **Branchez l'imprimante, mais assurez-vous qu'elle est éteinte.**

   Vérifiez que l'imprimante a de l'encre et du papier, en suivant les instructions qui l'accompagnent.

2. **Connectez un câble USB à l'imprimante et à votre portable.**

Si l'imprimante n'est pas de type USB, branchez le câble traditionnel à l'arrière de l'imprimante ou dans le réplicateur de port ou la station d'accueil de votre portable.

3. **Allumez l'imprimante.**

   Windows devrait la reconnaître immédiatement (Figure 7.7). Lorsque l'imprimante est compatible USB, il en détecte même le modèle et la marque, et éventuellement installe et règle le logiciel à votre place.

Figure 7.7 L'imprimante est reconnue.

   Lorsque l'imprimante est un modèle sur port parallèle (port imprimante), vous aurez probablement à utiliser quelque disque d'installation. Bonne chance !

Une fois l'imprimante reconnue par Windows, vous pouvez imprimer. Vous pouvez même éteindre l'imprimante, voire la déconnecter si vous n'en avez pas besoin. Le simple fait de reconnecter l'imprimante la fera reconnaître par Windows.

- Votre portable peut ne pas comporter de port imprimante. Il vous faudra alors un réplicateur de port ou une station d'accueil pour utiliser votre ancienne imprimante.
- Éteignez votre imprimante lorsque vous ne l'utilisez pas.
- Vous pouvez débrancher le câble USB de l'imprimante sans passer par l'icône Retirer le périphérique en toute sécurité.
- Il n'est pas judicieux de débrancher ou d'éteindre l'imprimante lorsqu'elle est en train d'imprimer.
- Si vous avez du mal à installer votre imprimante, ouvrez le Panneau de configuration et double-cliquez sur l'icône Imprimantes et télécopieurs pour afficher la fenêtre de même nom.

Cliquez sur Ajouter une imprimante pour afficher l'Assistant Ajout d'imprimante, qui vous guidera dans l'installation de l'imprimante.

- Les imprimantes fonctionnent notamment grâce à un *pilote* (driver), un programme qui pilote l'imprimante. Windows reconnaît de nombreuses imprimantes, il est fourni avec leur logiciel pilote. Pour les autres imprimantes, vous devez disposer du CD contenant le pilote d'imprimante adéquat, ou vous devrez visiter le site Web du fabricant de l'imprimante pour le télécharger.

L'installation générique décrite ci-dessus peut connaître quelques aménagements en fonction de votre imprimante. Je ne peux que vous encourager à suivre la procédure d'installation telle que la décrivent le manuel d'utilisation ou le guide de démarrage rapide livré avec votre appareil. En effet, certains fabricants demandent l'installation du pilote avant le branchement de l'imprimante. Ce n'est qu'à la demande de l'assistant d'installation que vous connecterez le périphérique d'impression à un port USB et que vous le mettrez sous tension. Dès lors, l'assistant détecte la présence de l'imprimante sur le port USB et termine l'installation en ajoutant, par exemple, l'utilitaire d'affichage du niveau de remplissage des cartouches d'encre. Quelques minutes plus tard, l'imprimante est opérationnelle.

Imprimer dans Windows

Pour imprimer un document dans Windows, actionnez la commande Fichier/Imprimer (ou appuyez sur Ctrl+P). Vous obtenez la boîte de dialogue Imprimer (Figure 7.8).

Voici les étapes à suivre dans cette boîte de dialogue :

1. **Choisissez votre imprimante dans la liste des imprimantes.**

   C'est également là que vous pouvez sélectionner Microsoft Fax pour envoyer une télécopie.

   Les imprimantes réseau sont visibles dans cette fenêtre, sous réserve que votre portable soit connecté au réseau. Ne pas être connecté ne vous empêche pas d'imprimer ; l'impression du document attendra que vous vous reconnectiez au réseau.

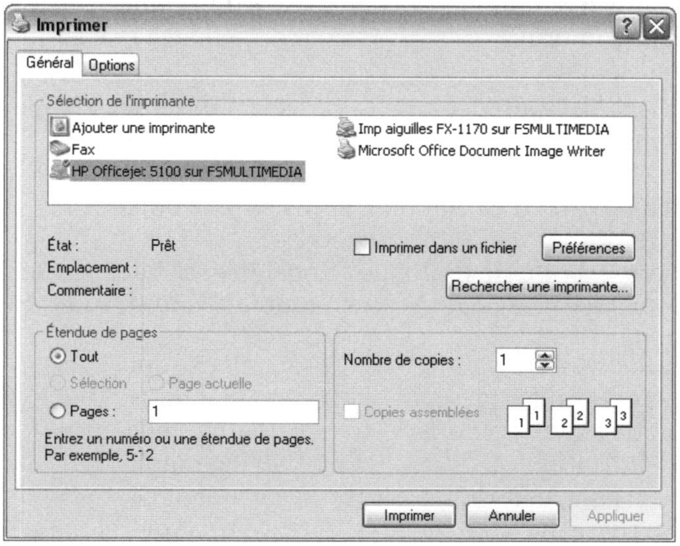

Figure 7.8 La boîte de dialogue Imprimer.

2. **Sélectionnez la plage de pages à imprimer.**

3. **Sélectionnez le nombre de copies.**

4. **Cliquez éventuellement sur le bouton Propriétés ou Préférences pour régler les paramètres d'impression.**

   Par exemple, pour imprimer en noir sur imprimante couleur, il faut accéder aux propriétés de l'imprimante.

5. **Cliquez sur le bouton Imprimer.**

Pour plus d'informations pour définir une imprimante par défaut ou pour accéder à la fenêtre Imprimantes et télécopieurs, voir le Chapitre 6.

Pour savoir si l'imprimante fonctionne correctement avant de lancer une impression depuis un logiciel, voici comment imprimer une page de test :

1. **Cliquez sur Démarrer/Imprimantes et télécopieurs.**

Vous ouvrez la fenêtre éponyme où se trouve l'icône de votre imprimante.

2. **Avec le bouton droit de la souris, cliquez sur l'icône de l'imprimante.**

3. **Dans le menu contextuel, choisissez Propriétés.**

4. **Dans la boîte de dialogue Propriétés, cliquez sur le bouton Imprimer une page de test, comme le montre la Figure 7.9.**

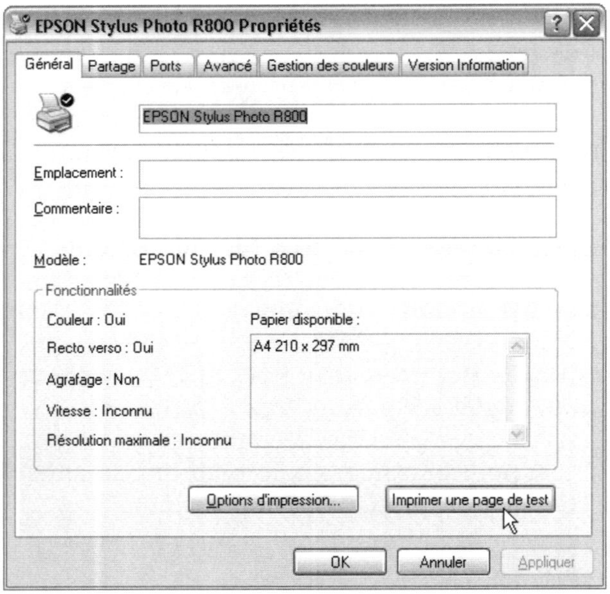

Figure 7.9 Imprimer une page de test.

Normalement, l'imprimante se met à faire du bruit, à décaler ses têtes d'impression, et lance l'impression de la page en question. Une boîte de dialogue vous demande si l'impression est correcte. Si c'est le cas, cliquez sur Oui, sinon cliquez sur Dépanner pour trouver l'origine du problème.

TRUC

La page de test imprime le logo Windows en couleurs et le reste du texte en noir. Elle indique toutes les caractéristiques techniques de l'imprimante. Si vous en lisez correctement le contenu, c'est que l'imprimante est bien installée.

Possibilités lorsque vous n'avez pas d'imprimante

Le sage trouve seul la voie pour imprimer sans imprimante. Pour les autres, voici quelques suggestions :

- Certains magasins de fournitures de bureau proposent des services d'impression. Les boutiques de reprographie disposent aussi éventuellement d'imprimantes, facturées à l'heure ou à la page.
- Les télécopieurs sont des imprimantes. Si vous avez accès à un télécopieur traditionnel pour recevoir des fax, envoyez-vous votre document par fax, vous en aurez ainsi une sortie papier. Dans la mesure du possible, que cela soit un télécopieur à papier ordinaire ; évitez les télécopies sur papier thermique. Et n'oubliez pas que les télécopieurs n'impriment pas en couleurs.

Une dernière possibilité est d'imprimer sur l'imprimante utilisée chez vous, quand bien même elle ne serait pas connectée au portable. Cela ne produit pas un exemplaire papier sur-le-champ : le document à imprimer attend sagement dans l'ordinateur que l'imprimante soit de nouveau connectée. Dès la reconnexion, les documents en attente sont transmis à l'imprimante.

À propos de l'impression sur disque

À une époque, l'on pouvait enregistrer les informations d'impression sur le disque dur, sous forme de fichier. On imprimait ensuite ce fichier en le transmettant directement à l'imprimante, soit à l'aide d'une commande DOS, soit en le déposant sur l'icône de l'imprimante. Cela fonctionnait dans les versions antérieures de Windows, plus du tout dans Windows XP – malgré l'option Imprimer dans un fichier pourtant disponible dans la boîte de dialogue Imprimer. Cela signifie que vous pouvez malgré tout imprimer vers un fichier, c'est-à-dire obtenir un fichier qui contient les caractéristiques de votre document et de votre imprimante. Vous obtenez un fichier portant l'extension .prn. Pour imprimer ce type de fichier, vous devez utiliser un petit programme du style Print-File, que je vous invite à télécharger sur le site `http://hem1.passagen.se/ptlerup/prfile.html`. Bien qu'en anglais, son installation et son utilisation sont on ne peut plus simples. Vous démarrez le programme, et cliquez sur le bouton Print File. Dans la boîte de dialogue qui apparaît, parcourez vos disques durs pour localiser le fichier .prn (ou autre), et cliquez sur Ouvrir. La boîte de dialogue Impression vous permet de sélectionner l'imprimante à utiliser. Il ne reste plus qu'à cliquer sur le bouton Propriétés pour configurer l'imprimante. Lancez l'impression par un clic sur OK. A quoi cela peut-il servir d'imprimer vers un fichier ? A faire imprimer par un ami, qui ne possède pas Word mais qui dispose d'une superbe imprimante, un document parfaitement mis en page. En effet, il vous suffit d'installer le pilote d'impression de l'imprimante de cet ami, et de la sélectionner au moment de l'impression vers un fichier pour que lui, à son tour, puisse imprimer un document identique grâce à PrintFile.

Une alternative à cette option d'impression dans un fichier est la création d'un document Adobe Acrobat ou PDF. Il vous faut pour cela vous procurer le logiciel Adobe Acrobat Writer ou un équivalent. Une fois installé, Acrobat Writer apparaît dans la liste de vos imprimantes. Lorsque vous le sélectionnez pour imprimer, le résultat est un document PDF lisible sur tous les ordinateurs.

Chapitre 8

Gestion de l'alimentation

Dans ce chapitre :

- Les divers types de batteries.
- Localiser la batterie du portable.
- Surveiller l'usage de la batterie.
- Recharge de la batterie.
- Emploi d'une batterie supplémentaire.
- Stockage de la batterie.
- Traitement des batteries usagées.
- Gestion d'alimentation dans Windows XP.

Empaqueter tous les éléments d'un ordinateur dans un petit boîtier et y coller une poignée a permis de rendre l'ordinateur portable. Puis, les concepteurs ont travaillé pour satisfaire les désirs des gestionnaires, c'est-à-dire obtenir des solutions bon marché. Cependant, à un certain point, les ingénieurs se sont demandé s'ils pouvaient faire mieux.

Pour accéder à la véritable portabilité, il fallait que la chose s'affranchisse de son cordon d'alimentation. Le modèle d'inspiration était alors la radio portative. Elle avait une poignée et pas de câble d'alimentation. Le courant était fourni par des piles ordinaires. Des batteries. *Oui !* Là était la solution. Pour qu'un ordinateur devienne vraiment portable, il fallait qu'il tire son courant de batteries plutôt que d'une prise murale.

Ce chapitre est consacré à la batterie placée à l'intérieur de votre ordinateur portable. Le sujet général est certes *gestion de l'alimentation*. Cela est forcément lié à l'emploi d'une batterie ; pouvoir l'exploiter comme vous l'entendez, tout en gardant à l'esprit jusqu'à quel point vous pourrez aller.

La batterie

La batterie est l'élément qui permet de faire fonctionner votre portable en déplacement.

Disposer d'une batterie dans un portable n'est pas nouveau. Pourtant, vous avez peut-être des questions à ce sujet, et désirez probablement savoir comment en tirer le meilleur parti. Il est même possible que vous ayez carrément une *batterie* de questions ! Avant que ce paragraphe ne dégénère, sachez que les sections suivantes touchent aux problèmes de batterie, importants ou non.

Types de batteries

Comme tout jardinier sait qu'il existe plusieurs sortes de roses, il existe aussi plusieurs types de batteries. Elles fournissent toutes de l'électricité. Cependant, chaque type présente des avantages et des inconvénients. Nous abordons ici aussi différents types de piles.

Alcaline. C'est le type de piles le plus courant, utilisé dans les lampes de poche, les radios portatives, les télécommandes, les alarmes incendie et les jouets d'enfants. L'avantage est qu'on trouve ces piles n'importe où. Quelques périphériques portables les utilisent (imprimantes, organiseurs), mais peu de portables. La raison principale est qu'elles ne sont pas rechargeables. Une fois vides, vous devez les jeter (en respectant la réglementation de recyclage en vigueur).

Batterie au plomb. Employées majoritairement dans les automobiles, ces batteries ont une longue durée de vie, une bonne capacité de charge et sont rechargeables. L'inconvénient est qu'elles sont lourdes et *pleines d'acide !*

Dans un ordinateur portable, on trouve un de ces types de batteries :

Lithium-Ion. C'est le type de batterie à retenir pour votre portable. Il est léger et présente de meilleures performances que les autres types. À la différence des batteries NiCad ou NiMH, les modèles Lithium-Ion ne sont pas sujets à l'effet de mémoire de charge. Il existe de plus généralement une possibilité de recharge rapide, ce qui est pratique lorsque vous êtes dans l'urgence. Enfin, ce type de batterie est plus respectueux de l'environnement que les autres types.

Nickel Cadmium (NiCad). NiCad est le plus ancien type de batterie utilisé en électronique. Il est en cours d'abandon, principalement du fait qu'il souffre terriblement de l'effet de mémoire de charge. Il n'empêche que le type NiCad offre de bonnes performances, et qu'avant la venue de meilleures technologies de batterie il dominait le marché de l'alimentation portable.

Nickel-Metal Hydride (NiMH). Ce type de batterie a été l'une des premières alternatives au NiCad. Une batterie NiMH dure plus longtemps qu'une NiCad, mais souffre autant de l'effet de mémoire de charge.

- Il est probable que votre portable soit doté d'une batterie Lithium-Ion. C'est quand même l'état de l'art.
- On rencontre aussi l'abréviation LION.
- Pour vérifier le type de votre batterie de portable, lisez son étiquette. Voir la section suivante.
- TRUC — Si vous n'avez pas encore acheté votre portable, prenez un modèle avec batterie Lithium-Ion.
- Quelques portables avec batterie NiMH sont encore commercialisés. Assurez-vous cependant qu'il est aussi possible d'employer une batterie Lithium-Ion.
- Votre portable peut aussi contenir, en plus de la batterie, une pile alcaline. Elle alimente l'horloge interne du portable, qui garde notion du temps même lorsque le portable est débranché ou que la batterie est vide.

- Il peut même exister une autre batterie dans le portable, servant à l'alimenter juste le temps de remplacer une batterie vide par une batterie de rechange. Voir plus loin la section "Batterie supplémentaire".
- Pour plus d'informations sur l'effet de mémoire de charge, voir l'encadré "L'effet de mémoire de charge".
- L'emploi de batteries non conformes peut poser des problèmes comme l'explosion du portable.
- Il existe aussi des modèles de batteries *intelligents* que l'on appelle du terme anglo-saxon *SMART.* Ce type de batterie contient une circuiterie qui communique avec le portable pour donner des informations sur la batterie, d'où une meilleure gestion de l'alimentation. Ces batteries durent de ce fait plus longtemps.

Piles à combustible

Les portables du futur, ainsi que d'autres appareils portatifs, n'utiliseront plus de batteries. Ils seront équipés d'une *pile à combustible.*

Les piles à combustible, dont le fonctionnement est basé sur une combinaison de chimie et de physique, fournissent une alimentation pendant beaucoup plus longtemps qu'une batterie typique. Lorsque la pile à combustible est presque vide, vous ajoutez du combustible, comme si vous remplissiez un réservoir. La pile à combustible est de nouveau prête à alimenter votre portable.

Certaines piles à combustible sont déjà disponibles aujourd'hui, mais elles sont trop grandes pour un ordinateur portable. Les prévisions nous mènent en 2010, où les piles à combustible seront assez compactes et légères pour un usage dans les ordinateurs portables, et aussi produites à un prix tout à fait raisonnable. Lorsque ce temps sera venu, les soucis de gestion d'alimentation du portable seront révolus.

Localiser la batterie du portable

Il est probable que la batterie de votre portable se trouve au-dessous de l'appareil. Cependant, sur certains modèles, la batterie est insérée dans un logement sur le côté.

La batterie comporte des inscriptions décrivant son type (voir la précédente section) et d'autres informations sur sa capacité, son numéro de série, les instructions pour le remplacement, etc. Cette information peut être inscrite sur le boîtier du portable au lieu de l'être directement sur la batterie.

- Il est important de savoir où se situe la batterie du portable. Vous aurez peut-être à la remplacer ou à la retirer un jour.
- La majorité des portables maintiennent la batterie en place à l'aide de verrous à glissière ou d'autres systèmes d'attache. Ne forcez surtout pas pour extraire la batterie du portable.
- Une batterie chauffe pendant son utilisation. C'est dans sa nature.
- Cela dit, il ne faut pas que la batterie chauffe trop ! Par exemple, vous ne pouvez la toucher plus de quelques secondes. Ce peut être le signe d'un dysfonctionnement, ce qui *est* dangereux. Mettez-vous immédiatement en contact avec le revendeur ou le fabricant du portable si vous suspectez une surchauffe de la batterie.

Surveillance de la batterie

La batterie se vide au fur et à mesure que vous utilisez votre portable, rien à redire là-dessus. Sur un portable moderne, l'on peut s'attendre en général à deux ou trois heures d'autonomie. Toutefois, des portables haut de gamme assurent une autonomie de sept heures. Info ou intox ? Méfiez-vous des chiffres mirobolants. Si les caractéristiques techniques du portable indiquent sept heures d'autonomie, tablez davantage sur cinq heures, ce qui est déjà formidable quand on sait que trois heures sont généralement un maximum. La décharge varie cependant selon ce que vous faites avec le portable.

Dans Windows XP, vous pouvez surveiller la batterie en affichant l'icône de batterie dans la zone de notification. L'icône indique visuellement combien de charge il reste ; l'icône se vide au fur et à mesure que vous utilisez le portable. L'affichage étant quand même approximatif, pointez la souris sur l'icône pour afficher une bulle indiquant combien de charge il reste (Figure 8.1).

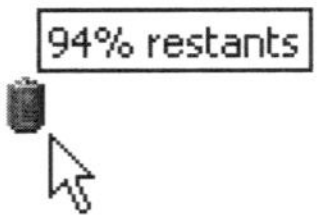

Figure 8.1
Une batterie à peine entamée.

Sur cette figure, l'on voit qu'il reste 94 % de la charge.

Il est aussi possible de surveiller l'usage de la batterie via l'icône Options d'alimentation du Panneau de configuration. L'onglet Jauge de batterie fournit d'autres informations sur l'état de la batterie (Figure 8.2).

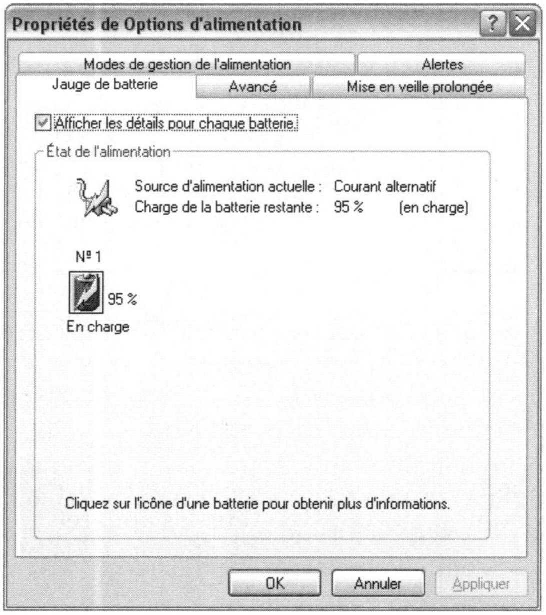

Figure 8.2
La batterie est en charge.

Le portable peut être fourni avec d'autres outils comme une fenêtre de surveillance, un raccourci clavier spécial pour afficher l'état de la batterie, des icônes propres à la batterie dans le Panneau de configuration, etc. Voyez ce que vous avez à votre disposition, car souvent ces outils seront plus performants que la base fournie avec Windows XP.

- L'icône de batterie n'est pas forcément affichée dans la zone de notification lorsque le portable est sur le secteur.
- Pour forcer cet affichage, ouvrez l'icône Options d'alimentation du Panneau de configuration, cliquez sur l'onglet Avancé, puis cochez l'option Toujours afficher l'icône sur la Barre des tâches. Cliquez sur OK.
- Sur certains portables, une icône différente apparaît dans la zone de notification lorsque le portable est sur secteur.
- Un voyant de batterie peut aussi indiquer la charge restante en changeant de couleur ou d'intensité. Pour en savoir plus, voir le Chapitre 5.
- *Sur secteur* signifie alimenté par l'électricité issue d'une prise murale.
- C'est grâce à une technologie évoluée de batterie que Windows est à même de connaître la charge restante. Précisons cependant que cela reste une *estimation.* Différentes choses affectent l'autonomie. Ne prenez donc pas pour argent comptant ce qui est indiqué.
- Pour plus d'informations sur le Panneau de configuration de Windows, voir le Chapitre 6.

Que se passe-t-il lorsqu'il n'y a plus de batterie ?

Vous connaissez sûrement l'angoisse de la coupure de courant. Vous savez, lorsque tout devient noir et que tous les appareils s'éteignent... C'est effrayant ! Eh bien, épargnez-vous ce fâcheux désagrément avec votre portable, en sachant lorsque la batterie est presque vide et en intervenant avant la disparition du courant.

L'effet de mémoire de charge

À l'époque des batteries NiCad et même NiMH, l'on pensait qu'il était vital de décharger totalement la batterie avant d'envisager de la recharger. C'était effectivement nécessaire : si vous ne déchargiez pas totalement la batterie, elle commençait à perdre de son potentiel.

Il se trouvait, particulièrement avec les batteries NiCad, que la batterie se "souvenait" de la durée pendant laquelle elle avait été utilisée. Ainsi, si la batterie tenait une heure après avoir été complètement chargée, puis que vous la rechargiez seulement après 30 minutes d'utilisation, cette batterie d'une heure devenait une batterie de 30 minutes. C'est l'effet de mémoire de charge.

Pour éviter cet effet et prolonger la vie des batteries, les utilisateurs NiCad veillaient à vider totalement la batterie à chaque utilisation. Avant de recharger la batterie, le propriétaire de portable devait donc attendre l'arrêt complet de sa machine par manque de courant. Certains utilisateurs laissaient tomber cette procédure et finissait avec une NiCad rechargeable ne tenant pas plus de dix minutes...

Les batteries Lithium-Ion actuelles ne souffrent pas du tout de l'effet de mémoire de charge. Vous pouvez utiliser une batterie une minute, puis la recharger, elle restera aussi bonne qu'au premier jour. N'hésitez donc pas à profiter sans crainte de votre batterie. Et la prochaine fois que quelqu'un parle d'effet de mémoire de charge, riez avec suffisance.

Grâce à la technologie évoluée de batterie, votre portable affiche pas mal d'avertissements avant que la batterie soit complètement vide. Vous aurez le temps d'enregistrer votre travail, de fermer les programmes et d'éteindre correctement l'ordinateur.

La Figure 8.3 montre la bulle d'avertissement de batterie faible affichée par Windows. C'est le premier avertissement. Un second avertissement apparaît juste avant que la batterie ne soit complètement vide. Il devrait ricaner "Je vous l'avais dit", mais se contente de vous avertir de la coupure imminente de l'alimentation. À ce stade, le portable vous ignore et s'éteint ou passe en veille prolongée.

Le comportement du portable à ce stade est défini dans la boîte de dialogue Options d'alimentation, onglet Alertes (Figure 8.4).

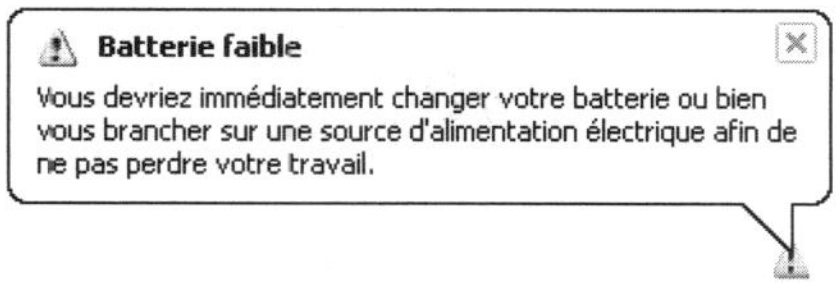

Figure 8.3
Il est temps de s'arrêter !

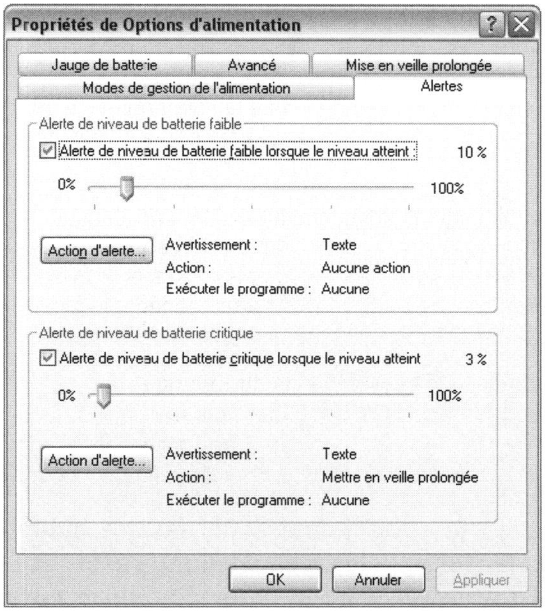

Figure 8.4
Réglage des alertes de niveau de batterie.

Le premier avertissement est l'alerte de niveau de batterie faible. Pour activer cet avertissement, cochez la case Alerte de niveau de batterie faible lorsque le niveau est atteint (Figure 8.4). Avec la souris, ajustez le curseur pour indiquer à quel pourcentage d'autonomie restant l'alerte de niveau de batterie faible sera déclenchée. Pour préciser ce que Windows doit faire (afficher un message, émettre un *bip* ou éteindre la machine), cliquez sur le bouton Action d'alerte. (Nous y reviendrons un peu plus loin.)

Le second avertissement (voir la Figure 8.4) est l'alerte de niveau de batterie critique. Je vous recommande vivement d'activer cette option et de régler le curseur sur une faible valeur, 3 % par exemple, comme sur la Figure 8.4. Cliquez sur le bouton Action d'alerte pour indiquer l'action à réaliser lorsque le niveau de batterie est atteint.

La Figure 8.5 présente les options disponibles pour ce qui concerne le niveau de batterie critique. L'ordinateur peut émettre un son ou afficher un message. Mieux, vous pouvez indiquer à l'ordinateur de se mettre en veille prolongée, en veille ou de s'éteindre.

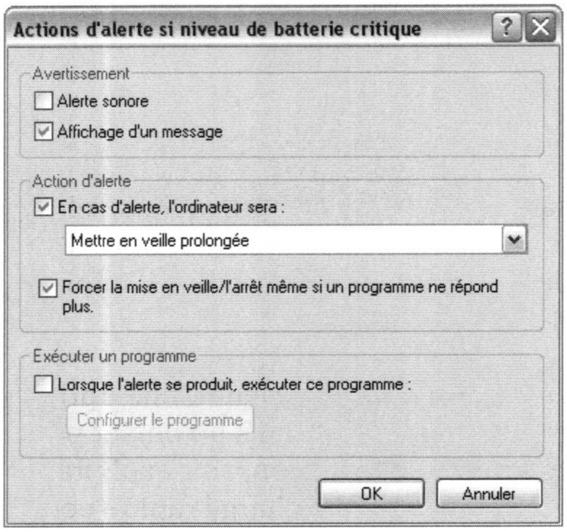

Figure 8.5 Possibilités d'actions lorsque le niveau de batterie devient critique.

Notez la zone Exécuter un programme. Si nécessaire, indiquez le programme à exécuter lorsque le niveau de batterie est atteint, par exemple un utilitaire qui sauvegardera immédiatement vos fichiers en cours sur une carte mémoire flash (clé USB par exemple), enverra l'e-mail en attente d'expédition, etc.

Après affichage de l'avertissement, le portable effectue l'action demandée : arrêt, mise en veille ou en veille prolongée. Il reste dans cet état jusqu'à ce que vous ayez remplacé ou rechargé la pile, ou que vous branchiez le portable sur une prise électrique murale.

- Cet avertissement de niveau critique est à prendre au *sérieux*. Considérez votre temps d'ordinateur terminé. Ignorez l'avertissement et votre portable s'arrêtera brusquement. Et vous de même.
- Dès l'avertissement de niveau de batterie faible, si vous avez une seconde batterie, insérez-la et continuez à travailler. Voir plus loin la section "Batterie supplémentaire".

TRUC

- Le mieux à faire lorsque le niveau de batterie est faible et que vous en avez la possibilité est de vous brancher. Encore faut-il que vous ayez emporté votre câble d'alimentation.

Recharge de la batterie

La procédure de recharge est très simple : il suffit de brancher le portable sur une prise murale. Le portable permute immédiatement de l'alimentation sur batterie à l'alimentation secteur, et le matériel de gestion d'alimentation du portable commence à recharger la batterie.

Il est possible de recharger la batterie du portable qu'elle soit totalement ou partiellement vide. Si votre portable est doté d'une batterie Lithium-Ion, cela n'a pas d'importance. Pour plus d'informations, voir l'encadré "L'effet de mémoire de charge".

Notez que les batteries Lithium-Ion disposent d'une option de charge rapide. Cette option est soit disponible dans un onglet personnalisé de la boîte de dialogue Options d'alimentation, soit exploitable via un logiciel spécial fourni avec le portable. Une charge rapide peut faire gagner du temps. Néanmoins, en général, une recharge complète et lente est préférable.

- Je laisse mon portable branché sur le secteur autant que possible.
- Inutile de vider complètement la batterie Lithium-Ion chaque fois que vous vous servez de votre portable.
- Les batteries NiCad et NiMH gagnent à être totalement vidées avant recharge. Elles durent plus longtemps et conservent l'essentiel de leur puissance.
- Il est possible que votre portable soit fourni avec un chargeur externe. Vous pourrez l'utiliser pour recharger des batteries supplémentaires, si vous en avez.
- La batterie continue de se recharger même lorsque le portable est éteint.
- Vous entendrez éventuellement que lorsque vous utilisez un portable pendant la charge de la batterie la recharge demande

plus de temps que portable éteint. Si cela a été vrai un jour, cela ne l'est plus aujourd'hui ; ne vous gênez pas pour utiliser votre portable même lorsque la batterie est en charge.

- Ne court-circuitez jamais une batterie en espérant la vider totalement. *Court-circuiter* veut dire relier directement les deux bornes (positif et négatif) de la batterie. C'est très mauvais et cela peut provoquer un incendie.

Batterie supplémentaire

Une possibilité à laquelle vous n'avez peut-être pas pensé à l'achat de votre portable est celle de disposer d'une batterie supplémentaire. C'est indispensable pour ceux qui sont souvent en déplacement et dans des conditions où ils demeurent longtemps sans accéder à une prise de courant.

En fait, en matière de batteries pour portables, ayez le même réflexe que pour les batteries de caméscope. Il est préférable d'en avoir toujours deux sur soi.

Avant d'utiliser la batterie supplémentaire, vérifiez qu'elle est chargée. Chargez-la soit dans le portable, soit dans un chargeur externe (s'il en existe un). Placez la batterie supplémentaire bien chargée dans la sacoche de votre portable ou autre conteneur non conducteur (non métallique).

Si votre portable est doté d'un système de permutation rapide de batterie, il suffit d'éjecter la batterie du portable dès que le niveau est faible, et d'insérer rapidement la batterie supplémentaire. Attention ! vérifiez bien d'abord que votre portable est capable de cette permutation à chaud.

Si ce n'est pas le cas, éteignez-le (ou passez en veille prolongée) dès que la première batterie est presque vide. Retirez-la du portable, insérez la pleine, puis rallumez le portable.

- Il est important d'acheter dès le départ un portable qui gère la permutation à chaud des batteries, si c'est une pratique que vous comptez souvent exploiter.

- Étiquetez les batteries de façon à ne pas les confondre et à réinsérer accidentellement la batterie vide à la place de la pleine.

- Vous pourrez acheter une batterie supplémentaire chez votre revendeur ou sur des sites spécialisés comme `www.sosbatteries.com`, `www.aboutbatteries.com` ou `www.electronic-boulevard.com`.

ATTENTION !

- Attention aux batteries génériques ! Essayez toujours de vous procurer des batteries d'origine ou approuvées par le fabricant du portable. Vous risqueriez d'endommager gravement votre portable ! Cela s'est déjà vu.

Cyclage de batterie

L'acte de vider et recharger une batterie est connu sous le nom de *cyclage*. Lorsque vous videz et rechargez la batterie trois fois, vous avez opéré trois *cyclages*.

Le cyclage joue un rôle important dans le bon conditionnement de la batterie. Ainsi, avant d'employer une batterie Lithium-Ion neuve sur ordinateur portable, je vous recommande de la conditionner : opérez trois ou quatre cyclages. Cela signifie l'utiliser jusqu'à la vider, puis la recharger complètement, sur trois ou quatre cycles.

Pour prolonger la vie d'une batterie NiMH, je conseille de la décharger totalement tous les trois à cinq cycles. Ainsi, après avoir utilisé et rechargé partiellement la batterie NiMH environ quatre fois, videz-la et rechargez-la complètement. Cela évitera de raccourcir sa durée de vie.

Faut-il laisser la batterie dans un portable constamment branché sur secteur ?

Pas mal de gens se servent de leur portable comme ordinateur principal. Si c'est votre cas, et si vous laissez le portable constamment branché, il est inutile de laisser la batterie dans le portable.

Dans toute situation où vous n'employez jamais la batterie, il est préférable de la retirer. Le portable fonctionne très bien sans batterie et, en la retirant, vous la conserverez en bon état pour un éventuel futur usage.

Stockez la batterie dans un conteneur non métallique (non conducteur). Placez la boîte dans un endroit tempéré et sec. Avec le temps, la batterie se videra. C'est dans sa nature. Ne soyez donc pas surpris si, après quelque temps de stockage, la batterie est inopérante.

Rechargez-la en l'insérant dans votre portable, comme décrit plus haut dans ce chapitre. Cela devrait convenir.

Si vous vous déplacez occasionnellement avec votre portable, n'en retirez pas la batterie. Cependant, chaque semaine par exemple, débranchez le portable pour opérer un cyclage de la batterie. Cela conservera la batterie en bon état.

- Il existe des portables qui ne fonctionnent pas alimentés sur secteur mais sans batterie. Si c'est le cas, laissez la batterie dans le portable et n'oubliez pas d'opérer un cyclage de temps à autre, sous peine qu'elle se dégrade.
- Si vous retirez la batterie, envisagez de brancher le portable sur un onduleur. La batterie du portable agit en effet comme onduleur, elle conserve l'ordinateur alimenté pendant les microcoupures et les pannes de secteur.

Que faire d'une batterie usée ?

Un jour ou l'autre, la batterie de votre portable rendra l'âme. C'est inévitable.

Vous saurez que votre batterie est usée grâce à un unique indice : elle ne fonctionne plus du tout. Elle ne se charge plus, ou la charge qu'elle tient est extrêmement faible et non fiable.

Les batteries sont considérées toxiques. Vous devez vous en débarrasser correctement, en respectant les décrets. Ne jetez jamais une batterie usée à la poubelle.

Ne la jetez pas au feu. C'est très mauvais. Adressez-vous à la déchetterie la plus proche de chez vous.

Gestion de l'alimentation de votre portable

Certaines précautions permettront de faire durer votre batterie un peu plus longtemps. Voici les éléments qui consomment beaucoup d'électricité :

- Le disque dur.

- Le lecteur/graveur de CD/DVD.
- Le lecteur de disquette.
- Le modem.
- L'interface de réseau.
- L'écran.
- Tous les périphériques USB qui tirent leur alimentation du port USB de votre portable.

Chacun de ces éléments consomme de l'électricité lorsqu'il est en fonction. Il en découle qu'en n'employant pas un de ces périphériques ou en rationalisant son usage, vous gagnerez en autonomie.

Par exemple, en choisissant pour l'affichage une résolution plus faible et moins de couleurs, l'ordinateur emploie moins de ressources vidéo, même si l'économie opérée est mineure. Pour économiser davantage, évitez l'usage du lecteur/graveur de CD/DVD, qui consomme beaucoup pour rester en rotation (par exemple lorsque vous regardez un DVD).

Pour un véritable contrôle, réglez les différents délais dans la boîte de dialogue Propriétés de Options d'alimentation, onglet Modes de gestion de l'alimentation (Figure 8.6). C'est là que vous pouvez programmer les délais d'exécution de certaines fonctions et ainsi grandement améliorer l'autonomie.

Deux options sont importantes sur la Figure 8.6 : Extinction du moniteur et Arrêt des disques durs. Indiquez à Windows d'éteindre ces gros consommateurs d'énergie après un certain temps d'inactivité, pour allonger grandement l'autonomie.

Sur la Figure 8.6, écran et disques durs sont arrêtés après cinq minutes d'inactivité. Cela fonctionne comme la mise en veille : l'alimentation de ces périphériques est coupée. Le disque dur arrête de tourner. L'écran s'éteint. Les périphériques se rallument dès que nécessaire. Par exemple, s'il faut accéder au disque dur, celui-ci est de nouveau alimenté. De même, lorsque vous appuyez sur une touche ou sur le pavé tactile, l'affichage reprend vie.

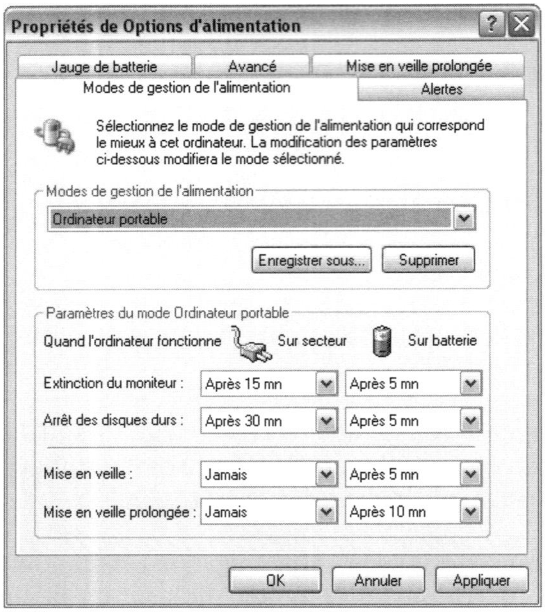

Figure 8.6 Les modes de gestion d'alimentation.

L'onglet Modes de gestion de l'alimentation sert aussi à définir après combien de temps le portable passe automatiquement en veille lorsqu'il est sur batterie.

TRUC

Une fois que vous avez trouvé des réglages qui vous conviennent, enregistrez-les. Cliquez sur le bouton Enregistrer sous et tapez un nom comme **Réglages alimentation**. Windows stockera vos paramètres et vous pourrez les récupérer en choisissant "Réglages alimentation" dans la liste si, par hasard, quelque chose se déréglait.

- Il existe deux jeux de réglages, un pour le portable branché sur secteur, l'autre pour le fonctionnement sur batterie.
- Certes, vous ne verrez pas l'économiseur d'écran si l'écran est arrêté avant déclenchement de l'écran de veille.
- L'arrêt du disque dur est une bonne idée, particulièrement si vous ne comptez pas faire beaucoup d'accès disque pendant l'utilisation de votre portable.

- Notez que tout accès disque réveille le disque dur, ce qui nécessite un apport d'énergie supplémentaire. Si vous réglez l'arrêt du disque dur après une minute d'inactivité, mais qu'il est constamment rallumé, vous *gaspillez* la batterie. Essayez un autre réglage.

- On sait que le disque dur était en veille lorsque l'accès disque demande plus de temps (enregistrement de fichier, ouverture de programme, parcours des dossiers, etc.).

- Lorsqu'un ordinateur est sur secteur, il n'y a pas de raison d'en suspendre l'activité disque. Cela n'apporte aucun confort.

- Une autre économie d'énergie est réalisable en réduisant la vitesse du microprocesseur. Cette option se gère automatiquement dans les portables modernes. Sur les modèles plus anciens, il peut exister un contrôle manuel de la vitesse du processeur ou du bus.

- Pour en savoir plus sur la mise en veille, voir le Chapitre 4.

- Pour en savoir plus sur la boîte de dialogue Options d'alimentation et le Panneau de configuration, voir le Chapitre 6.

Troisième partie

Ouverture sur le monde

Dans cette partie...

Un ordinateur portable n'est pas nécessairement solitaire. Certes, il peut voyager, aller loin de la civilisation, apportant la technologie là où la "main de l'homme n'a jamais mis les pieds". Même à de telles distances, votre portable peut rester connecté au monde. Avec ou sans câbles, ou plutôt avec ou sans fil.

Cette partie du livre couvre ces possibilités de connexion, avec câble ou sans fil, ou à base de quelque autre combinaison de ficelle et de pots de yaourt. Vous verrez ainsi que, bien que portable, votre ordinateur est plutôt bien branché.

Chapitre 9

Le réseau (Wi-Fi et autre LAN)

Dans ce chapitre :

- Notions de matériel réseau.
- Configuration du portable pour le réseau.
- Connexion au réseau.
- Recherche des ordinateurs du réseau.
- Partage de ressources.
- Arrêt du partage de ressources.
- Standards des réseaux sans fil.
- Connexion à un réseau sans fil.
- Déconnexion d'un réseau sans fil.

L'idée à l'origine du PC (*personal computer*, ordinateur personnel) était tout simplement celle-ci : *personnel*. Un ordinateur par personne. Ce fut l'essence de la révolution informatique de la fin des années 1970 et du début des années 1980. Avant, tous les ordinateurs étaient reliés. Le terme officiel est *en réseau*.

Aujourd'hui, à l'âge de la prolifération des PC, l'on retrouve le désir de les mettre en réseau. Bien que certains y voient une régression à l'ère de la domination et du contrôle, d'autres envisagent le réseau informatique comme un moyen de *partage*. Ce chapitre couvre certains problèmes réseau auxquels vous serez éventuellement confronté en déplacement ou à domicile. Qu'il s'agisse juste de votre portable et d'Internet, de votre portable et d'un ordinateur de bureau ou de votre portable et de milliers d'autres ordinateurs, le réseau est nécessaire.

- Il est possible de se connecter à Internet à travers un réseau avec ou sans fil. Ce sujet est étudié au Chapitre 10.
- Pour la configuration du portable afin d'accéder au réseau depuis votre lieu de travail, demandez les paramètres à votre administrateur réseau.
- Ce livre ne couvre pas la configuration d'un réseau sans fil ou la gestion d'un concentrateur, commutateur ou routeur sans fil. Je considère que ces dispositifs sont déjà en place.

Ajout de votre portable à un réseau existant

Rien de plus doux à l'oreille que les mots *réseau existant*. Ils signifient que quelqu'un a déjà surmonté les difficultés de mise en place du réseau.

Connexion physique

Le réseau est une combinaison de logiciel et de matériel, les deux se glissant des bâtons dans les roues pour vous garantir une des expériences les plus terribles de votre vie.

Attendez, ne partez pas !

Ce qui est vrai, c'est que le réseau fait appel à du matériel et du logiciel. L'aspect logiciel est le plus difficile, nous le verrons à la section suivante. L'aspect matériel est plutôt simple : votre portable doit être doté d'une carte réseau ou carte d'interface réseau.

TRUC

Cette carte prend aujourd'hui plusieurs formes, à tel point que le terme *carte* n'est pas toujours justifié. Par exemple, certains portables ou ordinateurs de bureau se connectent à un réseau sans fil (Wi-Fi) par le biais d'un adaptateur réseau USB qui ressemble comme deux gouttes d'eau à une clé USB de stockage.

La majorité des portables commercialisés aujourd'hui sont équipés d'une carte réseau standard. Le vôtre est équipé pour le réseau câblé s'il comporte une prise RJ-45 sur un côté ou à l'arrière. (Voir le Chapitre 5.) Si cette prise (trou) est visible, votre portable est équipé réseau. Il suffit de brancher un câble réseau idoine sur le portable et à la prise réseau murale ou à un autre PC, concentrateur, commutateur, routeur, et peut-être même mieux encore pour beaucoup d'entre vous un *modem-routeur.* Voilà pour l'aspect matériel.

- Votre portable peut aussi être prêt pour le réseau sans fil, le fameux Wi-Fi qui fait rêver et saliver beaucoup d'utilisateurs. Pour les détails, voir plus loin la section "Matériel pour réseau sans fil".
- Le câble utilisé pour relier votre portable au réseau est couramment appelé câble *Ethernet.* Il est également connu sous le nom de *CAT-5.* Il existe en diverses longueurs, dans les magasins d'informatique et boutiques de fournitures de bureau.
- *Ethernet* est un nom de standard pour le matériel réseau informatique.
- Les prises RJ-45 ressemblent aux prises sous les combinés de téléphone, mais sont légèrement plus grosses. Ne les confondez pas. Si la fiche du câble Ethernet ne rentre pas dans la prise, c'est que cette dernière est une prise téléphone ou modem analogique classique, pas une RJ-45.
- Un concentrateur, commutateur ou routeur est un périphérique servant en quelque sorte de central aux ordinateurs du réseau. Tout est branché sur le concentrateur, commutateur ou routeur.
- Un *concentrateur* est un appareil où l'on branche les câbles Ethernet provenant des divers ordinateurs (ou imprimantes ou modems) du réseau.
- Un *commutateur* est une version plus rapide de concentrateur.

- Un *routeur* est une version rapide et plus intelligente de commutateur.
- Un concentrateur/commutateur/routeur n'est pas systématiquement obligatoire. Si vous reliez juste deux ordinateurs, branchez l'extrémité d'un câble Ethernet directement sur chacun d'eux. C'est le moyen le plus rapide et le plus efficace pour échanger des données entre deux ordinateurs.
- Un *modem-routeur* est un routeur qui joue également le rôle de modem souvent ADSL ou câble. Il permet donc de faire communiquer entre eux tous les ordinateurs du réseau avec ou sans fil si le routeur est de type Wi-Fi, mais aussi d'assurer une connexion rapide à Internet de tous les ordinateurs en utilisant un seul modem, celui contenu dans le routeur.

  Les modems-routeurs sont généralement mis à votre disposition par votre fournisseur d'accès à Internet. Si tout votre réseau est de type Wi-Fi, c'est-à-dire sans fil, aucun câble ne court de vos différents ordinateurs jusqu'au modem-routeur. Tout se fait par transmission d'ondes. Ne percez plus vos murs ! Le modem-routeur est raccordé à une prise téléphonique (ou câble), et alimenté en électricité par le secteur.
- Si votre portable n'a pas de carte réseau ou de prise RJ-45, vous la lui adjoindrez facilement à l'aide d'une carte PC ou d'un adaptateur Ethernet USB.

Configuration de la connexion dans Windows XP

J'admets que Windows XP est brillant pour ce qui concerne la gestion du réseau. Branchez le câble Ethernet d'un réseau existant sur votre portable. Visitez ensuite la fenêtre Connexions réseau. Elle montre les adaptateurs réseau branchés sur votre portable. Celle visible sur la Figure 9.1, Connexion au réseau local, est la connexion Ethernet standard. Il pourrait aussi y en avoir une sans fil comme à la Figure 9.2.

Ensuite, cliquez du bouton droit sur l'icône de l'adaptateur réseau et choisissez Propriétés dans le menu contextuel. Vous obtenez la boîte de dialogue Propriétés de l'adaptateur réseau, semblable à celle de la Figure 9.3, qui présente les paramètres matériels et logiciels du réseau.

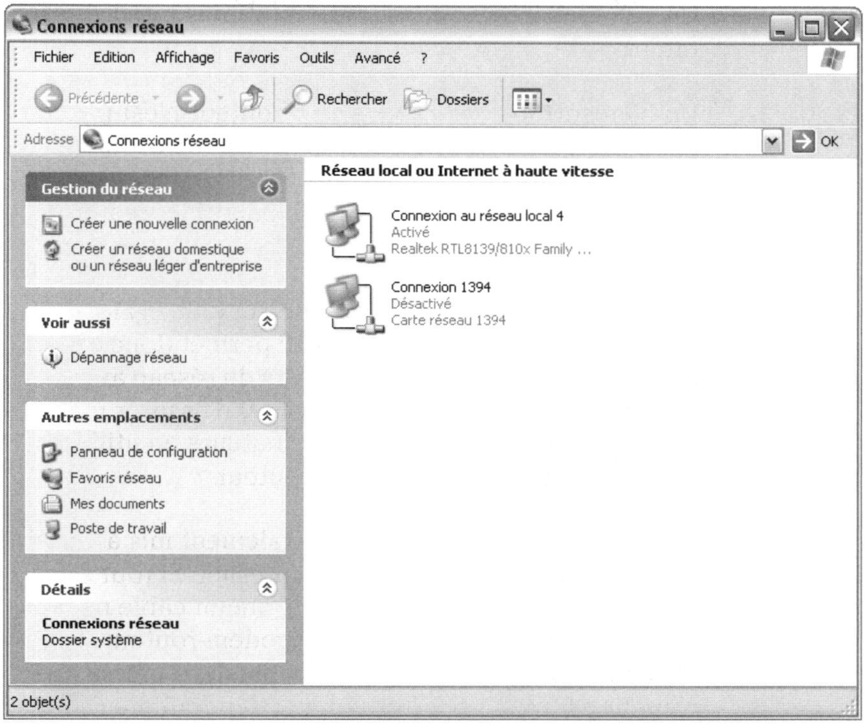

Figure 9.1 La fenêtre Connexions réseau, avec une seule connexion Ethernet active.

Les réglages concernant le matériel n'ont normalement pas à être touchés. Il existe à ce propos un troisième emplacement concernant le réseau, où vous pourrez éventuellement régler certains problèmes de connexion.

Ouvrez le Panneau de configuration, puis l'icône Système. Cliquez sur l'onglet Nom de l'ordinateur.

Deux noms sont nécessaires pour identifier chaque ordinateur du réseau. Le premier est le nom de l'ordinateur ; le second celui du groupe de travail dont l'ordinateur fait partie. Sur la Figure 9.4, le nom de l'ordinateur est Portable2003. Le nom du groupe de travail est Mshome.

Tous les ordinateurs du même réseau Windows poste à poste doivent partager le même nom de groupe de travail. En cas de problème de réseau entre votre portable et votre PC de bureau à votre domicile,

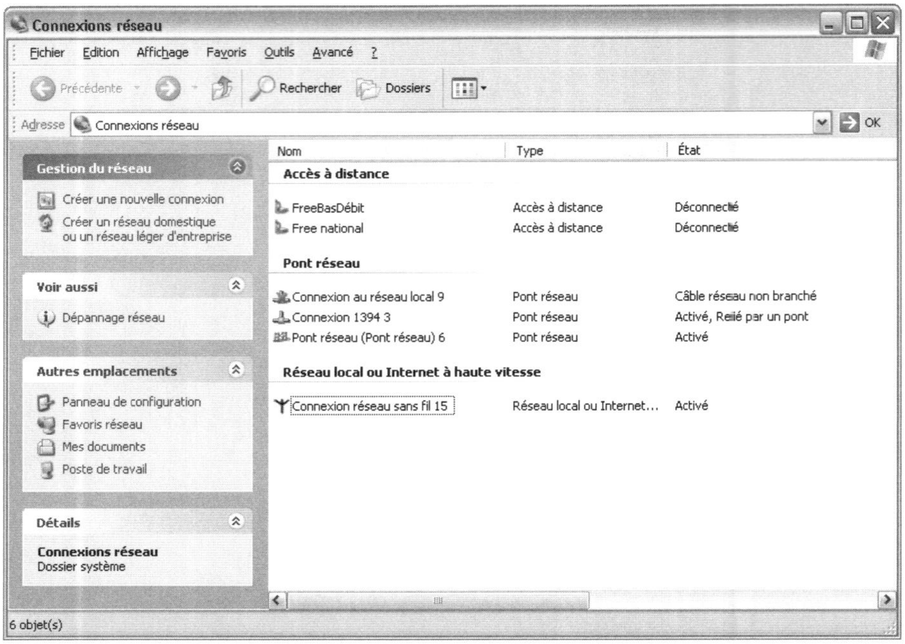

Figure 9.2 La fenêtre Connexions réseau, avec une connexion sans fil Wi-Fi.

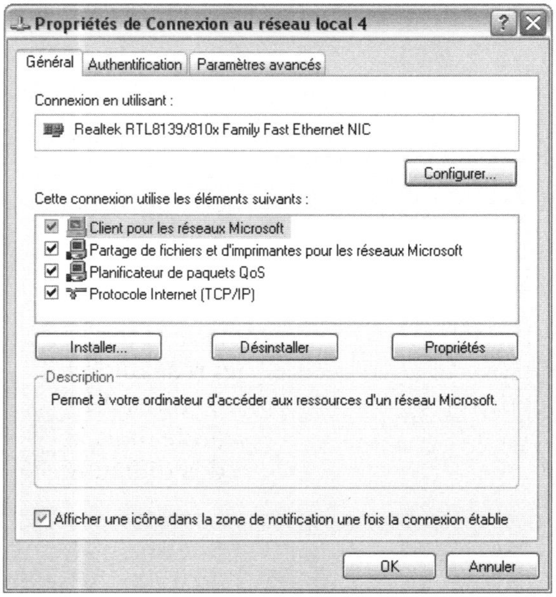

Figure 9.3 Accès aux paramètres des matériel et logiciel réseau.

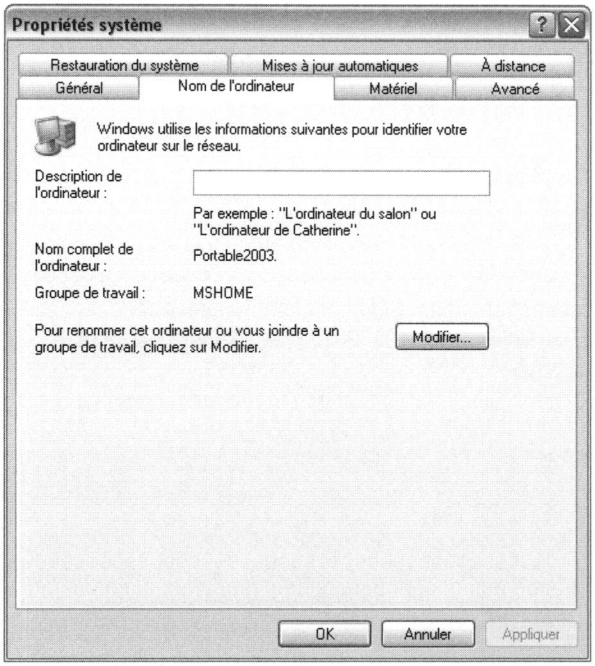

Figure 9.4 Nom de l'ordinateur et nom du groupe de travail.

ouvrez la boîte de dialogue Propriétés système, onglet Nom de l'ordinateur. Vérifiez que les noms d'ordinateurs sont différents mais que le nom de groupe de travail est *identique*. Pour modifier un des noms, cliquez sur le bouton Modifier dans la boîte de dialogue.

Quatrième possibilité, enfin : ouvrez la fenêtre Favoris réseau pour vérifier que votre ordinateur est bien connecté au réseau. Ce sujet est étudié à la section suivante.

- Le volet de tâches Gestion du réseau de la fenêtre Connexions réseau comporte une tâche Créer un réseau domestique ou un réseau de petite entreprise (voir les Figures 9.1 et 9.2). Cette option ouvre un assistant qui vous guide dans la configuration d'un réseau. À essayer si vous avez des difficultés pour vous connecter au réseau.

- L'information dans cette section est générale et s'applique aux réseaux poste à poste.

- Pour en savoir plus sur l'accès à la fenêtre Connexions réseau et à la boîte de dialogue Propriétés système, voir le Chapitre 6.

Ajouter et retirer votre portable du réseau

Une fois la connexion réseau configurée, vous connectez le portable au réseau en y branchant le câble réseau. Inutile d'éteindre le portable ou de redémarrer Windows. Le branchement du câble déclenche automatiquement la reconnaissance du réseau. De même, pour vous déconnecter du réseau, il suffit de débrancher le câble réseau. Le matériel et le logiciel réseau détectent que le câble n'est plus là et que le réseau n'est plus accessible.

Tournois de jeux en réseau (LAN party)

Les tournois de jeux en réseau peuvent être prévus mais sont parfois spontanés. Des utilisateurs d'ordinateurs portables se rencontrent (sur un campus, par exemple) et créent un petit réseau local. Après réglage des protocoles et autres paramètres réseau, les participants se connectent pour jouer. Lors d'un tournoi de ce genre, vous avez besoin de l'accès à Internet ou à quelque serveur de jeu distant. Un tournoi de jeu en réseau peut compter d'une demi-douzaine d'ordinateurs à des centaines de PC.

Voir les autres ordinateurs du réseau

Les ordinateurs du réseau aiment partager. Ce sont des amis. En fait, le partage est facultatif. Leur lieu de rassemblement dans Windows XP est la fenêtre Favoris réseau.

Pour en savoir plus sur l'accès à la fenêtre Favoris réseau, voir le Chapitre 6. Une fois dans cette fenêtre, cliquez sur le lien Voir les ordinateurs du groupe de travail (dans le volet de tâches Gestion du réseau, sur la gauche). Cela affiche les ordinateurs connectés au réseau, ceux qui appartiennent au groupe de travail défini plus haut.

La Figure 9.5 présente cette fenêtre. On y voit un réseau à deux ordinateurs. Ce réseau a été construit en reliant un portable et un ordinateur de bureau avec un câble Ethernet. (Directement ; sans concentrateur ni commutateur.) Les deux ordinateurs sont visibles sous forme d'icônes indiquant leurs noms. Le nom de groupe de travail, Mshome, apparaît dans la barre Adresse et en haut de la fenêtre.

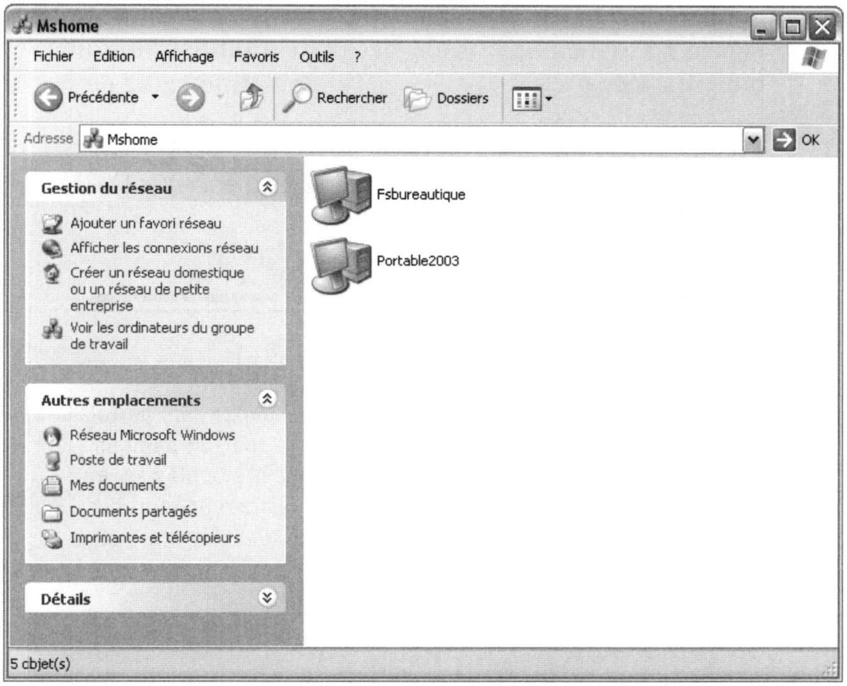

Figure 9.5 Les deux ordinateurs d'un groupe de travail.

Si votre portable est connecté à un réseau comportant davantage d'ordinateurs, ils apparaissent tous dans la liste. Vous y verrez aussi éventuellement des imprimantes et des modems, tout ce qui est connecté au réseau.

TRUC

Sachez qu'il est tout à fait possible et facile de créer un réseau entre un PC et un Mac par simple connexion Ethernet directe ou par le biais d'un routeur, voire un modem-routeur. Dans ce cas, le Mac et le PC peuvent sans problème accéder aux fichiers partagés entre l'un et l'autre, utiliser l'imprimante de l'un ou de l'autre, mais aussi surfer sur le Web en toute indépendance.

N'OUBLIEZ PAS

Voir les ordinateurs dans la fenêtre du groupe de travail est un signe certain que le réseau est en place et en ordre de fonctionnement.

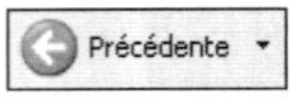

Cliquez sur le bouton Précédente pour revenir à la fenêtre Favoris réseau à partir de la fenêtre du groupe de travail.

Ce que l'on voit dans la fenêtre Favoris réseau sont des *ressources partagées*. Il s'agit des unités de disque, imprimantes ou modems directement connectés au réseau ou rendus accessibles via le réseau. La Figure 9.6 montre les ressources disponibles sur les différents ordinateurs du réseau.

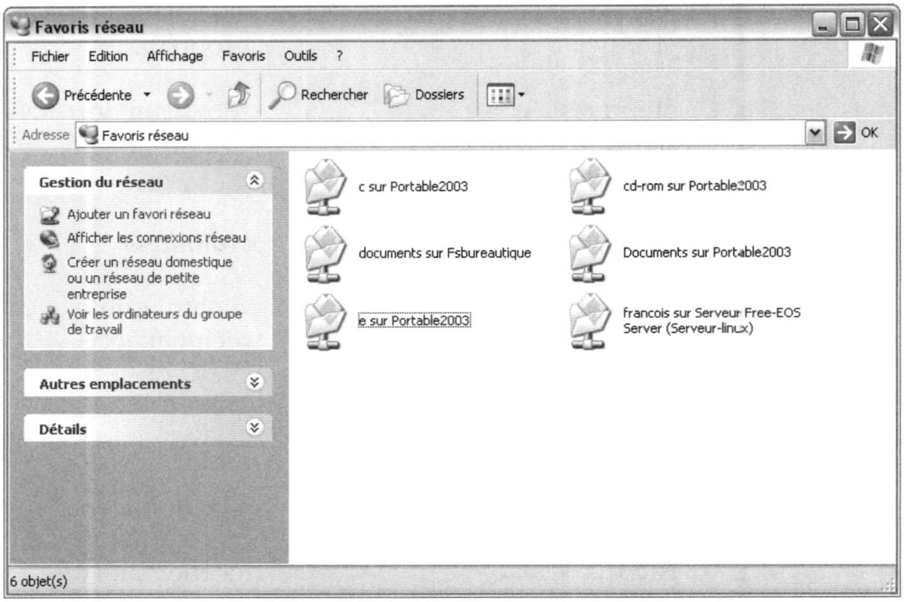

Figure 9.6 Ressources partagées du réseau.

L'accès aux ressources réseau est étudié dans les deux sections suivantes. Avant d'apparaître dans la fenêtre Favoris réseau, les ressources doivent être *partagées*.

- Pour en savoir plus sur les noms d'ordinateur et de groupe de travail, voir la section précédente.
- Les étapes pour partager les ressources sont présentées plus loin dans ce chapitre.

- Lorsque vous ne voyez aucun ordinateur dans la fenêtre du groupe de travail, quelque chose cloche. Le câble réseau n'est pas branché ou il est défectueux, l'interface réseau n'est pas bonne ou encore les ordinateurs ne portent pas le même nom de groupe de travail.

- Les imprimantes partagées du réseau apparaissent dans la fenêtre Imprimantes et télécopieurs.

- Les modems du réseau peuvent ne pas apparaître dans la fenêtre Favoris réseau, particulièrement lorsque la connexion à Internet se trouve derrière un pare-feu ou un routeur.

- Notez aussi également que la connexion d'un portable Windows XP à une autre version de Windows peut réclamer plus de travail.

Accéder aux unités de disque d'un autre ordinateur

L'accès aux unités de disque d'un autre ordinateur du réseau se réalise facilement. Sachez que vous n'avez pas forcément accès à la totalité du disque. Il est possible de le limiter à quelques dossiers particuliers du disque partagé. L'accès peut aussi être restreint par mot de passe ou uniquement à la lecture, auquel cas vous ne pourrez modifier les fichiers de ces dossiers ou en créer.

Quoi qu'il en soit, tout dossier partagé du réseau est visible dans la fenêtre Favoris réseau (Figure 9.6). Pour accéder à un dossier particulier, double-cliquez dessus comme s'il se trouvait sur votre propre disque dur.

Si le dossier n'est pas protégé par mot de passe, son contenu s'affiche dans une fenêtre, comme tout autre dossier de votre disque dur. Mais rappelons que le dossier n'est pas sur votre disque dur ; c'est un dossier qui existe ailleurs sur le réseau.

Lorsque le dossier est protégé par mot de passe, ce dernier vous est réclamé.

Une fois le dossier ouvert, vous accédez aux fichiers comme s'ils se trouvaient sur votre propre ordinateur. Notez que certains dossiers sont partagés en lecture seule, auquel cas les fichiers et dossiers ne peuvent être renommés, effacés ou modifiés. Vous ne pouvez alors que les consulter.

Il est de bon aloi de refermer un dossier réseau lorsque vous avez terminé d'y travailler. Lorsque vous ne refermez pas le dossier, il existe toujours une connexion entre votre ordinateur et celui contenant le dossier partagé. Un message d'erreur peut alors apparaître lorsque votre connexion réseau ne fonctionne plus ou que l'autre ordinateur se déconnecte du réseau.

La mise en veille d'un ordinateur ou la suspension de l'activité de ses disques durs peut interrompre la connexion réseau entre les deux appareils. Elle se rétablira automatiquement dès que le PC (ou le Mac) sortira de sa léthargie.

Accès aux imprimantes réseau

Dans Windows XP, les imprimantes disponibles sur le réseau apparaissent automatiquement dans la liste des imprimantes disponibles, dans la fenêtre Imprimantes et télécopieurs ou dans toute boîte de dialogue Imprimer.

- Pour exploiter l'imprimante réseau, sélectionnez-la dans la liste d'imprimantes disponibles dans la boîte de dialogue Imprimer.

- Le bas des icônes d'imprimantes réseau est assorti d'un "tuyau".

- Le nom d'une imprimante réseau est de la forme "Imprimante sur Ordinateur", où Imprimante est le nom de l'imprimante ou du modèle et Ordinateur le nom réseau de l'ordinateur auquel l'imprimante est connectée. Par exemple, `Epson R800 sur Brutus`.

Partager un dossier de votre portable

Comme tout dossier de votre ordinateur de bureau, les dossiers de votre portable peuvent être partagés sur le réseau de façon que les autres puissent les exploiter. Suivez ces étapes :

1. **Allez jusqu'au dossier à partager.**

   Par exemple, démarrez par le dossier Mes documents ou le dossier Documents partagés (fenêtre Poste de travail). Puis continuez à ouvrir des dossiers jusqu'à arriver au dossier à partager.

2. **Cliquez du bouton droit sur l'icône du dossier et choisissez Partage et sécurité dans le menu contextuel.**

   La boîte de dialogue Propriétés de ce dossier apparaît.

   Si vous n'avez pas encore configuré votre portable pour le partage de dossiers, vous disposez de deux options.

   L'option **Assistant Configuration du réseau** affiche l'assistant, ce qui est probablement inutile, particulièrement si vous avez suivi mes indications dans ce chapitre.

   Si vous comprenez le risque de sécurité... bla bla bla... Effrayant, non ? Néanmoins, si votre réseau est déjà configuré (vous avez établi une connexion avec d'autres ordinateurs du groupe de travail, comme décrit plus haut dans ce chapitre), alors il est plus rapide de choisir cette option.

   A. **Choisissez la seconde option !**

   B. **Dans la boîte de dialogue suivante, sélectionnez l'option pour partager les fichiers.**

   C. **Cliquez sur OK.**

   La boîte de dialogue Propriétés devrait maintenant ressembler à celle de la Figure 9.7.

3. **Cochez la case Partager ce dossier sur le réseau.**

4. **Le nom du dossier apparaît dans la zone de texte Nom du partage. Si le nom affiché est trop vague, tapez un nouveau nom.**

5. **Voyons maintenant l'option Autoriser les utilisateurs réseau à modifier mes fichiers.**

   En cochant cette case, vous autorisez les autres personnes du réseau à supprimer, renommer, déplacer ou modifier le contenu

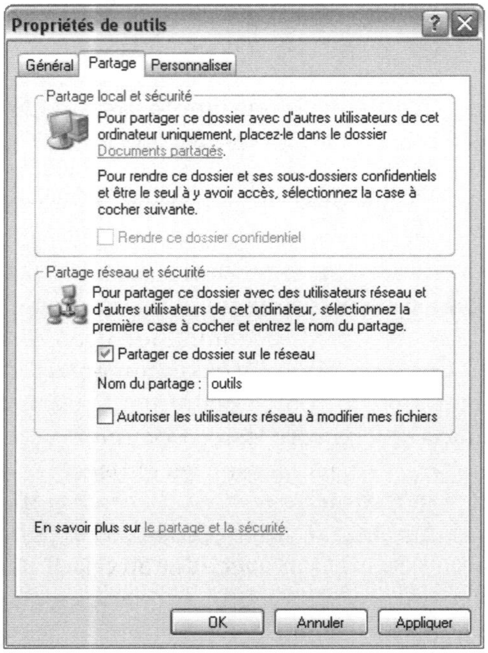

Figure 9.7 Partage d'un dossier.

des fichiers et sous-dossiers du dossier partagé. Est-ce bien ce que vous désirez ? Si c'est le cas, cochez la case.

6. **Cliquez sur OK.**

   Après quelques instants, le dossier est mis à disposition sur le réseau.

Les icônes de dossiers partagés sont assorties d'une petite *main de serveur*. C'est l'indice visuel qui permet de dire qu'un dossier est partagé.

Sur le réseau, le dossier partagé apparaît dès lors dans la fenêtre Favoris réseau des autres utilisateurs. Cela ne se produit que lorsque votre portable est connecté au réseau et qu'il est en fonctionnement. (Impossible d'accéder aux fichiers d'un portable éteint.)

- Partagez uniquement des dossiers.

- Il est impossible de partager uniquement des fichiers, ce sont les dossiers qui les contiennent qui sont partagés.
- Ne partagez pas de programmes. D'ailleurs, on ne peut partager un programme et l'exécuter via le réseau que lorsqu'il est conçu expressément pour un usage en réseau.
- Ne partagez pas un disque entier. C'est une grande violation de sécurité.
- Pour des raisons de sécurité, je recommande également de ne pas partager la totalité du dossier Mes documents.
- Il est intéressant de partager le dossier Documents partagés. Vous n'avez plus ensuite qu'à y glisser les choses que vous désirez partager.
- Les autres ordinateurs ne peuvent accéder aux dossiers sur votre portable lorsque celui-ci est en veille.
- Il n'y a aucune raison d'arrêter le partage de vos dossiers lorsque vous êtes en déplacement. Les dossiers redeviendront accessibles aux autres utilisateurs du réseau dès que vous vous y reconnecterez.

Arrêter le partage d'un dossier

Pour arrêter le partage d'un dossier, reprenez les étapes de partage de la précédente section, mais, à l'étape 3, *supprimez* la marque de cochage de l'option Partager ce dossier sur le réseau. Cliquez ensuite sur OK. Le dossier redevient privé.

Réseau sans entraves (réseau sans fil ou Wi-Fi)

La dernière folie informatique est le *tout sans fil.* Au cœur de la sans fil mania se trouve le réseau sans fil.

Cependant, le réseau sans fil peut être très pénible. Il n'est pas aussi facile à configurer qu'une connexion Ethernet classique. Il est difficile à gérer si vous utilisez plus de deux ordinateurs sur le réseau sans fil. Et la sécurité du sans fil pose question. Malgré tout, le réseau sans fil reste extrêmement prisé. Il fallait donc que j'y consacre quelques pages dans ce livre.

ABC du 802.11

L'informatique regorge de standards. Vous avez peut-être entendu parler de quelques-uns d'entre eux : ANSI, ISO, IEEE et autres acronymes célèbres. Le standard pour le réseau sans fil n'a pas d'acronyme. Il s'agit d'un nombre : 802.11.

Au fur et à mesure, des standards de réseau sans fil plus performants ont été basés sur le 802.11. Le premier est le 802.11a. Puis est né le 802.11b, encore répandu. Le standard actuel le plus courant est le 802.11g. Il en existe avec d'autres lettres encore, mais ce livre parle du plus connu actuellement, le 802.11g.

La raison de s'attarder sur cette notion de lettre est que tous les protagonistes d'un réseau sans fil doivent partager le même standard. Par exemple, tous les adaptateurs sans fil du réseau doivent être compatibles 802.11g : celui de votre portable, celui de votre PC de bureau, celui du concentrateur sans fil, etc. Cela fonctionne mieux ainsi

Si votre portable utilise le 802.11b et le PC de bureau le 802.11g, tout n'est pas perdu. Le standard 802.11g reconnaîtra l'ancien 802.11b, mais le débit ne sera pas aussi bon que si les deux sont en 802.11g. Si un des deux systèmes est équipé en double standard, c'est encore mieux. Cependant, véritablement pour que tout fonctionne au mieux, tous les périphériques réseau sans fil doivent être conformes à la même version du 802.11.

- Je n'ai pas vu de périphérique 802.11a depuis un bon moment, je pense donc qu'on peut dire qu'ils ont disparu.

- Le 802.11b était le standard principal, mais il a été rapidement remplacé par le 802.11g. Si vous démarrez en réseau sans fil, prenez le 802.11g.

- Il existe des adaptateurs sans fil conformes sur plusieurs lettres. L'adaptateur de mon portable, que j'ai payé un peu plus cher, est compatible 802.11a/b/g. Il balaie le spectre et utilise le standard le plus adapté des trois, ce qui me donne plus de possibilités de connexion en déplacement.

Matériel pour réseau sans fil

Pour accéder au réseau sans fil, vous avez besoin de matériel pour réseau sans fil. Un port Ethernet ou une carte réseau sur votre ordinateur ne suffit pas. Il faut un accessoire spécial pour réseau sans fil. Cet accessoire doit reconnaître le standard exploité sur le réseau sans fil existant : 802.11a, 802.11b ou 802.11.g.

Si votre portable n'est pas équipé d'un adaptateur de réseau sans fil, il est facile d'en ajouter un sur le port USB ou via une carte PC. Branchez-le et installez le logiciel si nécessaire.

Je vous recommande un adaptateur sans fil avec antenne apparente. L'antenne apparente facilite le captage du signal – particulièrement lorsqu'elle est orientable. Ceci peu aussi s'avérer indispensable lorsque le routeur ou le modem-routeur ne se trouve pas dans la même pièce que votre portable ou votre ordinateur de bureau. Cette affirmation est d'autant plus vraie si le modem-routeur est directement connecté à l'ordinateur de bureau par le bais du port USB ou Ethernet. Avec une antenne, il est plus facile de traverser les murs.

Personnellement, avec un adaptateur réseau Wi-Fi USB à antenne, je capte les réseaux Wi-Fi de mes voisins dont les maisons sont tout de même éloignées de plusieurs centaines de mètres ! Bien entendu, comme ils sont protégés par une clé de cryptage (WEP) que je ne connais pas, il m'est impossible de pénétrer dans leur réseau. Ce genre de cryptage n'est pas vraiment un problème pour les pirates de l'informatique. Moi, je suis un honnête garçon !

Si votre portable n'a pas d'antenne, ce n'est pas une catastrophe.

La configuration d'un adaptateur sans fil dans Windows XP est semblable à celle d'une connexion Ethernet par câble. Schématiquement, Windows fait tout le travail. Il reste juste à se connecter au réseau sans fil. Ce sujet est étudié dans les deux sections suivantes.

Connexion à un réseau sans fil

Un portable équipé d'une carte réseau sans fil peut se connecter à tout réseau sans fil compatible. La première étape est de trouver le réseau. La deuxième est de se connecter. La dernière consiste à exploiter le réseau et les ressources accessibles.

WiMax, l'avenir du réseau sans fil ?

Qu'est-ce que le WiMax et pourquoi en parle-t-on ? WiMax signifie *Worldwide Interoperability for Microwave Access*. Vous êtes bien avancé maintenant. Il s'agit d'un standard de transmission radio basé sur le protocole 802.16. Déjà, vous vous sentez mieux de le savoir. Pour clarifier les choses, retenez que le WiMax a la couleur du Wi-Fi, son goût, son odeur, mais que ce n'est pas le Wi-Fi que nous connaissons aujourd'hui. Le WiMax est bien plus rapide. Il permet d'envoyer et de recevoir des données dans les bandes de fréquences radio de 2 à 11 GHz. Le débit maximal est de 70 Mo/s sur une portée d'environ 50 km. Evidemment, ces performances ne sont atteintes que dans des conditions optimales. Toutefois, chacun pourra s'attendre à un débit de 12 Mo/s sur une distance de 20 km. L'intérêt du WiMax est, bien entendu, dans une évolution nomade avec des points d'accès qui permettront à tout portable (selon certaines conditions à définir) d'accéder au réseau où qu'il se trouve.

L'avantage du WiMax est l'absence d'engorgement qui atteint trop souvent les réseaux Wi-Fi actuels. Cet atout tient au fait que le WiMax alloue une bande passante par utilisateur. Ainsi, c'est l'opérateur de l'utilisateur qui va allouer cette bande passante pour tel ou tel projet.

Aujourd'hui, le WiMax reste encore évoqué en coulisse. Toutefois, les départements, les régions et les municipalités commencent à s'y intéresser, d'autant que la société Intel elle-même se penche de près sur le WiMax. Les analystes ne prévoient pas un développement réel du WiMax avant 2010.

Voici comment trouver un réseau sans fil disponible :

1. **Ouvrez la fenêtre Connexions réseau.**

2. **Cliquez du bouton droit sur l'icône de la connexion réseau sans fil.**

   Cette icône symbolise le matériel et le logiciel nécessaires au fonctionnement de la connexion sans fil.

3. **Choisissez Afficher les connexions sans fil disponibles.**

   La boîte de dialogue Connexion réseau sans fil s'affiche (Figure 9.8). Cette boîte de dialogue liste tous les réseaux sans fil à portée de votre portable et compatibles avec votre protocole réseau sans fil. Son aspect diffère selon que vous utilisez Windows XP SP1 ou SP2.

Figure 9.8 Recherche des réseaux sans fil disponibles.

Si votre équipement sans fil reconnaît plusieurs protocoles, chaque protocole sera affiché dans la fenêtre.

Sur la Figure 9.8, un réseau est visible. Son nom est `linksys`. Ce nom est l'identifiant SSID (*Service Set Identifier*). Il s'agit du terme technique pour dire "nom du réseau sans fil".

4. **Sélectionnez le nom du réseau sans fil désiré (s'il en existe plusieurs).**

   Il peut y en avoir un grand nombre. Il se peut aussi qu'il n'y en ait pas du tout (ce qui ne veut pas forcément dire que rien n'est disponible). Pour en savoir plus, voir plus loin la section "Que faire lorsque l'on ne connaît pas le SSID ?".

5. **Entrez le mot de passe.**

   Certains mots de passe sont longs ; attention à leur saisie !

6. **Entrez si nécessaire une nouvelle fois le mot de passe.**

   C'est très pénible pour les mots de passe à 128 caractères.

7. **Cliquez sur le bouton Connecter.**

   Lorsque tout se passe bien, l'icône d'une paire d'ordinateurs en réseau apparaît dans la zone de notification, ainsi qu'une bulle indiquant l'établissement de la connexion au réseau sans fil (Figure 9.9).

Figure 9.9 Une connexion au réseau sans fil a été établie.

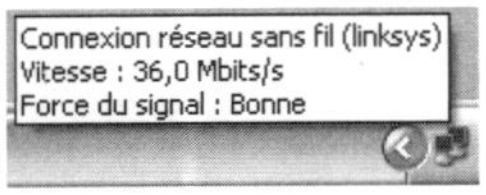

Il reste cependant possible que cela ne fonctionne pas. Le réseau peut réclamer une authentification ou une configuration supplémentaire pour autoriser le portable à se connecter. Lisez les sections suivantes qui exposent quelques solutions à certains problèmes.

Notez par ailleurs qu'il existe une autre voie pour accéder aux réseaux sans fil. Cliquez du bouton droit sur l'icône Connexion réseau sans fil et choisissez Propriétés pour afficher l'onglet Configuration réseaux sans fil de la boîte de dialogue Propriétés de Connexion sans fil (Figure 9.10).

Le passage par l'onglet Configuration réseaux sans fil peut être nécessaire pour permuter d'une connexion sans fil à une autre. La partie inférieure de la boîte de dialogue (intitulée Réseaux favoris) sert à stocker les informations de connexion sur divers réseaux, de façon que vous n'ayez pas à redéclarer sans cesse les informations pour une même connexion.

- Le réseau sans fil doit utiliser le même protocole 802.11 que le matériel pour réseau sans fil de votre portable.

- Certains réseaux sans fil ne sont pas protégés par mot de passe, auquel cas un mot de passe ne sera pas requis à l'étape 5 de la précédente procédure. Or, Windows XP n'aime pas cette situation, et il vous sera peut-être plus difficile de vous connecter à un réseau non sécurisé de ce genre.

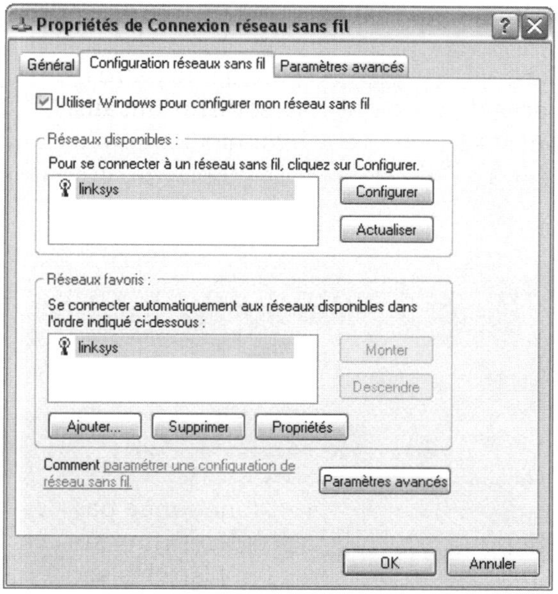

Figure 9.10 Gestion manuelle du sans fil.

- Le sans-fil est aussi confronté à une limite de distance et à des problèmes d'interférence. La situation n'est pas aussi rose que le susurre la brochure. Schématiquement, la meilleure possibilité de se connecter à un réseau sans fil est d'être dans la même pièce que le concentrateur, commutateur, routeur ou autre ordinateur qui émet le signal. Les murs réduisent fortement la puissance d'une connexion sans fil.

  TRUC

  Cependant, j'ai utilisé des adaptateurs USB sans antenne pour connecter un ordinateur du rez-de-chaussée à un modem-routeur situé au premier étage. L'établissement de la connexion Wi-Fi s'est réalisé sans problème !

- Pour en savoir plus sur l'accès à la boîte de dialogue Connexions réseau, voir le Chapitre 6.

Balayage pour détection de réseaux sans fil

Tout réseau sans fil disponible est visible dans la boîte de dialogue Connexion réseau sans fil (voir la Figure 9.8). Lorsque le réseau n'est pas visible, c'est qu'il n'est pas disponible ou que son signal n'est pas assez puissant.

La majorité des adaptateurs de réseau sans fil sont fournis avec des outils de balayage simples, souvent bien meilleurs que ce qui est proposé par Windows XP. La Figure 9.11 montre un outil de ce genre.

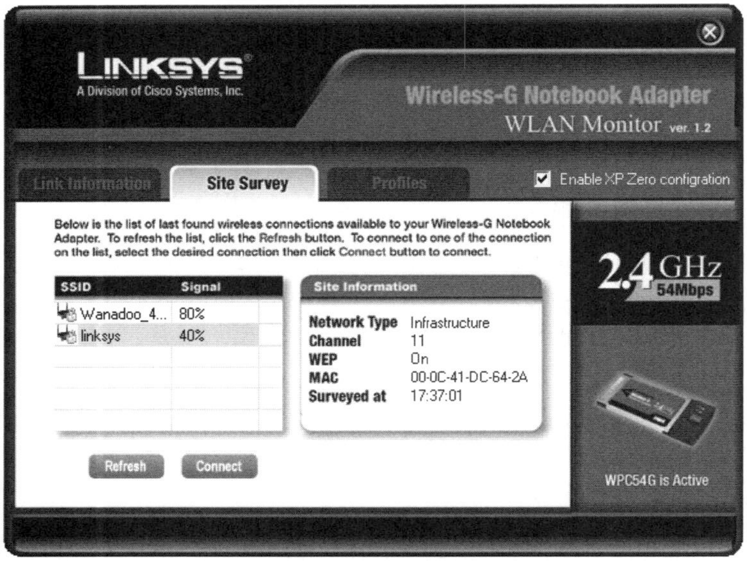

Figure 9.11 Tous les réseaux sans fil disponibles.

- Regardez dans la zone de notification si vous disposez d'un utilitaire particulier fourni avec le matériel pour réseau sans fil de votre portable.

- Ces utilitaires peuvent également servir au balayage et à la connexion aux réseaux sans fil disponibles. Ces utilitaires sont souvent bien plus faciles à gérer que les outils d'origine de Windows.

- Ces outils de balayage affichent habituellement une icône dans la zone de notification. Cette icône offre généralement des informations sur la puissance du signal du réseau sans fil.

Que faire lorsque l'on ne connaît pas le SSID ?

Lorsque le SSID du réseau sans fil n'est pas affiché, il faut le demander. Le gestionnaire réseau ou une autre personne en charge du réseau sans fil doit être capable de vous fournir cette information. Lorsque vous connaissez le SSID, suivez ces étapes pour vous connecter au réseau :

1. **Ouvrez la fenêtre Connexions réseau.**

2. **Cliquez du bouton droit sur l'icône de la connexion réseau sans fil et choisissez Propriétés.**

3. **Cliquez sur l'onglet Configuration réseaux sans fil.**

4. **Cliquez sur le bouton Ajouter, en bas de la boîte de dialogue.**

   Dans la boîte de dialogue Propriétés du réseau sans fil obtenue (Figure 9.12), vous allez configurer manuellement la connexion au réseau sans fil inconnu.

Figure 9.12 Pour vous connecter à un réseau sans fil, remplissez cette boîte de dialogue.

5. **Tapez le SSID.**

6. **Entrez la clé ou le mot de passe du réseau.**

   Si la case Clé réseau est désactivée comme sur la Figure 9.12, une autre boîte de dialogue est susceptible de s'afficher pour vous inviter à entrer le mot de passe.

7. **Cliquez sur OK.**

À ce stade, le réseau devrait apparaître dans la liste. Pour vous y connecter, cliquez sur son nom. (Voir les Figures 9.8 et 9.10.)

Un avantage de Windows XP est qu'il se souvient des réseaux sans fil auxquels vous vous êtes connecté. Ainsi, lorsque vous revenez au même endroit ou un réseau sans fil est disponible, l'information sur le réseau est lue automatiquement. Tant que le mot de passe réseau ne change pas, la reconnexion à ce réseau est automatique.

Qu'est-ce que l'adresse MAC de l'ordinateur ?

Certains réseaux sans fil limitent l'accès aux ordinateurs qu'ils connaissent. N'étant pas doté d'yeux, un réseau a besoin d'un autre moyen d'identification pour différencier les ordinateurs étrangers de ceux qu'il connaît. Cette identification se fait sur l'*adresse MAC du matériel du réseau sans fil.*

Une adresse MAC est un numéro unique attribué à chaque adaptateur réseau sur la planète. Il n'existe pas deux numéros identiques. En outre, l'adresse MAC est très difficile à simuler. Ainsi, en utilisant l adresse MAC, un réseau sans fil est capable de limiter l'accès aux seuls ordinateurs connus et enregistrés.

Voici les étapes à suivre pour connaître l'adresse MAC de votre adaptateur de réseau sans fil :

1. **Ouvrez la fenêtre Connexions réseau.**

2. **Ouvrez l'icône de votre connexion réseau sans fil.**

   Vous obtenez une fenêtre Statut.

3. **Cliquez sur l'onglet Prise en charge.**

4. **Cliquez sur le bouton Détails.**

   La boîte de dialogue Détails de connexion réseau apparaît. Le premier paramètre est Adresse physique, qui est le numéro d'adresse MAC.

5. **Notez ce numéro.**

6. **Refermez les diverses boîtes de dialogue.**

L'adresse MAC fait 12 chiffres, en 6 paires. C'est une valeur en base 16 (ou *hexadécimale*), aussi les lettres A à F sont-elles également considérées comme des chiffres.

Lorsque l'adresse MAC est nécessaire pour se connecter à un réseau particulier, fournissez-la au gestionnaire du réseau. Il l'ajoutera à la liste des ordinateurs autorisés et vous pourrez employer le réseau.

Renouvellement de votre bail

Pour éviter les encombrements, certains réseaux ne vous laissent utiliser leurs services que pendant un certain temps. Le temps alloué est le *bail*.

Il peut arriver, notamment si vous utilisez un réseau sans fil trop longtemps, que votre bail expire. Pour le renouveler, vous devez vous déconnecter du réseau, puis vous reconnecter.

Les instructions pour se déconnecter d'un réseau sans fil sont fournies plus loin dans ce chapitre. Pour l'instant, sachez que le moyen le plus simple pour renouveler un bail est simplement de redémarrer Windows. Voir le Chapitre 4.

Accès à un réseau sans fil payant

Tout n'est pas gratuit. Certaines personnes font payer l'accès à leur réseau sans fil. Imaginez ! Il existe deux types d'accès sans fil payants :

- Le premier type est celui où vous payez à une caisse où l'on vous remet un papier avec le SSID du réseau et un mot de passe. Pour vous connecter au réseau sans fil, suivez alors les étapes de la section "Que faire lorsque l'on ne connaît pas le SSID ?" plus haut dans ce chapitre.

- Le second moyen est moins direct. Le signal apparaît puissant et disponible et la connexion ne pose aucun problème. Néanmoins, lorsque vous allez sur Internet, la seule page Web accessible est une page d'inscription. Tant que vous n'aurez pas fourni votre numéro de carte bancaire, vous ne pourrez accéder au Web ou à tout autre service (tel que l'e-mail).

Déconnexion du réseau sans fil

Le principal moyen que j'ai de me déconnecter d'un réseau sans fil est de fermer le capot de mon portable. En mettant le portable en veille, la connexion réseau est automatiquement rompue. L'ouverture du capot du portable (sous réserve d'être dans la portée d'un concentrateur sans fil) rétablit la connexion.

Il est également possible d'éteindre le portable pour vous déconnecter du réseau.

Enfin, voici les étapes pour vous déconnecter manuellement :

1. **Ouvrez la fenêtre Connexions réseau.**

2. **Cliquez du bouton droit sur l'icône Connexion réseau sans fil.**

3. **Dans le menu contextuel, choisissez Désactiver.**

Lorsque le périphérique est désactivé, la connexion est forcément rompue.

Pour réactiver la connexion, répétez ces étapes, mais en choisissant Activer à l'étape 3.

Si votre portable est tout le temps au même endroit et que votre connexion à Internet ou au réseau se fait exclusivement sans fil, il n'y a aucune raison de désactiver la connexion sans fil.

Chapitre 10

Votre portable et Internet

Dans ce chapitre :

- S'équiper pour l'accès à Internet.
- Accès à Internet par le réseau.
- Connexion à un modem ADSL, un modem câble ou un routeur.
- Accès à Internet via une connexion réseau à distance.
- Configuration de la connexion à distance.
- Gestion de plusieurs connexions.
- Connexion à Internet.
- Déconnexion d'une connexion par modem.

C'est l'ordinateur portable et non le modèle de bureau qui a été le précurseur dans les communications en ligne. Les premiers ordinateurs portables n'étaient pas équipés de modem interne. En revanche, par la suite, la plupart des protoportables en furent dotés. En effet, être portable signifie pouvoir se déplacer. Cela implique, à un certain stade, la nécessité d'établir des communications.

Lorsque Ethernet devint le standard réseau du PC, sa circuiterie s'intégra en standard sur portable, comme celle du modem, bien avant que cela ne se produise sur ordinateur de bureau.

Ce chapitre montre comment se connecter à Internet. Les autres chapitres de la Troisième partie présentent des conseils d'utilisation du portable sur Internet, sur la sécurité en ligne et sur l'emploi du modem interne.

Le nécessaire de connexion à Internet

Internet n'est pas un programme pour ordinateur. Ce n'est pas non plus un gros ordinateur, quelque part. Internet est constitué de milliers et de milliers d'ordinateurs, tous connectés et partageant des informations. Donc, Internet est bel et bien un gigantesque réseau d'ordinateurs interconnectés.

Cinq éléments sont nécessaires pour accéder à Internet :

- Un ordinateur.
- Un périphérique pour établir la connexion à Internet.
- Un logiciel pour accéder à Internet.
- Un fournisseur d'accès à Internet (FAI).
- De l'argent.

Vous avez déjà l'ordinateur. S'il est relativement récent, vous disposez probablement des deux équipements courants de connexion à Internet, c'est-à-dire un modem interne ou une connexion Ethernet intégrée (par câble ou sans fil, c'est-à-dire Wi-Fi). Windows XP est fourni avec tout le logiciel Internet indispensable. Il s'agit d'une part du logiciel spécial pour établir la connexion à Internet, d'autre part du logiciel pour exploiter les diverses ressources sur Internet : le World Wide Web, l'e-mail et d'autres aspects mystérieux de la chose. On se connecte à Internet par l'intermédiaire d'un FAI. En d'autres termes, pour connecter votre ordinateur à Internet, vous devez trouver un autre ordinateur déjà connecté à Internet, par l'intermédiaire duquel votre ordinateur se connectera à Internet.

N'OUBLIEZ PAS

Internet n'est pas un unique ordinateur, mais une multitude d'ordinateurs, tous connectés et partageant des informations et des ressources.

Le FAI est votre entreprise lorsqu'elle fournit directement l'accès à Internet. Il peut aussi s'agir de votre université. Ou c'est une autre société (voir la section suivante).

Pour accéder à Internet via un FAI, vous avez besoin d'argent. De même que l'opérateur téléphonique ou de télévision par câble vous ponctionne tous les mois, le FAI fournit l'accès à Internet contre un abonnement mensuel.

- Un accès gratuit à Internet existe dans certaines bibliothèques.
- Si vous vous connectez à Internet au travail, cette connexion est plus ou moins gratuite. Sachez que de nombreuses entreprises filtrent sacrément l'accès.

Aspects importants pour le choix d'un FAI par un utilisateur de portable

À moins que vous ayez sélectionné votre FAI en tenant compte de votre aspect informatique nomade, il est possible que vous ne bénéficiiez pas des caractéristiques souvent nécessaires aux utilisateurs de portables qui se connectent à Internet.

Accès à votre FAI dans tout le pays

L'accès à Internet existe partout. Néanmoins, pour accéder à votre FAI, il est préférable de bénéficier d'un numéro d'accès à tarification locale ou gratuit.

Cela ne s'applique qu'à la connexion à Internet dite à distance :

- Les FAI d'envergure nationale disposent de points d'accès dans tout le pays. Avant de partir en déplacement, vérifiez si des numéros d'accès local existent dans la région où vous allez. Vous pourrez ainsi connecter votre portable à votre FAI comme vous le faites chez vous.
- Selon votre abonnement, il est possible que votre FAI vous propose un numéro de téléphone gratuit pour vous connecter.

Lorsque vous avez à votre disposition une connexion Internet via Ethernet là où vous êtes en déplacement, inutile d'utiliser le modem pour vous connecter à votre FAI. Du moment que votre ordinateur est connecté à Internet, vous pouvez accéder à votre e-mail ou surfer sur le Web.

Accès à vos e-mails par le Web

Certains FAI offrent l'accès à l'e-mail par le Web (c'est le Webmail). Ce système vous permet d'accéder à votre e-mail sur n'importe quel ordinateur connecté à Internet. Vous avez juste à afficher la page de Webmail de votre FAI et à vous identifier. Vous pouvez alors consulter votre e-mail sur le Web au lieu d'employer un programme de courrier.

Pour d'autres astuces d'e-mail, voir le Chapitre 13.

Connexion du portable à Internet via Ethernet

Pour accéder à Internet avec votre portable, il vous faut une connexion matérielle et une connexion logicielle. L'information fournie par votre FAI lorsque vous vous êtes abonné chez lui est, à ce propos, importante. Ces instructions détaillent exactement ce dont vous avez besoin et les informations à fournir au logiciel.

La connexion Ethernet

Tout portable configuré pour accéder à un réseau local est également prêt pour l'accès à Internet. Il suffit de se connecter à un réseau qui dispose d'une connexion à Internet. Lorsque votre portable est connecté au réseau, lui-même peut accéder à Internet, via ce réseau.

Ainsi, lorsque vous connectez votre portable à un réseau existant (étudié au Chapitre 9) connecté à Internet via un modem ADSL ou câble, il bénéficie soudain de l'accès à Internet. À ce stade, à l'aide de vos logiciels Internet habituels, vous naviguez sur le Web, relevez votre e-mail, etc.

Cela reste valable pour la connexion dans une chambre d'hôtel avec accès haut débit à Internet, ou à un réseau sans fil dans un lieu public, partout où l'accès à Internet est proposé.

Connexion à Internet

Vous n'avez rien de spécial à réaliser pour établir la connexion à Internet. Sous réserve que votre ordinateur soit connecté à un réseau lui-même connecté à Internet, le tour est joué. Ouvrez une application Internet (navigateur Web, gestionnaire de courrier électronique, etc.) et allez-y.

Vous n'avez pas à vous connecter et vous déconnecter d'Internet. Notez que vous serez automatiquement déconnecté lorsque le portable se mettra en veille, que vous l'éteindrez ou que vous débrancherez le câble Ethernet.

Connexion du portable à un modem ADSL ou câble

Dans le cas où vous disposez d'un modem ADSL ou câble, le portable se branche directement au modem, via un câble Ethernet.

La configuration spécifique est opérée directement par votre opérateur ADSL ou câble ou vous devez vous en charger à l'aide de la documentation fournie par l'opérateur.

Si nécessaire, exécutez l'Assistant Nouvelle connexion. Choisissez Démarrer/Tous les programmes/Accessoires/Communications/Assistant Nouvelle connexion. Suivez les instructions de l'Assistant, en cliquant sur le bouton Suivant lorsque nécessaire. Sélectionnez ces options l'une après l'autre :

- Établir une connexion à Internet.
- Configurer ma connexion manuellement.
- Se connecter en utilisant une connexion large bande toujours activée.

Cela devrait vous mettre en selle. Le reste des informations nécessaires est fourni par votre FAI.

ATTENTION !

Ne faites pas comme beaucoup trop de personnes qui égarent les documents où figurent leur nom d'utilisateur (login) et leur mot de passe permettant d'établir la connexion. Elles sont alors obligées de téléphoner à l'assistance technique payante de leur FAI pour qu'on leur communique ces éléments indispensables. Rangez tous vos documents Internet dans un lieu sûr de manière à pouvoir créer une nouvelle connexion au cas où vous perdriez, pour une raison ou une autre, celle que vous aviez antérieurement établie.

Connexion à un routeur

Un périphérique appelé *routeur* peut se trouver entre le modem ADSL (ou câble) et votre ordinateur ou le reste du réseau. Le routeur opère l'interface entre Internet et votre réseau local. Il se charge des options réseau les plus difficiles à votre place. En outre, les bons routeurs placent un *pare-feu* entre les ordinateurs du réseau et le monde sauvage d'Internet.

Physiquement, le routeur se situe entre votre ordinateur et la connexion à Internet (Figure 10.1). Dans cette situation, votre portable doit se brancher directement sur le routeur, pas au modem. (En fait, tous les ordinateurs du réseau local se connectent au routeur et non pas directement au modem.)

Dans une configuration sans fil (Wi-Fi), la connexion est du même ordre. Le routeur sans fil est connecté, par un câble, au modem haut débit. Puis, les ordinateurs du réseau sans fil se connectent, sans fil, au routeur. La Figure 10.2 illustre la même connexion mais pour un réseau sans fil.

TRUC

- Large bande et haut débit signifient "grande vitesse".
- Un pare-feu protège votre ordinateur des intrusions indésirables d'autres ordinateurs également connectés à Internet. Pour plus d'informations, voir le Chapitre 12.
- Je vous recommande vivement de configurer votre réseau pour partager la connexion à Internet, comme expliqué dans cette section. Utilisez un routeur. Prenez-en un qui offre une protection par pare-feu. Connectez le routeur au modem, puis tous les ordinateurs du réseau au routeur.
- Lorsque vous utilisez un routeur, vous n'avez pas à vous préoccuper du partage de connexion Internet de Windows XP.

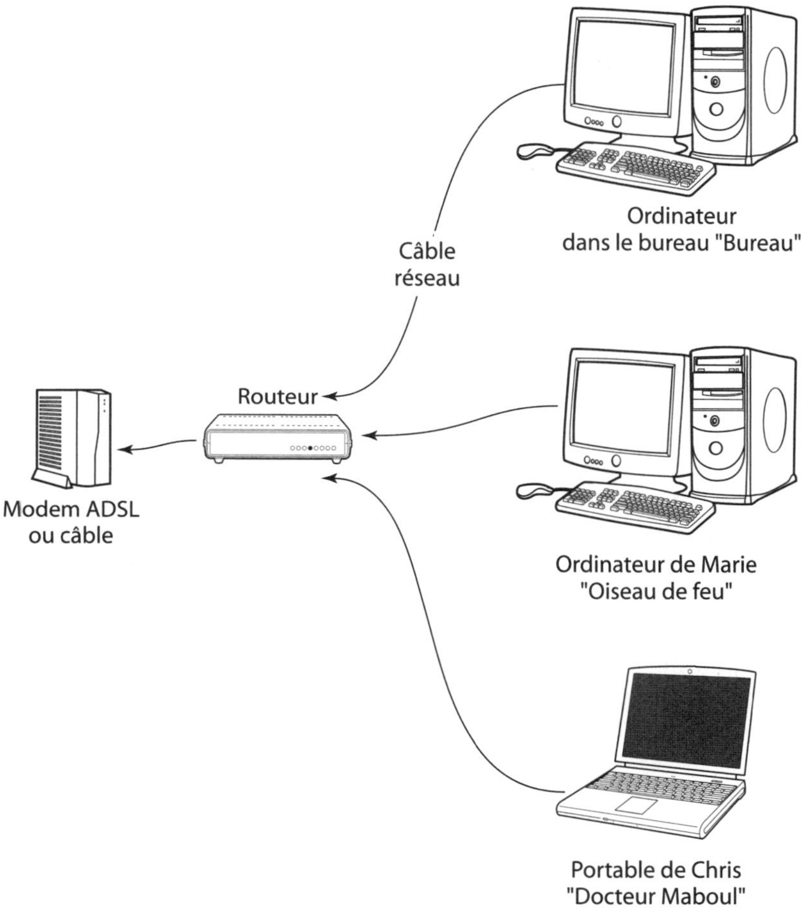

Figure 10.1 Schéma de connexion d'un routeur.

- Pour configurer un routeur, il faut s'y connecter. Le routeur possède une adresse IP à laquelle vous vous connectez à l'aide de votre navigateur Web habituel, comme Internet Explorer. Vous effectuez ensuite les réglages. Des instructions pour réaliser cela doivent être fournies avec le routeur.

- Pour en savoir plus sur la sécurité sur Internet, voir le Chapitre 12.

- Avec un modem-routeur Wi-Fi, l'appareil est directement connecté à la prise téléphonique. Ensuite, tous les autres ordinateurs, qu'ils soient portables ou de bureau, communiquent avec

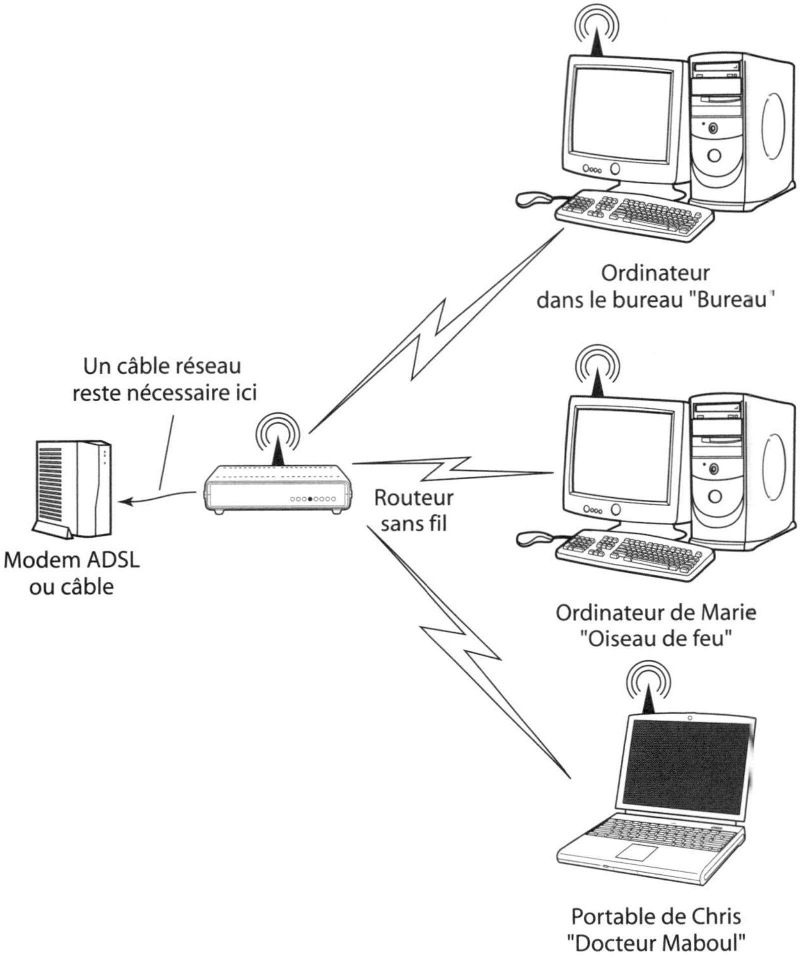

Figure 10.2
Schéma de connexion d'un routeur sans fil.

ce modem-routeur par le biais d'adaptateurs réseau sans fil, généralement de type USB. Le modem-routeur réunit deux appareils en un seul. Par rapport à la Figure 10.2, c'est comme si, à la place du routeur et du modem, vous regroupiez les deux. Les abonnés haut débit ADSL ou câble disposent généralement d'un modem-routeur fourni par leur FAI. C'est d'ailleurs lui qui permet, en plus de créer un réseau local sans fil et des connexions Internet, de téléphoner gratuitement lorsque ce service est proposé par le fournisseur d'accès à Internet.

Internet via une connexion réseau à distance

Même si généralement vous disposez d'un accès haut débit à Internet, il se peut que vous deviez un jour utiliser votre modem interne, et ainsi exploiter une technologie du 19e siècle pour accéder à l'Internet du 20e siècle sur votre portable du 21e.

Pour en savoir plus sur l'emploi du modem de votre portable, voir le Chapitre 11.

Configuration d'une connexion réseau à distance

Si votre portable n'est pas encore configuré pour l'accès à distance, exécutez l'Assistant Nouvelle connexion. Voici les éléments à connaître avant de commencer :

- Le nom de votre FAI (pour l'identification à distance).
- Le numéro de téléphone de la connexion.
- Le nom d'utilisateur de votre compte FAI.
- Le mot de passe de votre compte FAI.

Ces informations sont fournies par le FAI ou toute autre entité qui vous fournit l'accès à Internet. Une fois que vous avez ces informations en main, vous pouvez ouvrir l'Assistant Nouvelle connexion pour opérer la configuration. Voici comment :

1. **Choisissez Démarrer/Tous les programmes/Accessoires/ Communications/Assistant Nouvelle connexion.**
2. **Ignorez le texte affiché et cliquez sur le bouton Suivant.**
3. **Sélectionnez l'option Établir une connexion à Internet et cliquez sur le bouton Suivant.**
4. **Choisissez Configurer ma connexion manuellement et cliquez sur le bouton Suivant.**
5. **Sélectionnez l'option Se connecter en utilisant un modem d'accès à distance, puis cliquez sur le bouton Suivant.**

6. **Entrez le nom de votre FAI, puis cliquez sur le bouton Suivant.**

   Ce n'est pas forcément le nom de votre FAI. Ce nom sert en effet à libeller l'icône de la connexion. Tapez le nom que vous voulez, sérieux ou non.

7. **Entrez le numéro de téléphone pour se connecter à votre FAI.**

   C'est le numéro de téléphone pour la connexion, pas des bureaux ou du service d'assistance en ligne.

8. **Entrez le nom d'utilisateur de votre compte.**

   Ce nom vous est fourni par le FAI. À ne pas confondre avec votre nom d'utilisateur pour ouvrir une session dans Windows XP (il se pourrait cependant que ces deux noms soient identiques).

9. **Entrez le mot de passe de votre compte, une première fois dans la case Mot de passe, puis dans la case Confirmer le mot de passe.**

10. **Cliquez sur le bouton Suivant.**

11. **Cliquez sur le bouton Terminer.**

    Windows baratte. Windows souffle. L'assistant disparaît.

Quoi ? Vous attendiez autre chose ? Soyez reconnaissant. J'ai connu des assistants qui vous guidaient pendant des semaines. Voilà, la connexion à distance a été configurée. L'étape suivante est de l'exploiter.

- Entrez le numéro de téléphone tel qu'il doit être composé. Lorsque des modifications seront nécessaires, comme lorsque vous êtes en déplacement, vous pourrez y revenir. Vous verrez comment au Chapitre 11.

- Si vous avez plusieurs FAI, il faut une icône de connexion à distance pour chacun d'eux.

- AOL utilise son propre système pour établir la connexion à Internet. Consultez la documentation AOL ; ce livre n'étudie pas AOL.

Trouver la connexion

La connexion Internet à distance se trouve dans la fenêtre Connexions réseau. Il s'agit d'une icône comme celle en marge.

Si vous devez modifier les informations de connexion, cliquez du bouton droit sur l'icône de la connexion et choisissez Propriétés.

Une seule connexion est la connexion *par défaut*, c'est-à-dire celle qui est automatiquement établie dès que votre ordinateur doit se connecter à Internet. Pour définir la connexion par défaut, cliquez du bouton droit sur une icône de connexion et choisissez Définir en tant que connexion par défaut.

L'icône de la connexion par défaut est assortie d'un cercle noir avec marque de cochage.

Le petit cadenas signifie que le logiciel pare-feu est activé. Pour en savoir plus sur les pare-feu, voir le Chapitre 12.

Pour accéder à la fenêtre Connexions réseau, voir le Chapitre 6.

Établissement de la connexion à distance

Une connexion à distance est dite *à la demande* (à la différence d'une connexion Ethernet ou Wi-Fi qui est toujours active). Vous devez donc établir la connexion à Internet "manuellement".

Vérifiez d'abord que votre ordinateur est correctement relié à la prise du téléphone. Le câble doit aller de la prise modem de votre portable jusqu'à la prise téléphonique murale ou une autre prise de périphérique téléphonique.

Exécutez ensuite un programme qui nécessite une connexion à Internet. Ainsi, ouvrez votre navigateur Web, Internet Explorer par exemple.

Il est aussi possible de se connecter manuellement à Internet : ouvrez la fenêtre Connexions réseau et double-cliquez sur l'icône de connexion à Internet.

Dans certains cas, vous verrez une boîte de dialogue de connexion. Cliquez sur le bouton Numéroter pour établir la connexion.

Une fois établie la connexion, une icône s'affiche dans la zone de notification (Figure 10.3). Elle vous indique que vous êtes connecté à Internet. Vous pouvez maintenant utiliser tout logiciel pour Internet.

Figure 10.3 Cette icône vous indique qu'une connexion a été établie.

- Le débit que vous constaterez peut être beaucoup plus faible que ce dont votre modem est capable. Le débit dépend de la qualité de la connexion et des lignes téléphoniques reliant votre portable au FAI.
- J'ai rarement eu l'occasion de voir un débit supérieur à 49 Kbps.
- Ne branchez pas votre modem sur un système de téléphonie numérique. Cela grillerait votre modem.

Utilisation d'une connexion particulière

Lorsque vous avez le choix entre plusieurs connexions, vous devez ouvrir la fenêtre Connexions réseau et double-cliquer sur celle à employer.

Windows XP utilise systématiquement la connexion par défaut. Pour en employer une autre, vous devez la sélectionner manuellement.

Pour en savoir plus sur la configuration de la connexion par défaut, voir la section ci-avant "Trouver la connexion".

N'oubliez pas de déconnecter la connexion à distance !

Si vous êtes habitué à une connexion haut débit permanente, n'oubliez pas de déconnecter manuellement la connexion à distance lorsque vous arrêtez de vous servir d'Internet.

Pour vous déconnecter, cliquez du bouton droit sur l'icône de petits ordinateurs dans la zone de notification. Dans le menu contextuel, choisissez Déconnecter.

Il est aussi possible de double-cliquer sur l'icône pour afficher une boîte de dialogue État, semblable à celle de la Figure 10.4. Cliquez ensuite sur le bouton Déconnecter pour achever votre session Internet.

Figure 10.4 État de la connexion.

- Je garde souvent ouverte la boîte de dialogue État. Cela me rappelle que je suis sur une connexion réseau à distance, ce qui est important lorsqu'il ne s'agit pas d'un abonnement avec forfait de connexion illimitée.
- Windows déconnecte automatiquement après 20 minutes d'inactivité sur la connexion Internet à distance. Par inactivité, on entend pas d'emploi du clavier ou de la souris pendant 20 minutes.
- Pour modifier ce délai, cliquez du bouton droit sur l'icône de la connexion à distance dans la fenêtre Connexions réseau, puis choisissez Propriétés. Dans la boîte de dialogue Propriétés de la connexion, cliquez sur l'onglet Options. Cette valeur se règle en choisissant une valeur dans la liste déroulante Délai d'inactivité avant de raccrocher.

TRUC

- Si vous choisissez l'option Jamais, l'ordinateur ne raccrochera jamais automatiquement le modem.

Chapitre 11

Sacré modem !

Dans ce chapitre :

- Réglage du modem dans Windows XP.
- Utilisation d'un modem externe.
- Configuration des règles de numérotation et d'indicatif régional.
- Réglage des délais d'inactivité.
- Envoi et réception de télécopies.

L'informatique nomade et les modems vont de pair. Bien avant que les modems soient courants sur les ordinateurs de bureau, ils étaient un équipement nécessaire sur les portables. Le modem servait à établir les communications entre l'entreprise et le portable. Il était le cordon ombilical, vital, entre le système distant et le vaisseau amiral.

Aujourd'hui encore, alors que le modem classique a quasiment abandonné les ordinateurs de bureau, l'on considère qu'il est indispensable sur portable, et ce du fait d'un développement trop timide des points d'accès Wi-Fi dans certains lieux publics, et des contraintes de leur utilisation. Ce modem RTC, appelé ainsi car il nécessite une prise téléphonique analogique traditionnelle, vous ne l'utiliserez peut-être jamais ; vous l'exploiterez peut-être sans cesse ?... Quoi qu'il en soit, ce chapitre présente tout ce qu'il faut savoir sur ce sacré modem.

Aspect matériel du modem

Un modem peut être externe au portable. Cependant, la variété la plus courante est le modem analogique (le modem téléphonique), interne au portable.

La seule partie visible du modem est la *prise* dans laquelle se branche le câble téléphonique. Pour plus d'informations, voir le Chapitre 4.

- Certains portables sont équipés de deux prises modem. L'une sert à connecter le portable à la prise téléphonique murale : c'est la prise *ligne* (line) ; l'autre sert à brancher un téléphone : c'est la prise *téléphone* (phone). Vous pouvez de la sorte continuer à utiliser le téléphone sans devoir débrancher le modem.

- Il est impossible de se servir du téléphone lorsque l'ordinateur est en ligne.

- L'ordinateur passe un appel téléphonique exactement comme nous : il compose un numéro, puis émet une série de dissonances vers l'autre ordinateur, qui répond dans le même registre.

- La même tarification téléphonique s'applique aux appels par modem et aux appels téléphoniques ordinaires, sauf s'il s'agit de numéros spéciaux d'accès à Internet. L'hôtel peut aussi surfacturer.

  TRUC

  En revanche, si vous avez de la chance, vous descendrez peut-être dans un hôtel disposant d'un accès Wi-Fi gratuit pour ses clients. Dans ce cas, vous utiliserez le modem haut débit sans fil du portable, ou insérerez l'adaptateur Wi-Fi USB dans la prise éponyme du portable pour accéder à Internet dans des conditions de vitesse et de tarification exceptionnelles.

- Dans certains pays, les communications par modem sont plus chères que les appels vocaux.

- Il existe des modems sur cartes PC.

  NOTE TECHNIQUE

- Modem est la contraction de *modulateur-démodulateur*. Le signal électronique (numérique) fourni par l'ordinateur au modem est modulé en signal audio (analogique) véhiculable sur la ligne téléphonique. Le signal analogique modulé reçu par le modem est démodulé par ce dernier pour convertir cette fois ce signal en données numériques exploitables par l'ordinateur.

Emplacement du modem dans Windows

Pour accéder au modem dans Windows, ouvrez le Panneau de configuration, puis l'icône Options de modem et téléphonie.

Dans la boîte de dialogue Options de modem et téléphonie, cliquez sur l'onglet Modems. Il contient la liste de tous les modems installés (Figure 11.1).

Figure 11.1 Le modem installé sur le portable.

Sélectionnez votre modem et cliquez sur le bouton Propriétés pour accéder aux réglages du modem (dont certains sont étudiés dans les sections ci-après).

Régler le volume du modem

La majorité des gens préfèrent entendre les bruits du modem lorsqu'il établit une connexion. Certaines personnes n'aiment pas ces bruits. D'autres ne les supportent pas. Voici les étapes à suivre pour régler le volume du modem :

1. **Ouvrez l'icône Options de modem et téléphonie du Panneau de configuration.**
2. **Dans la boîte de dialogue Options de modem et téléphonie, cliquez sur l'onglet Modems.**
3. **Cliquez sur le modem pour le sélectionner.**
4. **Cliquez sur le bouton Propriétés.**

   La boîte de dialogue Propriétés du modem apparaît.

5. **Cliquez sur l'onglet Modem.**
6. **Agissez sur le curseur pour régler le volume (Figure 11.2). Poussez à droite pour mettre plus fort. À gauche pour baisser. Pour couper carrément, placez le curseur complètement à gauche.**
7. **Cliquez sur OK pour fermer les diverses boîtes de dialogue.**

Ajout de commandes spéciales au modem

Certains FAI demandent d'ajouter des commandes spéciales au modem. Cela sert à améliorer la connexion ou à résoudre des problèmes de mauvaise connexion. Lorsque l'on vous indique d'ajouter des commandes, suivez cette procédure :

1. **Ouvrez l'icône Options de modem et téléphonie du Panneau de configuration.**
2. **Dans la boîte de dialogue Options de modem et téléphonie, cliquez sur l'onglet Modems.**
3. **Sélectionnez votre modem dans la liste et cliquez sur le bouton Propriétés.**

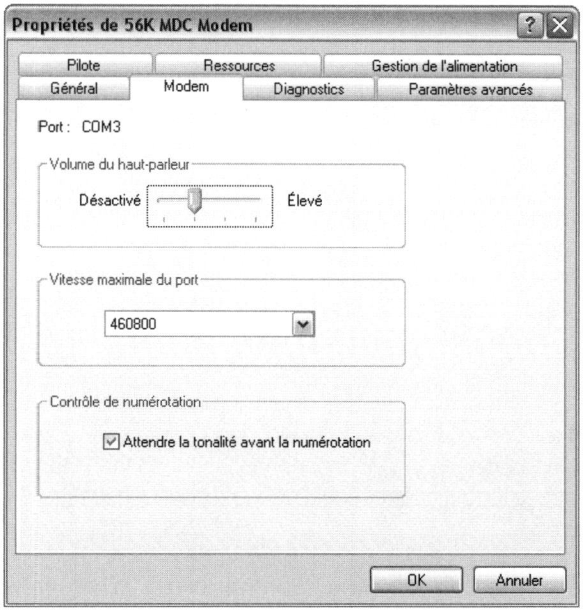

Figure 11.2 Réglage du volume du modem.

4. **Dans la boîte de dialogue Propriétés du modem, cliquez sur l'onglet Avancé.**

   Une case (Figure 11.3) permet de saisir la commande que l'on vous indique d'entrer. Par exemple, si l'on vous demande d'utiliser la commande `ATS58=33`, tapez-la dans le champ de saisie, *exactement* comme on vous le demande.

5. **Cliquez sur OK pour fermer les diverses boîtes de dialogue.**

La plupart du temps, vous ignorerez cet aspect. Même si vous changez de FAI ou d'emplacement, inutile de manipuler cette commande spéciale à moins qu'une personne compétente en informatique ne vous l'indique.

Options pour désactiver le modem

Je n'ai pas souvent recours à mon modem. Je préfère donc l'éteindre ou le désactiver. De la sorte, l'ordinateur n'a pas à fournir d'électricité à un périphérique qui n'est pas exploité. Il existe plusieurs moyens de procéder.

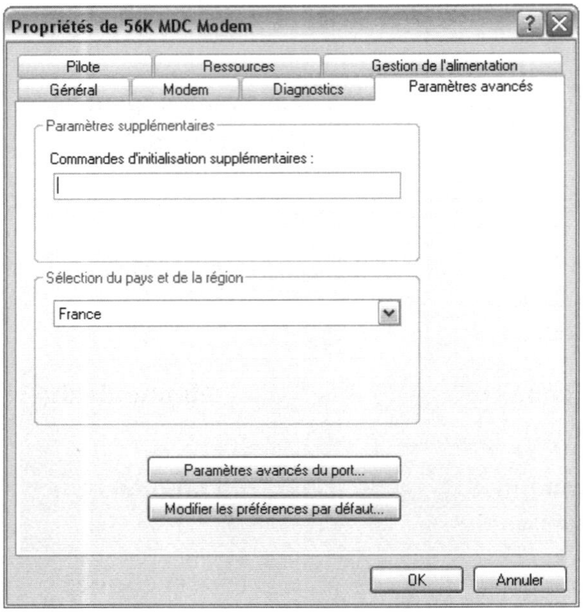

Figure 11.3 C'est ici que l'on ajoute les éventuelles commandes supplémentaires au modem.

Essayez d'abord ceci :

1. **Ouvrez l'icône Options de modem et téléphonie du Panneau de configuration.**

2. **Dans la boîte de dialogue Options de modem et téléphonie, cliquez sur l'onglet Modems.**

3. **Sélectionnez votre modem dans la liste et cliquez sur le bouton Propriétés.**

4. **Dans la boîte de dialogue Propriétés du modem, cliquez sur l'onglet Gestion de l'alimentation.**

5. **Cochez la case Autoriser l'ordinateur à éteindre ce périphérique pour économiser l'énergie.**

   La présence de cette option dépend de la technologie de votre modem. (Sur mon portable, l'option est estompée.)

6. **Désactivez l'option Autoriser ce périphérique à sortir cet ordinateur de la mise en veille.**

   Lorsque cette option est cochée, le modem peut sortir l'ordinateur de veille dès qu'il reçoit un appel entrant.

7. **Cliquez sur OK pour fermer les diverses boîtes de dialogue.**

Une autre possibilité à tenter est de carrément désactiver le modem. Cela indique à Windows d'ignorer le matériel du modem. Voici comment procéder :

1. **Ouvrez l'icône Options de modem et téléphonie du Panneau de configuration.**

2. **Dans la boîte de dialogue Options de modem et téléphonie, cliquez sur l'onglet Modems.**

3. **Sélectionnez votre modem dans la liste et cliquez sur le bouton Propriétés.**

4. **Si nécessaire, cliquez sur l'onglet Général dans la boîte de dialogue Propriétés du modem.**

   Voyez l'option Utilisation du périphérique en bas de la boîte de dialogue.

5. **Dans la liste déroulante, choisissez l'option Ne pas utiliser ce périphérique (désactivé).**

6. **Cliquez sur OK pour fermer les diverses boîtes de dialogue.**

Lorsque le modem est désactivé, vous ne pouvez l'utiliser. Vous ne pouvez vous connecter à Internet, ni recevoir ou envoyer un fax.

Pour réactiver le modem lorsque vous en avez besoin, répétez les étapes ci-dessus, mais en choisissant Utiliser ce périphérique (activé) à l'étape 5.

Emploi d'un modem externe

Il y a bien longtemps, il existait deux types de modems : les fiables et les frustrants. Il y avait aussi les modèles interne et externe. Le modèle interne est installé dans l'ordinateur. Le modèle externe se présente dans son propre boîtier, extérieur à l'ordinateur et relié à ce dernier par un câble série.

À la différence de la plupart des périphériques externes, vous devez installer et configurer le modem externe manuellement. Voici comment :

1. **Quittez tout programme faisant appel au modem. Assurez-vous que le modem est allumé.**

2. **Branchez le modem sur le port série de l'ordinateur.**

   Il vous faut pour cela un câble série. (Voir les notes en fin de section.)

   Si votre modem est fourni avec un CD d'installation, utilisez-le au lieu de suivre les étapes ci-après.

3. **Ouvrez l'icône Options de modem et téléphonie du Panneau de configuration.**

4. **Dans la boîte de dialogue Options de modem et téléphonie, cliquez sur l'onglet Modems.**

5. **Cliquez sur le bouton Ajouter.**

   L'assistant Ajout de matériel s'affiche.

6. **Sélectionnez Ne pas détecter mon modem ; proposer la sélection dans une liste.**

   Croyez-moi, c'est beaucoup plus rapide.

7. **Cliquez sur le bouton Suivant.**

Si vous avez un CD, utilisez-le maintenant ; cliquez sur le bouton Disquette fournie et suivez les instructions de l'assistant au lieu de celles-ci.

8. **Choisissez le fabricant du modem (Figure 11.4).**

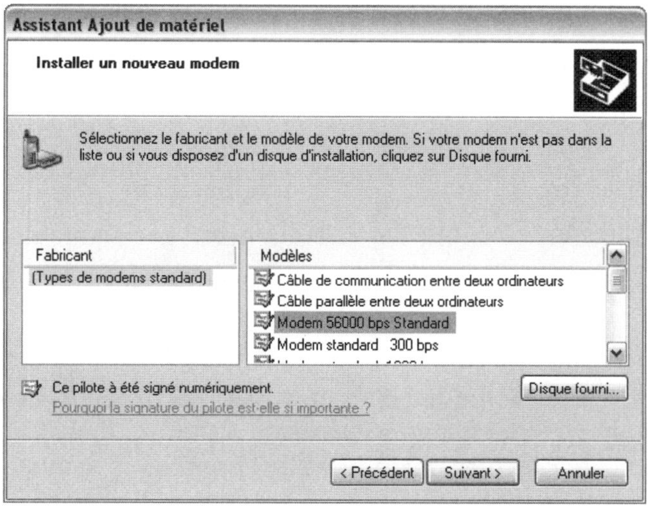

Figure 11.4 Choisissez votre modem dans l'assistant.

Si le fabricant de votre modem n'est pas disponible, cela veut dire qu'il n'a pas payé à Microsoft ce qu'il fallait. Choisissez alors "(Types de modems standard)".

9. **Choisissez le modèle de votre modem dans la liste Modèles.**

Si vous avez choisi l'option Types de modems standard, choisissez votre modem en fonction de son débit.

10. **Cliquez sur le bouton Suivant.**

11. **Choisissez Ports sélectionnés.**

Si votre portable est doté de plusieurs ports série, sélectionnez celui sur lequel le modem est branché. Cela peut être COM1 ou COM2, selon le nombre de ports de votre portable (ou de son réplicateur de port).

12. **Cliquez sur le port à sélectionner.**

13. **Cliquez sur le bouton Suivant.**

14. **Cliquez sur le bouton Terminer.**

Le nouveau modem apparaît dans l'onglet Modem de la boîte de dialogue Options de modem et téléphonie (voir la Figure 11.1).

Pour utiliser ce modem, il suffit de le sélectionner directement dans Windows ou dans tout programme faisant appel au modem.

- Tous les portables ne sont pas équipés de ports série.
- Il est parfois possible d'ajouter un port série en ajoutant un réplicateur de port au portable.
- Pour en savoir plus sur les ports série, voir le Chapitre 5.
- Le portable est équipé d'un port série à 9 broches. Le modem externe est doté d'un port série à 9 ou 25 broches. Il vous faudra donc un câble série mâle/femelle 9 broches ou un câble série femelle 9 broches vers mâle 25 broches.
- Lorsque le modem est installé temporairement, supprimez-le après usage. Dans la boîte de dialogue Options de modem et téléphonie, onglet Modem, sélectionnez le modem, puis cliquez sur le bouton Supprimer. Cliquez sur le bouton Oui pour confirmer. Le modem est désinstallé.

Connecter autre chose qu'un modem

Les observateurs auront remarqué que l'assistant Ajout de matériel servant à l'ajout d'un modem sert aussi pour ajouter d'autres périphériques. Par exemple, un modem infrarouge, un téléphone portable Bluetooth, un modem compatible téléphone portable. Parcourez la liste pour voir ce qui est disponible.

Configuration des règles de numérotation

Chambres d'hôtel bizarres. Cafés embrumés à 4 heures du matin. Le fameux salon "classe affaires" de l'aéroport de Kinshasa. Et même le centre ville d'Indianapolis. Non, il ne s'agit pas de repaires pour espions débutants. Ce sont des endroits où vous vous retrouverez peut-être avec votre ordinateur portable en ayant besoin d'établir une communication.

La portabilité du portable implique que vous êtes susceptible de vous trouver à un endroit différent chaque fois que vous l'utilisez. Windows a la faculté de gérer ce problème.

Rappelons une chose essentielle. Bien que le modem analogique soit une tradition sur les portables, il n'en reste pas moins la possibilité, en France comme à l'étranger, d'utiliser des points d'accès Wi-Fi dans des lieux stratégiques comme les gares, les aéroports, les hôtels, les restaurants, et même... les Mac Do ! Les conditions d'utilisation des points d'accès varient d'un lieu à un autre. Certains sont gratuits pour les clients, d'autres sont payants. La manière d'établir la connexion Wi-Fi dépend de l'opérateur avec lequel travaille le lieu en question. Renseignez-vous ! Si vous avez besoin de transférer un grand nombre de données, peut-être qu'un surcoût Wi-Fi est préférable à une communication téléphonique classique. Bien entendu, pour profiter d'un point d'accès Wi-Fi, il vous faut un modem de ce type.

Site d'appel

Le site d'appel joue un rôle important lorsque vous utilisez un portable. Même si votre emplacement ne change jamais, il est utile de fournir au portable les indications nécessaires pour numéroter. Suivez ces étapes :

1. **Ouvrez l'icône Options de modem et téléphonie dans le Panneau de configuration.**

   L'onglet principal est intitulé Règles de numérotation. Il fournit la liste des endroits où vous utilisez votre portable.

   Les étapes restantes montrent comment configurer correctement votre site d'appel actuel en déclarant les règles de numérotation.

2. **Dans l'onglet Règles de numérotation, sélectionnez Sites d'appel.**

   Ces étapes sont aussi valables pour modifier tout site d'appel déjà présent dans la liste. Choisissez alors le site concerné plutôt que Sites d'appel.

3. **Cliquez sur le bouton Modifier.**

   La boîte de dialogue Nouveau site apparaît (Figure 11.5). Elle vous donne la possibilité de personnaliser la numérotation effectuée par le modem en fonction de votre emplacement d'appel.

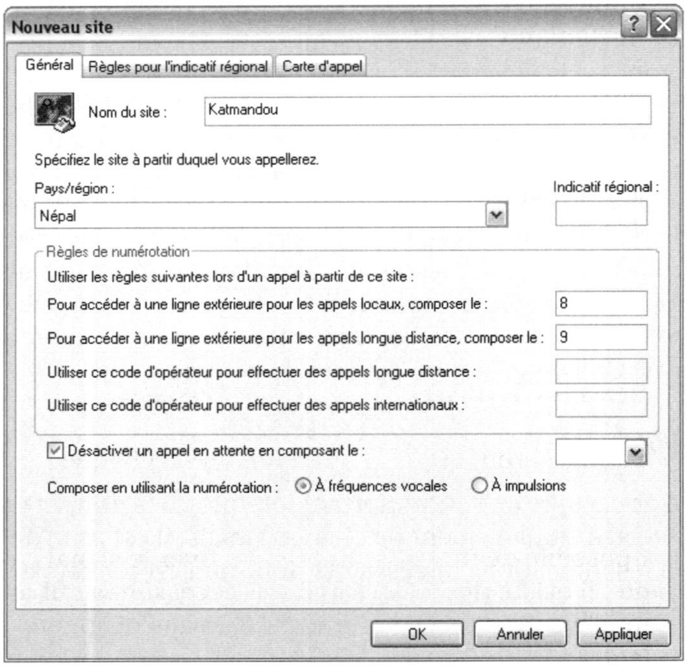

Figure 11.5 Informations sur votre site d'appel.

4. **Entrez un nom pour le nouveau site d'appel.**

   Par exemple, "Domicile" ou "Bureau", tout nom d'endroit où vous vous trouvez actuellement.

5. **Indiquez le pays où vous vous trouvez.**

6. **Entrez l'indicatif régional.**

7. **Renseignez la zone Règles de numérotation.**

   Laissez les cases vides si elles ne sont pas nécessaires.

   Si votre hôtel nécessite que vous composiez le 8 avant de passer un appel local et le 9 pour un appel longue distance, entrez ces chiffres dans les cases appropriées.

8. **Pour désactiver le signal d'appel en attente lorsque le modem est en communication, cochez Désactiver un appel en attente en composant le. Sélectionnez ensuite le code correct dans la liste déroulante.**

   Le signal d'appel en attente déconnecte le modem lorsqu'il est en communication.

9. **Enfin, indiquez le type de numérotation utilisé, à fréquences vocales ou l'ancien type à impulsions.**

   Ne choisissez l'option À impulsions que si votre région est limitée à ce type de numérotation.

10. **Cliquez sur OK pour enregistrer les réglages.**

Ces informations seront utilisées par Windows à chaque exploitation du modem.

- Il est possible de travailler sans désactiver le signal d'appel en attente. Il existe des programmes et accessoires qui surveillent les appels entrants et vous en alertent sans déconnecter le modem.

- Ne vous préoccupez pas d'entrer l'indicatif régional. La section "Numéroter ou non l'indicatif régional", plus loin dans ce chapitre, décrit quand et comment indiquer au modem de numéroter automatiquement un indicatif régional.

Création d'un nouveau site d'appel

Chaque fois que vous vous trouvez à un autre endroit, il faut l'indiquer au modem du portable.

Ces informations ne sont à fournir que si vous utilisez le modem. Si vous passez par une connexion Ethernet pour accéder à Internet, cela ne vous concerne pas.

Pour configurer un nouvel emplacement, utilisez la boîte de dialogue Options de modem et téléphonie, comme décrit dans la précédente section : commencez néanmoins à l'Étape 3 et cliquez sur le bouton Nouveau au lieu de Modifier. Poursuivez la procédure en entrant les informations pour le nouveau site.

Lorsque vous avez terminé, cliquez sur le bouton OK. Puis, dans la boîte de dialogue Options de modem et téléphonie, sélectionnez bien ce nouvel emplacement pour que Windows se serve de ses règles de numérotation.

Numéroter ou non l'indicatif régional

Pour chaque nouveau site configuré, il existera diverses règles de numérotation. Vous serez aussi confronté à diverses règles pénibles d'indicatif régional.

Pas de souci ! Vous n'avez besoin d'entrer des règles d'indicatif régional que lorsque vous êtes dans l'obligation d'employer des indicatifs régionaux. Lorsque vous appelez un numéro local, les règles d'indicatif régional ne s'appliquent pas.

En revanche, si vous travaillez avec plusieurs numéros, dont certains nécessitent un indicatif régional et d'autres pas, laissez Windows s'occuper de numéroter l'indicatif régional lorsque nécessaire ou composer le numéro tel que vous l'avez entré, c'est-à-dire sans indicatif.

Suivez ces étapes :

1. **Choisissez votre site actuel dans la boîte de dialogue Options de modem et téléphonie.**

2. **Cliquez sur le bouton Modifier.**

3. **Dans la boîte de dialogue Modifier le site, cliquez sur l'onglet Règles pour l'indicatif régional.**

4. **Pour créer une nouvelle règle, cliquez sur le bouton Nouveau.**

   La boîte de dialogue Nouvelle règle d'indicatif régional apparaît (Figure 11.6). Voici comment cela fonctionne :

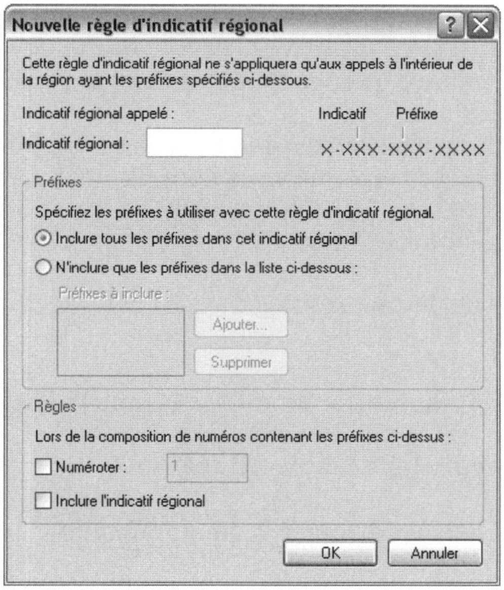

Figure 11.6 Création d'une nouvelle règle d'indicatif régional.

   Si, pour appeler, vous devez systématiquement numéroter le 1 plus un certain indicatif régional, remplissez la boîte de dialogue comme ceci :

   A. **Tapez l'indicatif régional.**

   B. **Choisissez l'option Inclure tous les préfixes dans cet indicatif régional.**

   C. **Cochez la case Numéroter et tapez 1 dans la case à droite.**

Cela indique de composer le 1 avant de numéroter l'indicatif régional.

D. **Cochez la case Inclure l'indicatif régional.**

Lorsque vous appelez localement et ne devez saisir l'indicatif régional que pour certains préfixes, ou que vous habitez dans un grand pays couvert par un indicatif régional et certains préfixes pour la longue distance, remplissez la boîte de dialogue comme ceci :

A. **Entrez votre propre indicatif régional.**

B. **Choisissez N'inclure que les Préfixes dans la liste ci-dessous.**

N'entrez pas tous les préfixes de l'annuaire téléphonique. Entrez uniquement ceux que vous aurez à numéroter.

C. **Cliquez sur le bouton Ajouter.**

D. **Tapez un ou plusieurs préfixes dans la case et cliquez sur OK.**

E. **Cochez la case Numéroter et entrez 1 dans la case à droite.**

F. **Cochez la case Inclure l'indicatif régional.**

Enfin, si vous devez numéroter systématiquement l'indicatif régional, faites ceci :

A. **Entrez votre propre indicatif régional.**

B. **Choisissez l'option Inclure tous les préfixes dans cet indicatif régional.**

C. **Cochez la case Numéroter et entrez 1 dans la case à droite.**

D. **Cochez la case Inclure l'indicatif régional.**

Chaque fois que vous composerez un numéro local, le modem insérera automatiquement le préfixe 1 et votre indicatif régional au début du numéro.

5. **Pour ajouter la nouvelle règle, cliquez sur le bouton OK.**

6. **Répétez les étapes 4 et 5 pour créer autant de règles que nécessaire.**

Pour que ces règles de numérotation entrent en vigueur, vous devez cocher la case Utiliser les règles de numérotation chaque fois que vous entrez un nouveau numéro de téléphone pour le modem.

Il est tout à fait possible de ne pas définir de règles. Vous devrez néanmoins taper le numéro complet chaque fois que vous configurerez une nouvelle connexion par modem. La création de règles n'est intéressante que lorsque vous établissez des communications dans de nombreux endroits différents.

Utiliser automatiquement une carte d'appel

Le dernier onglet de la boîte de dialogue Nouveau site sert à entrer des informations de carte d'appel. Cela permet à Windows de fournir automatiquement les informations de la carte d'appel lorsque le modem se connecte, par exemple pour passer un appel sur le compte de votre entreprise.

Pour entrer les informations de carte d'appel, ouvrez la boîte de dialogue Modifier le site, comme décrit dans les précédentes sections. Cliquez sur l'onglet Carte d'appel (Figure 11.7). Saisissez les informations.

- Si votre carte n'est pas énumérée dans la liste Types de carte, cliquez sur le bouton Ajouter et entrez dans la boîte de dialogue obtenue les informations sur votre carte d'appel ou de crédit.

- Certes, il s'agit là de données sensibles. Pour plus d'informations sur la sécurité des portables, voir le Chapitre 17.

Les différents délais d'inactivité

Le modem décide occasionnellement de raccrocher sans vous demander votre avis. Ce peut être pour une multitude de raisons : bruit sur la ligne, signal d'appel en attente ou délai d'inactivité défini dans Windows.

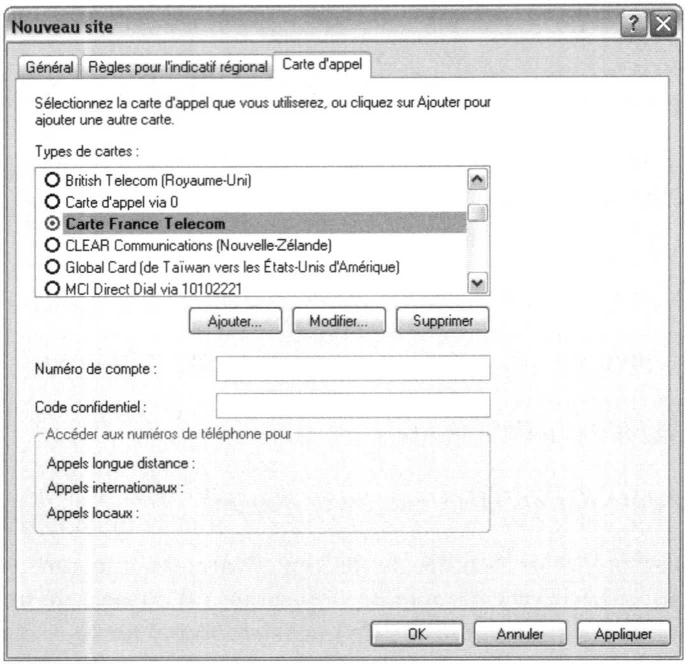

Figure 11.7 Configuration d'une carte d'appel.

Windows se base sur les délais d'inactivité pour garantir que les personnes qui s'endorment alors qu'elles sont en ligne ne monopolisent pas les lignes téléphoniques. Idem pour ceux qui meurent en ligne. Le système détecte l'absence d'activité et, au bout d'un certain temps, déconnecte le modem.

Il existe deux emplacements pour régler les délais d'inactivité. Le premier concerne le modem lui-même. Le second s'applique à la connexion établie.

Délai d'inactivité général

Pour régler le délai d'inactivité général :

1. **Ouvrez l'icône Options de modem et téléphonie du Panneau de configuration.**

2. **Sélectionnez votre modem dans la liste de l'onglet Modems et cliquez sur le bouton Propriétés.**

3. **Dans la boîte de dialogue Propriétés du modem, cliquez sur l'onglet Avancé.**

4. **Cliquez sur le bouton Modifier les préférences par défaut.**

5. **Cochez la case Déconnecter tout appel inactif depuis plus de, puis entrez un délai d'inactivité dans la case de saisie.**

   Lorsque cette option n'est pas cochée, il n'y a aucun délai d'inactivité.

6. **Cliquez sur OK pour refermer les diverses boîtes de dialogue.**

Délais d'inactivité pour chaque session

Des délais d'inactivité existent également pour chaque connexion établie avec le modem. Voici comment modifier le délai d'inactivité d'une connexion à Internet :

1. **Ouvrez la fenêtre Connexions réseau.**

2. **Cliquez du bouton droit sur la connexion à distance à modifier.**

3. **Choisissez Propriétés.**

4. **Cliquez sur l'onglet Options de la boîte de dialogue Propriétés.**

5. **Choisissez une durée à droite de Délai d'inactivité avant de raccrocher.**

6. **Cliquez sur OK pour refermer les diverses boîtes de dialogue et fenêtres.**

Il est utile de définir un délai d'inactivité lorsque votre connexion est facturée au temps passé. Il n'y a aucune raison de dépenser de l'argent à ne rien faire en ligne.

Fax/modem

Votre modem s'appelle juste *modem*, mais c'est en réalité un *fax/modem*. Depuis le début des années 1990, les fabricants de modems savent qu'il est facile d'intégrer de la technologie fax dans un modem d'ordinateur. Le résultat est un périphérique qui permet à deux ordinateurs de dialoguer, mais aussi à un ordinateur de communiquer avec un télécopieur.

- Les sections suivantes décrivent comment utiliser la fonction télécopie de Windows XP. Il existe d'autres programmes de télécopie, éventuellement plus faciles à exploiter que celui de Windows.

- Il est possible que la fonction télécopie décrite dans ce chapitre ne soit disponible que lorsque la suite Microsoft Office est installée sur votre portable. Je ne suis pas complètement sûr de ce fait, je n'ai encore jamais rencontré de portable sans Office.

- La télécopie est un système de communication qui date un peu. L'e-mail est d'ailleurs en train de supplanter le fax. Pourtant, certains secteurs professionnels dans le légal et le médical continuent d'employer la télécopie. On ne peut donc décemment faire l'impasse sur le sujet.

- Les modems ADSL ou câble ne permettent pas d'envoyer des télécopies. Il faudra systématiquement passer par un modem RTC. Notez et retenez que cette dernière possibilité tombe à l'eau si vous disposez d'un dégroupage total, c'est-à-dire d'une ligne téléphonique entièrement numérique, même pour passer vos appels. C'est le gros handicap de la téléphonie par Internet. Il existe des sociétés qui permettent d'envoyer un fax par ADSL ou le câble. C'est un service payant par abonnement ou à l'unité. Il permet d'envoyer un fax comme si vous disposiez d'une ligne téléphonique classique. La seule grosse différence est qu'en réalité ce n'est pas votre modem et votre logiciel qui créent le fax, mais le service en question qui le délivre au numéro de télécopie indiqué. De même, ceux qui veulent vous envoyer un fax ne s'entendent plus répondre : "Impossible, je n'ai pas de modem RTC !" Ils envoient le fax à un numéro spécifique qui vous est communiqué par le service en question, et qui vous l'adresse ensuite par mail. Simple, n'est-ce pas ? (Visitez le site de 123-Fax.net à l'adresse `www.123-fax.net`.)

- Pour en savoir plus sur l'e-mail, voir le Chapitre 13.

Configuration du fax/modem

Sous réserve que votre portable soit doté d'un modem, interne ou externe, voici les étapes à suivre pour configurer la fonction télécopie :

1. **Ouvrez la fenêtre Imprimantes et télécopieurs.**

   Si vous avez besoin d'aide, voir le Chapitre 6.

2. **Notez, sur la gauche, la présence du volet Tâches d'impression.**

3. **Sélectionnez la tâche Installer une imprimante-télécopieur locale.**

4. **Voilà tout ce qui était nécessaire.**

Une icône de fax est désormais visible dans la fenêtre. Il n'est pas obligatoire de vous en servir pour envoyer un fax (voir la section suivante).

Pour envoyer un fax

La télécopie se traite comme une impression, sauf que l'imprimante est un télécopieur distant, auquel vous vous connectez via le modem de votre portable.

1. **Préparez le document à faxer.**

   Il est possible de télécopier à partir de toute application proposant une commande Imprimer dans son menu Fichier.

2. **Choisissez Fichier/Imprimer.**

   Ne cliquez pas sur le bouton Imprimer de la barre d'outils ! Cela déclenche l'impression du document sur l'imprimante par défaut. Évidemment, si l'imprimante par défaut est le télécopieur, vous pouvez utiliser cette voie.

3. **Choisissez Fax comme imprimante.**

   Si l'icône Fax n'est pas visible, la fonction télécopie n'a pas été configurée. Voir la précédente section.

4. **Opérez les autres sélections nécessaires dans la boîte de dialogue Impression.**

   Par exemple, indiquez quelles pages sont à imprimer et le nombre de copies.

5. **Cliquez sur le bouton OK.**

   D'habitude, le document s'imprime. Ici, c'est l'Assistant Envoi de télécopie qui s'affiche.

   Si vous n'avez pas encore envoyé de fax via votre portable, l'Assistant Configuration de télécopie apparaît avant l'Assistant Envoi de télécopie. Suivez les indications de l'Assistant Configuration de télécopie pour entrer les informations de contact vous concernant.

6. **Cliquez sur le bouton Suivant.**

   La partie suivante de l'assistant sert à indiquer le nom et le numéro de fax du destinataire.

7. **Cliquez sur le bouton Carnet d'adresses.**

   Je vous recommande de créer une entrée de carnet d'adresses à chaque nouveau destinataire. Cela vous fera gagner du temps plus tard.

8a. **Cliquez sur le bouton Nouveau contact pour déclarer un nouveau destinataire.**

   Ou :

8b. **Sélectionnez un contact dans la liste. Cliquez éventuellement sur le bouton Propriétés pour modifier le numéro de fax.**

9. **Créez la nouvelle entrée ou modifiez l'existante.**

   Inutile de saisir toutes les informations concernant le destinataire ; le nom et le numéro de fax suffisent dans le cas présent.

10. **Cliquez sur le bouton OK pour fermer la boîte de dialogue Propriétés du contact.**

    Vous revenez à la fenêtre Carnet d'adresses...

11. **Choisissez le contact dans la liste et cliquez sur le bouton À.**

    Vous ajoutez ainsi ce contact dans la liste des destinataires de la télécopie.

    Ces étapes (8 à 11) peuvent sembler beaucoup de travail juste pour envoyer un fax, mais l'idée est de créer une base de données de destinataires auxquels vous enverrez régulièrement des télécopies. Au prochain fax, vous n'y passerez pas autant de temps.

12. **Cliquez sur le bouton OK.**

    Le nom du contact est maintenant visible dans la boîte de dialogue Assistant Envoi de télécopie (Figure 11.8). Cela n'est cependant pas encore terminé.

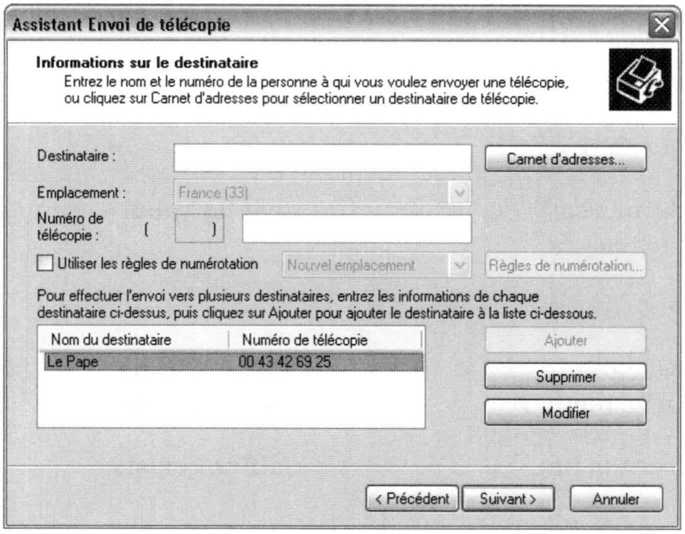

Figure 11.8 Le destinataire du fax est sélectionné.

13. **Cliquez sur le bouton Suivant.**

14. **Choisissez une page de garde si cela vous chante.**

    Elle sera insérée avant le document que vous enverrez. Rien n'est définitif à ce stade, vous pourrez prévisualiser le fax avant l'envoi.

15. **Cliquez sur le bouton Suivant.**

16. **Choisissez le moment d'envoi du fax.**

    Vous avez le choix entre tout de suite et plus tard.

    N'OUBLIEZ PAS

    Vérifiez que l'horloge du portable correspond bien à celle de la région d'où vous envoyez la télécopie. Pour régler l'horloge, double-cliquez sur l'heure affichée dans la zone de notification.

17. **Cliquez sur le bouton Suivant.**

    Un résumé s'affiche.

    TRUC

    Cliquez sur le bouton Aperçu de la télécopie si vous désirez voir l'aspect du fax.

18. **Cliquez sur le bouton Terminer.**

    Le fax est préparé et envoyé au moment planifié à l'étape 16.

Que le fax soit envoyé immédiatement ou qu'il soit en attente, la fenêtre Moniteur de télécopie apparaît (Figure 11.9).

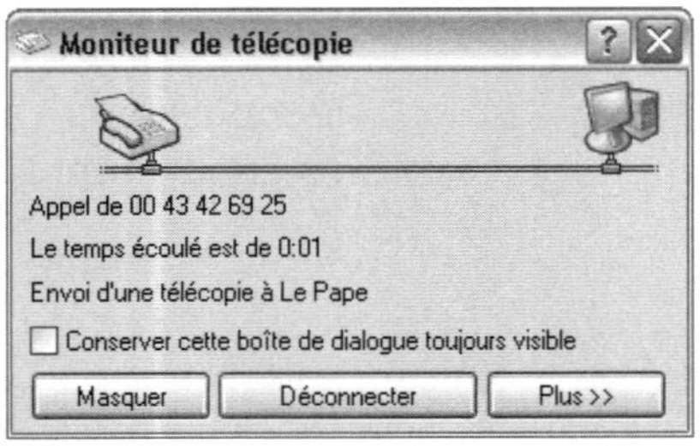

Figure 11.9 La fenêtre Moniteur de télécopie.

Si vous désirez interrompre le fax, cliquez sur le bouton Déconnecter. Ce bouton devient Répondre maintenant lorsque vous recevez un fax.

Le bouton Plus affiche des informations plus détaillées sur les télécopies déjà envoyées ou en attente.

Cliquez sur le bouton Masquer pour cacher la fenêtre Moniteur de télécopie.

Console de télécopie

La fenêtre Console de télécopie de Windows XP est accessible via la fenêtre Imprimantes et télécopieurs. Par exemple, si cette commande est présente, cliquez sur Imprimantes et télécopieurs dans le menu Démarrer. Double-cliquez ensuite sur l'icône Fax. La Console de télécopie apparaît (Figure 11.10).

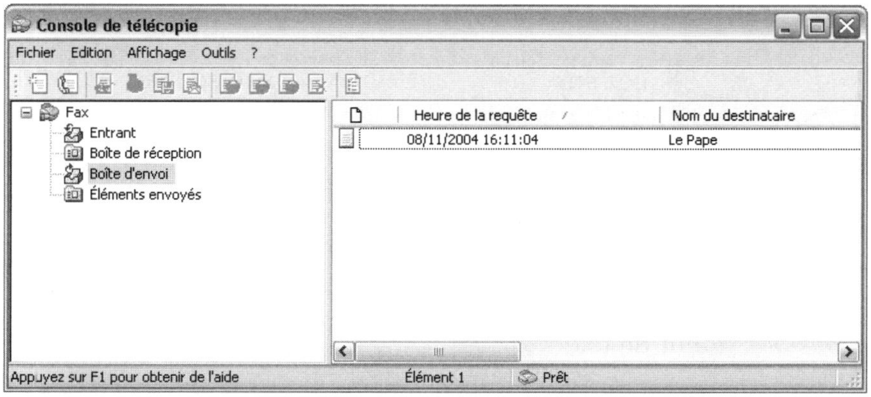

Figure 11.10 La Console de télécopie.

La Console de télécopie sert à visionner les télécopies envoyées, à recevoir des télécopies et à contrôler les télécopies en attente d'envoi.

Annulation d'un fax en attente d'envoi

Lorsque vous changez d'avis et désirez annuler l'envoi d'un fax en attente, suivez ces étapes :

1. **Ouvrez la Console de télécopie.**

2. **Cliquez sur le dossier Boîte d'envoi, du côté gauche de la fenêtre.**

3. **Sur la droite, sélectionnez le fax à annuler.**

4. **Appuyez sur la touche Suppr du clavier.**

5. **Cliquez sur le bouton Oui pour confirmer.**

Si un fax est en cours d'envoi, recourez à l'ancienne technique qui consiste à débrancher la ligne téléphonique. Ouvrez ensuite la Console de télécopie et supprimez toute trace.

Recevoir un fax

Lorsque vous savez qu'un fax va vous parvenir, affichez la Console de télécopie (voir plus haut la section "Console de télécopie"). Vérifiez que le modem est connecté. Attendez la sonnerie (si un téléphone est également branché sur la ligne). Choisissez ensuite Fichier/Recevoir une télécopie maintenant.

Pendant la réception du fax, le Moniteur de télécopie en indique la progression.

Une fois la télécopie reçue, une bulle s'affiche, ou encore une icône de fax en attente dans la zone de notification. C'est la seule indication qu'un fax est arrivé.

À moins que vous n'ouvriez la Console de télécopie, tout fax reçu est mentionné dans la Boîte de réception. Pour voir le fax, double-cliquez sur son icône ou sélectionnez-le et cliquez sur le bouton Afficher dans la barre d'outils. Le fax s'affiche dans une fenêtre spéciale d'où vous pouvez l'imprimer ou l'enregistrer.

N'OUBLIEZ PAS

- Les télécopies sont reçues sous forme de fichiers *graphiques*. Ce sont des images TIFF. Vous ne pouvez modifier les fichiers en tant que documents texte.

- Il est aussi possible d'accepter la réception d'un fax en cliquant sur le bouton Répondre maintenant dans la fenêtre Moniteur de télécopie.

- Le bouton Recevoir maintenant est également utilisable pour accepter la réception d'un fax.

Chapitre 12

Sécurité en ligne

Dans ce chapitre :

- Emploi d'un pare-feu.
- Protection de votre portable contre les virus.
- Éviter les risques d'infection.
- Les logiciels espions (spywares).
- Distinguer un logiciel espion.
- Déjouer les détournements pendant votre navigation Web.

Internet a été conçu pour survivre à une attaque nucléaire. Cependant, les honnêtes gens qui l'ont conçu n'ont pas anticipé l'incroyable impact que l'humanité aurait sur leur innocente invention. Aujourd'hui, les mots Internet et Sécurité vont de pair, comme Nucléaire et Terreur, Corrompu et Politicien.

Si vous utilisez votre portable comme porte d'entrée sur Internet, préparez-vous à poser une lourde embrasure avec de solides serrures. Ce chapitre étudie les détails de la sécurité en ligne.

Installation d'un pare-feu

Mot clé : Pare-feu.

Rôle : Filtre le trafic Internet en entrée et en sortie de votre portable.

Ce contre quoi il protège : Les vers Internet et programmes spéciaux conçus pour trouver votre portable, en prendre le contrôle et l'utiliser pour des actes malveillants.

À savoir : En réalité, votre ordinateur est connecté à Internet par des dizaines de connexions. Chaque connexion est appelée *port*. Chacun de ces ports a été défini pour véhiculer des données d'une manière spécifique ou pour un type particulier de programme.

Le problème d'une connexion ordinaire à Internet est que tous les ports sont laissés ouverts. Et, exactement comme lorsque vous laissez ouvertes toutes les fenêtres de votre maison, il se peut qu'un mauvais garçon arrive à pénétrer votre environnement sans défense.

Un pare-feu d'ordinateur ferme certains ports complètement ou n'autorise l'usage de ces ports qu'aux seuls ordinateurs que vous désignez. Windows XP est fourni avec un pare-feu. Sachez cependant que vous trouverez facilement des logiciels d'autres éditeurs qui font un bien meilleur travail que Windows XP.

- Sans pare-feu, votre ordinateur est tout ouvert aux attaques à partir d'Internet.
- Non, ce n'est pas à votre FAI de vous protéger contre de telles choses.

- Le temps moyen de survie sur Internet d'un ordinateur non protégé, sans pare-feu, sous Windows, avoisine 20 minutes. Une fois ce temps écoulé, l'ordinateur *est* infecté et envahi de programmes malveillants (*malwares*) arrivant par Internet.

Le pare-feu de Windows XP

Windows XP est fourni avec un logiciel pare-feu. La version originale de Windows XP est dotée d'un pare-feu plutôt limité ; Windows XP Service Pack 2 est fourni avec un pare-feu plus robuste, mais reste limité dans sa capacité à détecter et filtrer le trafic Internet *sortant*. (Un bon pare-feu filtre autant le trafic entrant que sortant.)

Pour configurer le pare-feu de connexion Internet de Windows XP (avant SP2), suivez ces étapes :

1. **Ouvrez la fenêtre Connexions réseau.**
2. **Cliquez du bouton droit sur l'icône de votre connexion à Internet.**

   Pour l'accès réseau à distance, cliquez sur la connexion adéquate, qui porte éventuellement le nom du FAI. Dans le cas d'un accès haut débit (ADSL ou câble), cliquez du bouton droit sur l'icône de réseau local ou de connexion à Internet haut débit.

3. **Choisissez Propriétés.**

   Une boîte de dialogue Propriétés apparaît.

4. **Cliquez sur l'onglet Paramètres avancés de la boîte de dialogue Propriétés (Figure 12.1).**

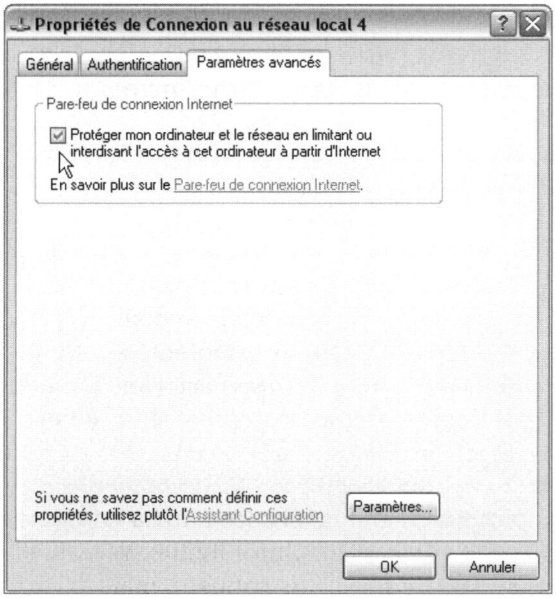

Figure 12.1 Configuration du pare-feu.

5. **Dans la zone Pare-feu de connexion Internet, cochez l'unique case présente.**

   Cela active le pare-feu.

6. **Cliquez sur OK pour fermer la boîte de dialogue Propriétés. Refermez aussi la fenêtre Connexions réseau.**

   Voilà qui est terminé.

À l'étape 5, vous bénéficiez d'un bouton Paramètres, qui ne vous sera pas utile à moins que vous ne soyez un de ces utilisateurs avertis qui désirent activer certaines fonctions Internet. Ceux qui sont dans ce cas n'ont pas besoin de ce livre ; ils ont d'ailleurs probablement installé Linux sur leur portable.

La procédure d'installation du pare-feu dans Windows XP avec Service Pack 2 installé est très proche. Après l'étape 4 de la liste précédente, vous trouvez un bouton Paramètres qui affiche la nouvelle boîte de dialogue Pare-feu Windows. Cliquez sur le bouton Activé, puis sur OK. Cette action configure le tout à votre place.

Bien que le pare-feu de Windows XP soit mieux que pas de pare-feu du tout, il est insuffisamment performant. Envisagez sérieusement l'emploi d'un pare-feu tierce partie comme Zone Alarm (Zone Lab), ou les pare-feu ou suites de sécurité Internet de Norton ou McAfee.

- Pour l'accès au Panneau de configuration et à la fenêtre Connexions réseau, voir le Chapitre 6.
- Pour en savoir plus sur la connexion à Internet, voir le Chapitre 10.
- Zone Alarm est disponible sur `www.zonelabs.com`. Ce pare-feu est gratuit pour un usage personnel ; je vous le recommande vivement, bien qu'il s'agisse d'une protection dite "élémentaire".
- Un seul pare-feu est nécessaire sur votre ordinateur. L'exécution de plusieurs pare-feu ne fait qu'engorger le système. Si vous optez pour l'emploi d'un autre pare-feu que celui de Windows XP, désactivez ce dernier.

Surveillance du pare-feu

Le pare-feu idéal fournit des informations en direct sur l'accès à Internet. C'est le cas de Zone Alarm : il affiche un message vous avertissant que tel programme essaie d'accéder à Internet.

La Figure 12.2 présente un avertissement concernant un programme de l'ordinateur tentant d'accéder à Internet. Si vous êtes d'accord, cliquez sur le bouton Oui. Dans le cas présent, il s'agit d'Internet Explorer, le navigateur Web fourni avec Windows.

Comment savoir à quels programmes il faut autoriser l'accès à Internet ? Il n'y a guère de moyen à part cliquer sur le bouton Non et voir si vos programmes Internet continuent de fonctionner ; si un programme nécessaire ne fonctionne plus, cliquez sur Oui la prochaine fois. Si vous cliquez souvent sur Oui pour un même programme, cochez l'option Conserver cette réponse pour la prochaine utilisation du programme (voir la Figure 12.2) de façon à ne plus être interrogé pour ce programme. Après quelques jours de réglage, le pare-feu devrait fonctionner sans vous embêter.

Figure 12.2 Va-t-on autoriser ce programme à accéder à Internet ?

N'OUBLIEZ PAS

Lorsqu'un programme extérieur tente d'accéder à votre ordinateur et que vous n'avez aucune idée de quoi il s'agit, cliquez sur le bouton Non !

- Le pare-feu de Windows XP n'affiche pas d'avertissements concernant l'accès à Internet.

- Au début et en règle générale, lorsque vous accédez à Internet, le pare-feu doit vous alerter. Ce n'est qu'après quelque temps passé à indiquer au pare-feu ce qui est possible ou pas qu'il arrêtera de vous interroger.
- Il est également possible de configurer le pare-feu pour qu'il permette l'accès à votre ordinateur aux ordinateurs qui portent une adresse IP particulière (du genre 10.0.0.5). De la sorte, votre ordinateur pourra continuer à communiquer avec les autres ordinateurs de votre réseau.

Autre faiblesse majeure : Internet Explorer

Windows est fourni avec un navigateur Web appelé Internet Explorer. Microsoft insiste sur le fait qu'Internet Explorer est un composant indissociable de Windows, telle une main dans son gant. Heureusement, cette main n'est pas indispensable pour naviguer sur le Web. Particulièrement lorsque l'on sait qu'Internet Explorer présente de nombreuses failles de sécurité et qu'il est généralement un peu dépassé dans le domaine des navigateurs Web.

Bien que la désinstallation d'Internet Explorer soit une tâche de connaisseur, il est possible d'installer et d'utiliser (avec contentement) un autre navigateur Web. Voici les trois que je recommande :

- Mozilla Firefox, sur `www.mozilla-europe.org/fr/`.
- My IE, sur `www.maxthon.com/`.
- Opera, sur `www.opera.com`.

Installation d'un antivirus

Mot clé : Antivirus.

Rôle : Empêcher les programmes malveillants d'infecter votre ordinateur.

Ce contre quoi il protège : Virus, vers (worms), chevaux de Troie. Ces derniers sont susceptibles d'opérer ce genre d'actions malveillantes :

- Destruction de fichiers au hasard sur votre disque dur.
- Stockage de pornographie sur votre disque dur et exploitation de votre ordinateur pour distribuer ces images.
- Recherche sur votre disque dur d'informations sensibles telles que mots de passe, numéros de comptes bancaires ou de cartes bancaires.
- Prise de contrôle de votre ordinateur pour déclenchement d'attaques virales sur d'autres ordinateurs connectés à Internet.
- Prise de contrôle de votre ordinateur pour envoyer du spam.
- Et ainsi de suite.

À savoir : À une certaine époque, il fallait une disquette ou un CD infecté pour injecter un virus dans votre ordinateur. Cela continue d'arriver aujourd'hui, mais la plus forte probabilité qu'un virus infecte votre ordinateur est par le biais d'une pièce jointe à un e-mail.

Voici ce qui se passe : vous recevez un e-mail de votre si gentille tante Maud, avec un fichier joint. L'objet du message est du genre "Fichier sympa !". Vous ouvrez donc le fichier joint qui est en réalité un programme, qui s'exécute pour effectuer quelque chose d'apparemment sympa. Dans l'intervalle, ce programme a également infecté votre ordinateur.

Le message peut provenir ou non de tante Maud. Il provient plus probablement d'un ordinateur infecté connecté à Internet, contrôlé pour répandre le virus. Le nom de tante Maud a été choisi au hasard – de même que le vôtre –, en raison de la capacité du virus à se dupliquer.

Pour vous protéger, vous devez installer un logiciel antivirus. Il faut qu'il soit constamment à l'affût. Ce logiciel protégera votre ordinateur contre les virus.

Protection antivirus

Windows XP n'est pas fourni avec un antivirus. Vous devez vous procurer un antivirus tierce partie comme Norton AntiVirus ou McAfee VirusScan. Voici d'autres programmes antivirus à envisager également :

- Avast ! Antivirus, www.avast.com.
- AVG Anti-Virus, www.avgfrance.com.
- Kaspersky Antivirus, www.kaspersky.com/fr.

Ces programmes sont exploitables de deux manières, active et passive.

L'analyse active des virus consiste en l'analyse complète de la mémoire, puis du disque dur, puis des fichiers du disque dur. Tout est analysé, en s'appuyant sur une base de données de virus connus.

L'analyse passive est opérée au fur et à mesure de la réception de fichiers sur l'ordinateur. Chaque fichier entrant est analysé.

- Les programmes antivirus disposent habituellement d'une icône dans la zone de notification (voir ci-contre en marge l'icône de Norton AntiVirus). Double-cliquez sur cette icône pour accéder au programme antivirus et gérer ses paramètres.
- Chaque antivirus travaille différemment. Il faudra consulter la documentation fournie avec ce logiciel.
- Je vous invite à désactiver l'analyse active après avoir opéré une première analyse complète. Configurez votre antivirus pour analyser le courrier entrant, les fichiers joints aux e-mails et tout fichier téléchargé sur Internet. Cela devrait vous protéger correctement.
- Autre conseil : il peut être utile de travailler avec *deux* antivirus. Pas en même temps, l'un après l'autre. Le second interceptera peut-être certaines choses que le premier a loupées.
- Certains antivirus sont associés à un abonnement payé. Vous ne payez pas pour le programme, mais plutôt pour accéder à la mise à jour de la base de données antivirus. Croyez-moi, le coût de l'abonnement est *valable* ! Ne reportez pas l'actualisation de votre antivirus !
- La base de données de virus nécessite de fréquentes mises à jour, ce qui s'effectue en synchronisant la base de données sur votre ordinateur avec une base de données sur Internet.

- On appelle aussi *définitions* ou *signatures de virus* les informations décrivant les virus dans la base de données de virus. Chaque virus a sa propre signature.
- Bien qu'il soit certain que la plupart des antivirus en ligne soient honnêtes, je conseille de ne pas les employer. Il faut être vraiment certain que l'outil est fiable ; sinon vous ne savez pas quel genre de programme vous laissez entrer dans votre ordinateur.

Désactiver un programme antivirus

Il est parfois nécessaire de désactiver votre logiciel antivirus. Par exemple, il se peut que cela vous soit suggéré lors de l'installation d'un nouveau programme. Cela donne plus de fluidité à l'installation en n'alarmant pas le programme antivirus qui peut croire qu'il s'agit d'un nouveau virus et pas d'un programme en cours d'installation.

Pour désactiver temporairement votre logiciel antivirus, repérez son icône dans la zone de notification. Cliquez dessus du bouton droit et choisissez l'option Désactiver, Exit, Quit ou Quitter. Cela fermera temporairement l'antivirus, permettant ainsi l'installation de votre nouveau logiciel.

Une fois l'installation terminée, redémarrez votre ordinateur. Cela redémarrera également l'antivirus.

Conseils pour se protéger contre les virus

Les virus ont une affection particulière pour les écervelés qui ne tiennent pas compte des bons conseils comme ceux-ci :

- N'ouvrez pas les fichiers joints aux e-mails inattendus, même s'ils semblent provenir d'une connaissance. Si vous n'attendiez pas ce message, ne l'ouvrez pas !
- Évitez particulièrement les fichiers joints portant ces extensions de nom de fichier (suffixes) : BAT, COM, EXE, HTM, HTML, PIF, SCR, VBS.
- Un e-mail pur texte ne peut contenir de virus. En revanche, un virus peut se loger dans une signature de message ou un fichier joint !

- Il est probable que si vous n'ouvrez pas la pièce jointe et supprimez le message, votre ordinateur ne sera pas infecté.
- Si votre programme de courrier enregistre automatiquement les fichiers joints aux e-mails, supprimez-les aussi du dossier où ils ont été enregistrés.
- Microsoft Outlook Express est particulièrement vulnérable aux virus d'e-mail. Envisagez de consulter vos e-mails d'une autre façon, soit par Webmail (voir le Chapitre 13), soit à l'aide d'un autre programme comme Thunderbird (`www.mozilla-europe.org/fr/`).
- La meilleure protection contre les programmes malveillants véhiculés par e-mail est l'emploi d'un antivirus.

Utilisation d'un logiciel antiespion (antispyware)

Mot clé : Logiciel espion (*spyware*).

Rôle : Le logiciel espion surveille votre navigation Internet, quels sites Web vous visitez, quels produits vous achetez, et peut même enregistrer ce que vous saisissez au clavier.

Pour combattre : Le logiciel antiespion supprime les programmes et outils utilisés pour surveiller vos activités Internet. Dans certains cas, l'antiespion est le seul moyen pour supprimer totalement ces programmes.

À savoir : Le logiciel espion est une catégorie relativement récente de logiciel malveillant, également connu sous le nom d'*antiprogramme*. Cela semble bien innocent : le logiciel surveille vos activités sur Internet pour vous envoyer les publicités les plus appropriées possible. En fait, nombreux sont ceux qui s'inscrivent carrément à ce genre de service.

Le problème est que le logiciel espion est souvent installé sans votre permission ni même sans que vous le sachiez. Il est souvent déguisé en petit utilitaire ou en jeu. En plus de ce qu'il réalise apparemment, il surveille secrètement votre activité Internet.

Hélas ! je ne peux nommer ici les pires logiciels espions, car leurs éditeurs sont très procéduriers. Ces programmes ne peuvent être ni désinstallés ni supprimés de l'ordinateur. Vous essayez, ils reviennent. Encore, encore et encore. La seule façon de les détruire est l'emploi d'un logiciel antiespion efficace.

- Il se peut que votre logiciel antivirus ne puisse détecter les logiciels espions, ni les éradiquer. Il vous faut alors un logiciel antiespion spécialisé.

- Le pare-feu ne peut vous protéger contre le logiciel espion. Pour la simple raison que, typiquement, vous invitez le logiciel espion à s'installer dans votre ordinateur (sans en avoir forcément même conscience). Le pare-feu détectera cependant lorsque le logiciel espion transmettra à son vaisseau amiral les informations récupérées ; un bon pare-feu empêchera ce genre d'activité.

Protection contre les logiciels espions

Le meilleur moyen de vous protéger contre le logiciel espion est d'être très prudent sur ce que vous téléchargez sur Internet et sur les pages Web que vous visitez. Les sites s'adressant aux enfants, à ceux qui s'échangent de la musique, les sites pornographiques sont bourrés de technique pour déposer un logiciel espion directement dans votre ordinateur. Si vous pouvez éviter ce genre de sites... (Oui, je sais, ce n'est pas toujours facile...)

Interdisez aussi l'enregistrement de cookies tierce partie sur votre ordinateur. Les cookies tierce partie sont déposés par les publicités des pages Web. Ces types de cookies sont souvent totalement inutiles à l'exploitation de la page Web affichée, il est donc tout à fait raisonnable de les interdire.

Pour désactiver les cookies tierce partie dans Internet Explorer :

1. **Choisissez Outils/Options Internet.**

   La boîte de dialogue Options Internet apparaît.

2. **Cliquez sur l'onglet Confidentialité.**

3. **Cliquez sur le bouton Avancé.**

4. **Dans la boîte de dialogue Paramètres de confidentialité avancés, cochez la case Ignorer la gestion automatique des cookies.**

5. **Sous Cookies internes, sélectionnez Accepter.**

6. **Sous Cookies tierce partie, sélectionnez Refuser (Figure 12.3).**

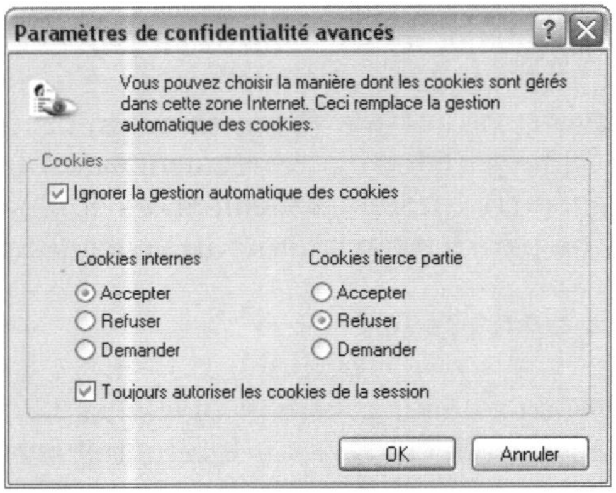

Figure 12.3 Configuration antiespion correcte pour ce qui concerne les cookies.

7. **Cochez la case Toujours autoriser les cookies de la session.**

8. **Cliquez sur le bouton OK et refermez les diverses boîtes de dialogue et fenêtres.**

Le refus des cookies tierce partie est utile, mais une protection réelle contre les logiciels espions nécessite un logiciel spécial.

Logiciel antiespion

Il existe de nombreux bons programmes antiespions. Il est même possible que l'un d'entre eux soit fourni avec votre pare-feu Internet ou votre programme antivirus. Vérifiez !

Il existe aussi sur Internet des programmes gratuits, d'autres bon marché, pour combattre le logiciel espion et nettoyer les traces de logiciel espion sur votre portable. Voici mes favoris :

- Ad-Aware, `www.lavasoft.de`.
- Spybot Search & Destroy, `www.safer-networking.org/fr/index.html`.
- SpywareBlaster, `www.javacoolsoftware.com`.

Ils sont faciles à installer et à utiliser. Téléchargez-en un et voyez ce qui traîne sur le disque dur de votre portable !

Comment savoir si un programme est réellement un logiciel espion ?

Il est souvent difficile de dire si un programme est véritablement bien intentionné ou s'il s'agit d'un logiciel espion déguisé. Sans compter la violente concurrence qui mène occasionnellement les entreprises à accuser les logiciels des sociétés rivales d'être du logiciel espion pour en décourager l'achat.

Le meilleur moyen que j'ai trouvé pour déterminer si un programme est authentique ou si c'est un logiciel espion est d'aller sur Google (`www.google.fr`) et de faire une recherche sur le nom du programme suivi du mot spyware, logiciel espion ou espion.

Les résultats affichés par Google comporteront des bancs d'essai, commentaires et messages de forums concernant le produit. Si c'est un logiciel espion, les informations seront accablantes. Si le programme est légitime, il y aura aussi des signes évidents que le logiciel en question n'est pas un espion.

Éviter un détournement

Mot clé : Détournement (*hijack*).

Rôle : Vous redirige d'un site Web vers un autre, habituellement un site offensif qui essaie de vous vendre quelque chose ou qui ouvre tant de fenêtres que vous ne pouvez quasiment plus l'arrêter.

Pour combattre : Logiciels antidétournement (anti-hijack).

À savoir : Certaines personnes sont tellement en manque d'attention qu'elles envahissent votre ordinateur et redirigent votre navigation Web vers d'autres endroits que ceux où vous aviez décidé d'aller. Qu'elles pensent que c'est un bon moyen pour vous vendre quelque chose me dépasse.

Quoi qu'il en soit, vous éviterez les détournements avec un antivirus et un antiespion. Certains logiciels antiespions sont même capables de supprimer les programmes de détournement.

Je recommande HijackThis, disponible sur `www.spychecker.com`.

Chapitre 13

Conseils pratiques de navigation Web et d'e-mail

Dans ce chapitre :

- Enregistrement de pages Web sur votre disque dur.
- Consultation d'e-mail en déplacement.
- Utilisation d'un Webmail.
- Redirection d'e-mail vers un autre compte.
- Gagner du temps dans la consultation d'e-mail en déplacement.
- Désactiver les connexions automatiques.
- Laisser l'e-mail sur le serveur.
- Ignorer les messages volumineux.

La vie des utilisateurs de portables est bien meilleure aujourd'hui. Par exemple, ce livre ne comporte pas de chapitre expliquant comment démonter une prise téléphonique murale et comment, à l'aide de quelques fils, de pinces et d'une paire de brucelles, arriver à se brancher sur le réseau téléphonique quand la prise murale ne correspond à rien de standard en informatique (cela m'est arrivé). La majorité des endroits où vous irez avec votre portable sont aujourd'hui plus conviviaux sur cet aspect-là. De plus, le problème de la prise téléphonique ne se pose plus si vous accédez à Internet par le biais du Wi-Fi, c'est-à-dire un réseau sans fil.

Cela dit, il vous arrivera de devoir consulter votre e-mail sans accès à une prise de courant. Sachant combien il est important d'économiser la batterie, il faudra être rapide et efficace. J'ai réuni à cet effet dans ce chapitre des conseils et astuces de rapidité et d'efficacité, pour les fois où l'accès à Internet vous sera nécessaire mais limité dans le temps.

Il est aujourd'hui insensé d'aller sur Internet avec un portable sous Windows XP sans logiciel antivirus régulièrement actualisé. Pour plus d'informations sur les antivirus et la sécurité en ligne, voir le Chapitre 12.

Navigation Web en déplacement

La seule suggestion que j'ai à vous faire pour lire des pages Web en déplacement, particulièrement si vous n'avez pas accès à une connexion à Internet pendant un moment (en avion, par exemple) : *enregistrez vos pages Web.*

Avant de partir, allez sur les pages Web que vous comptez lire en détail, et enregistrez-les sur votre disque dur pour les lire hors connexion pendant votre déplacement.

Le seul point délicat lors de l'enregistrement des pages Web est le choix du format d'enregistrement. Après avoir choisi Fichier/Enregistrer dans Internet Explorer, vous disposez de quatre options dans la liste déroulante Type (Figure 13.1).

- **Page Web complète (*.htm, *.html) :** Cette option enregistre tout le contenu de la page Web, avec images, sons, etc. La page est enregistrée sur disque dur, avec création d'un dossier spécial pour contenir les images et éléments non textuels inclus dans la page Web.

- **Archive Web, fichier seul (*.mht) :** Cette option enregistre la page Web, mais se sert du cache Internet pour accéder aux images. Cette méthode prend moins de place sur le disque dur ; je vous la recommande, particulièrement pour une lecture ponctuelle.

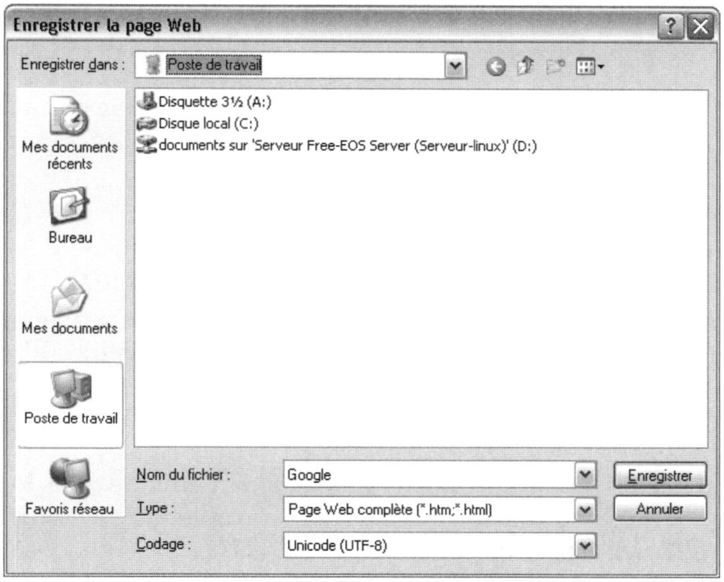

Figure 13.1 Options pour enregistrer une page Web.

- **Page Web HTML uniquement (*.htm, *.html) :** Cette option enregistre uniquement la page Web brute ; c'est-à-dire juste le texte, sans images ni multimédia. Peu intéressant pour la lecture hors connexion.
- **Fichier texte (*.txt) :** Enregistre la page Web pour des besoins de modification non étudiés ici.

Pour une lecture confortable, il faut donc choisir l'option Archive Web, fichier seul. Choisissez Page Web complète uniquement dans le cas où la page Web comporte des images que vous désirez conserver assez longtemps.

- Ne faites que parcourir les pages à enregistrer. Ne vous mettez pas à les lire ! Choisissez Fichier/Enregistrer sous et accumulez les pages Web sur votre disque dur pour les lire plus tard.
- Pour ouvrir une page Web enregistrée, procédez comme pour tout autre fichier stocké sur votre disque dur. La page Web s'ouvrira dans votre navigateur Web, vous pourrez la lire comme si vous étiez sur le Web.

N'OUBLIEZ PAS

- Aucun lien de la page Web enregistrée ne sera valide. Les liens ne seront actifs que lorsque vous vous reconnecterez à Internet.
- Avec l'option Page Web complète, il se peut que certaines images n'apparaissent pas sur la page Web.

L'e-mail loin de tout

Consulter son e-mail sur un portable ne pose pas de problème apparent – jusqu'à ce que vous commenciez vraiment à réfléchir au sujet.

Accès à l'e-mail en déplacement

Vous consultez votre e-mail en déplacement comme vous le feriez sur un ordinateur de bureau. Vous avez un programme de courrier ; vous vous connectez à Internet et voilà !

- Pour en savoir plus sur votre portable et l'accès à l'e-mail, voir le Chapitre 10.
- Votre portable accède à l'e-mail exactement comme un ordinateur de bureau.
- Pour plus d'informations sur l'utilisation d'un modem en déplacement, voir le Chapitre 11.

TRUC

- Si vous devez composer un numéro de FAI, attention à la facturation ! (Ceci dans le cas bien évidemment où vous êtes contraint à une connexion téléphonique classique.)

Consultation de l'e-mail sur le Web

En règle générale, on consulte les e-mails à l'aide d'un programme de courrier. Ce programme, comme Outlook Express, se connecte au serveur de courrier de votre FAI, qui lui délivre tout e-mail en attente. Il existe cependant un autre moyen d'accès à l'e-mail : le Web.

Avant de partir en déplacement, voyez si votre FAI propose une page Webmail. Ne confondez pas avec les comptes d'e-mail qui se consultent exclusivement sur le Web comme les comptes Yahoo! ou Hotmail (voir la section suivante). Il s'agit ici d'une simple solution temporaire pour traiter votre e-mail lorsque l'accès direct au serveur d'e-mail du FAI est impossible (ou implique une dépense supplémentaire).

La Figure 13.2 présente un exemple de page Webmail. Une fois identifié, vous pouvez consulter vos e-mails. (Il se trouve que, sur la Figure 13.2, il n'y a aucun message en attente.)

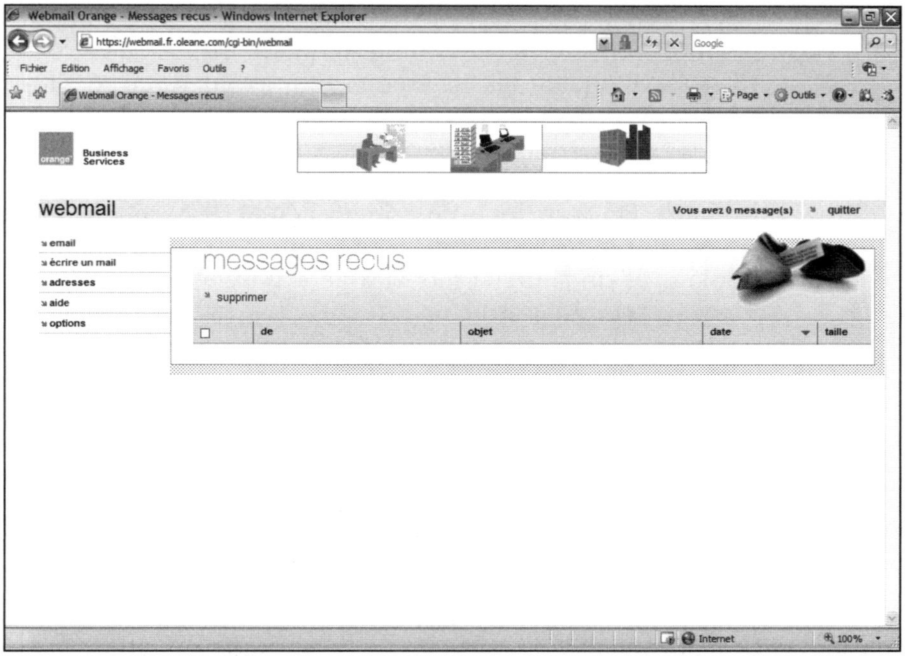

Figure 13.2 La page Webmail d'un FAI.

Notez que tous les courriers que vous ne supprimez pas dans cette page restent sur le serveur du FAI, vous pourrez les récupérer plus tard. C'est pratique pour conserver une trace des messages : il suffira d'accéder à votre boîte d'e-mail de la façon habituelle lorsque vous aurez de nouveau un accès direct au serveur e-mail de votre FAI. De nombreux serveurs Webmail proposent régulièrement des tâches de maintenance pour se débarrasser des messages les plus anciens, et ainsi libérer de l'espace disque. En effet, vous ne pouvez pas remplir indéfiniment votre boîte aux lettres. La saturation guette le courrier entrant qui, alors, ne vous sera pas délivré et retournera à l'expéditeur.

- Vérifiez auprès de votre FAI s'il propose un service Webmail.

Ouvrir un compte Webmail

Il existe de nombreux services Webmail gratuits où vous pourrez ouvrir un compte. En vous ouvrant un compte Webmail gratuit, vous pourrez accéder à votre e-mail partout où vous avez accès à Internet.

Par exemple, vous ouvrez un compte gratuit sur Yahoo! Mail et indiquez à vos correspondants d'envoyer votre courrier sur ce compte lorsque vous êtes en déplacement, ou encore vous redirigez votre compte de courrier habituel ordinaire vers le compte Yahoo!, le temps de votre déplacement. (La redirection d'e-mail est étudiée plus loin dans ce chapitre.)

Certaines personnes utilisent même leur compte Webmail comme compte de courrier principal et gardent secret ou privé leur compte ordinaire. De la sorte, le compte principal reste relativement indemne de courrier indésirable (spam). Lorsque le compte Webmail public croule sous du courrier indésirable, il peut être détruit pour créer un nouveau compte gratuit.

- Vous pouvez accéder à un compte Webmail à partir de tout ordinateur connecté à Internet. Vous n'aurez rien à configurer sur l'ordinateur.
- À la différence du logiciel d'e-mail que vous devez installer sur votre ordinateur, le Webmail reste sur le Web. Ainsi, vous pourrez laisser des messages dans votre boîte de réception Webmail, en attendant de les rapatrier sur votre ordinateur de bureau lorsque vous serez de retour.
- Voici quelques fournisseurs de Webmail gratuit. Cette liste n'est bien sûr pas exhaustive :

  `http://mail.yahoo.fr`

  `www.hotmail.com`

  `www.caramail.lycos.fr/`

  `http://gmail.google.com`

- La plupart des comptes Webmail gratuits ont une taille limitée. Il faut donc, de temps à autre, supprimer les vieux messages, comme cela est expliqué plus haut dans la précédente section.

Accès à votre e-mail sur l'ordinateur d'un ami

Comment faire lorsque vous êtes chez des amis et que vous devez impérativement consulter votre e-mail ?

Si vous avez un portable et que vos amis ont un réseau, alors il sera facile de vous y connecter.

Peut-être iront-ils même jusqu'à vous proposer de vous configurer un compte de courrier personnel sur leur ordinateur. Le geste est noble, et bon pour des raisons de sécurité. Or, tout ce dont vous avez besoin ici est d'accéder à Internet. Vous accéderez à la page Webmail de votre FAI pour prendre connaissance de votre courrier ou à votre compte Web (Hotmail, Yahoo!, etc.).

- Je ne vous recommande pas de configurer un compte d'e-mail sur l'ordinateur d'un ami ou d'une connaissance. Cela représente un risque de sécurité trop important.

- L'idéal est que vos amis disposent d'une connexion sans fil, auquel cas vous pourrez employer l'adaptateur de réseau sans fil de votre portable pour vous connecter à leur réseau et à Internet.

- Si l'accès à Internet est impossible chez vos amis, gardez à l'esprit qu'il existe des cybercafés.

Redirection de votre e-mail

Les serveurs d'e-mail ont une option pour transférer systématiquement vers une autre adresse électronique les messages reçus. Cette possibilité est pratique lorsque vous partez en déplacement et que vous ne pouvez accéder à votre compte de courrier ordinaire. C'est ce que l'on appelle la *redirection d'e-mail*. Votre FAI peut vous le proposer à titre de service gratuit, à moins que votre entreprise ne soit directement équipée d'un serveur de courrier doté de cette possibilité.

Par exemple, vous savez que vous partez trois semaines : il suffit de rediriger votre e-mail vers votre compte Webmail pendant cette période.

Tout message parvenant sur votre compte ordinaire est immédiatement redirigé vers cet autre compte. Vous ne loupez ainsi aucun message.

Il existe néanmoins un risque avec la redirection, aussi votre FAI ne vous la proposera-t-il peut-être pas. Il arrive que l'e-mail reste coincé dans une boucle de redirection sans fin. Votre courrier est redirigé vers vous et de nouveau redirigé vers vous, avec répétition du processus. Le système finit par être obstrué par l'e-mail, ce dont se rend compte le FAI, qui se contente de supprimer le compte de messagerie pour corriger le problème.

Attention donc à bien rediriger votre courrier vers une adresse valide. Le mieux est d'ailleurs de tester la redirection avant de partir, pour être sûr que le système fonctionne.

Sans oublier de mettre fin à la redirection une fois de retour.

Règle de transfert de courrier dans Outlook Express

Les *règles de courrier* constituent un moyen spécial pour gérer les messages reçus dans Outlook Express. (On rencontre également, dans les autres programmes de courrier, les termes *filtres* ou *procédures.*) Les règles de courrier servent à organiser les messages, à en marquer certains, à éliminer une partie du courrier indésirable. Un autre usage de la règle de courrier est de transférer (rediriger) votre courrier vers une autre boîte aux lettres (Figure 13.3).

Pour configurer la redirection dans Outlook Express, choisissez Outils/ Règles de message/Courrier. Remplissez la boîte de dialogue comme sur la Figure 13.3. Attention à saisir une adresse valide dans la zone 3 !

Nommez la règle de façon descriptive. Cliquez sur OK lorsque vous avez fini. Puis fermez la boîte de dialogue Nouvelle règle de courrier.

- Il est possible de définir des règles de ce genre dans les autres programmes d'e-mail.
- Pour que la redirection fonctionne, votre ordinateur doit être allumé et connecté à Internet, le programme de courrier doit être ouvert et doit régulièrement relever votre courrier.

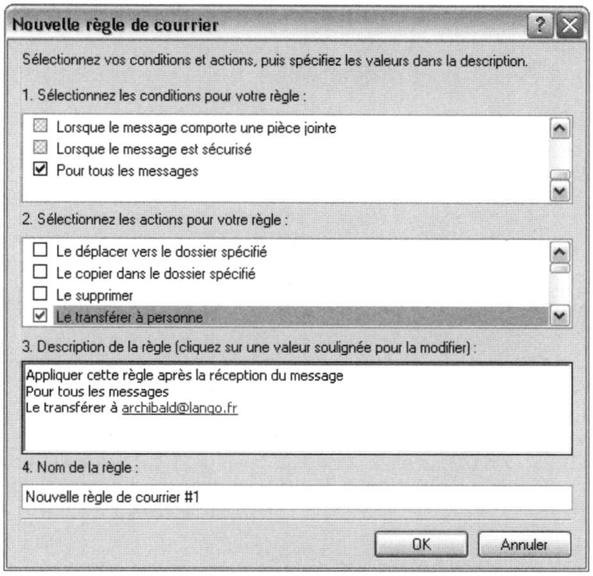

Figure 13.3 Règle de courrier pour rediriger votre courrier.

- Vous pourrez mettre en place des règles plus complexes, par exemple pour ne pas transférer le courrier indésirable.

Options de messagerie à connaître

Votre programme de courrier recèle de nombreuses options complexes et intrigantes. L'intérêt de ces options peut sembler incompréhensible jusqu'à découvrir comment elles fonctionnent, et particulièrement en s'apercevant qu'elles sont avantageuses pour l'utilisateur de portable en déplacement.

Les sections suivantes étudient certaines de ces obscures options de messagerie dont le rôle devient important sur un portable en déplacement. Notez que ces informations sont propres à Outlook Express. Les autres programmes d'e-mail sont dotés de caractéristiques similaires.

Omettre le mot de passe

Il est pratique, sur un ordinateur de bureau dans un environnement sécurisé, que Windows se souvienne de vos mots de passe de connexion Internet et de messagerie. Or, sur un portable, même avec une protection par mot de passe, il est peu sûr d'y stocker votre mot de passe de messagerie. S'il est déjà stocké, voici comment le supprimer dans Outlook Express :

1. **Dans Outlook Express, choisissez Outils/Comptes.**

   La boîte de dialogue Comptes apparaît.

2. **Dans la boîte de dialogue Comptes, cliquez sur l'onglet Courrier.**

3. **Cliquez sur votre compte de courrier.**

   Si plusieurs comptes sont présents, vous devrez répéter les étapes 4 à 7 pour chacun d'entre eux.

4. **Cliquez sur le bouton Propriétés.**

   La boîte de dialogue Propriétés de votre compte de messagerie apparaît.

5. **Cliquez sur l'onglet Serveurs.**

6. **Effacez votre mot de passe dans la case Mot de passe, puis désélectionnez la case Mémoriser le mot de passe (voir la Figure 13.4).**

7. **Cliquez sur OK pour apporter les modifications.**

8. **Cliquez sur le bouton Fermer pour refermer la fenêtre Comptes.**

Du fait que vous avez supprimé votre mot de passe de messagerie, vous serez invité à le saisir chaque fois que vous relèverez votre boîte aux lettres. Une boîte de dialogue apparaîtra. Tapez-y votre mot de passe. Vous accéderez alors à votre boîte aux lettres.

Pour des détails sur la sécurité des portables, voir le Chapitre 17.

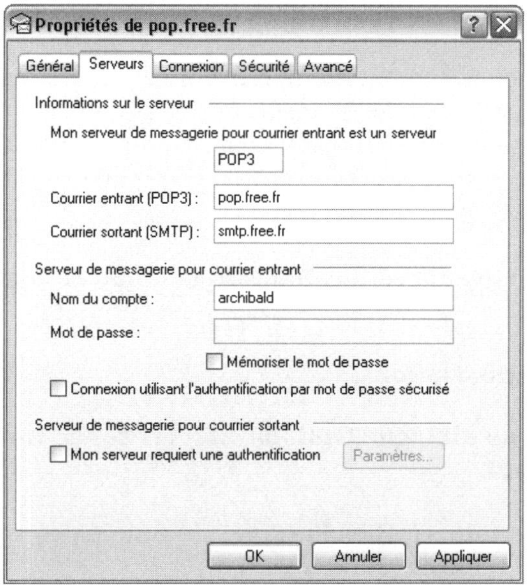

Figure 13.4 Annulation du stockage du mot de passe d'un compte de messagerie.

Se déconnecter après avoir relevé le courrier

Inutile de rester connecté à Internet pendant que vous lisez vos e-mails. Sachant que le modem consomme de l'énergie, je vous recommande d'indiquer au programme de courrier de se déconnecter immédiatement après envoi ou réception des messages. Voici comment faire dans Outlook Express :

1. **Choisissez Outils/Options.**

   La boîte de dialogue Options apparaît.

2. **Dans la boîte de dialogue Options, cliquez sur l'onglet Connexion.**

3. **Cochez la case Raccrocher après l'envoi et la réception.**

4. **Cliquez sur OK.**

Il est également intéressant de désactiver la vérification automatique (voir la section suivante).

Désactiver la vérification automatique

Lorsque vous êtes constamment connecté à Internet, notamment au bureau, il est utile que le logiciel de messagerie relève régulièrement le courrier. Sur un portable, en revanche, cela peut être gênant, surtout lorsque votre portable se reconnecte automatiquement sur une ligne surfacturée par l'hôtel, par exemple.

Il suffit alors de désactiver la vérification automatique de courrier. Voici comment procéder :

1. **Choisissez Outils/Options.**
2. **Dans la boîte de dialogue Options, cliquez si nécessaire sur l'onglet Général.**
3. **Désactivez l'option Vérifiez l'arrivée de nouveaux messages toutes les [vide] minutes.**
4. **Dans la liste Si l'ordinateur n'est pas connecté à ce moment-là, choisissez Ne pas connecter.**

   Cette option garantit qu'ouvrir votre programme de courrier ne déclenchera pas une tentative de connexion à Internet.

5. **Désélectionnez la case Envoyer et recevoir les messages au démarrage.**

   Cela empêche Outlook Express de demander la connexion à Internet dès son démarrage. Vous pouvez ainsi lire tranquillement les messages en attente, puis vous connecter à Internet lorsque vous en avez vraiment l'utilité.

6. **Cliquez sur OK.**

Pour établir la connexion à Internet et envoyer et recevoir les messages, cliquez sur le bouton Envoyer et recevoir tout (ou appuyez sur Ctrl+M).

Tout envoyer en une seule opération

Lorsque vous consultez votre e-mail, vous lisez les messages, vous répondez à certains, puis cliquez sur le bouton Envoyer pour les envoyer. Au lieu que cela déclenche chaque fois la connexion de votre programme de messagerie, l'envoi des messages puis la déconnexion, je vous recommande d'envoyer tous vos messages d'un coup, en une seule opération. Pour cela, indiquez à Outlook Express de placer les messages en attente, au lieu de les envoyer individuellement.

1. **Choisissez Outils/Options.**
2. **Dans la boîte de dialogue Options, cliquez sur l'onglet Envois.**
3. **Désélectionnez la case Envoyer les messages immédiatement.**
4. **Cliquez sur OK.**

Les messages attendront maintenant dans la Boîte d'envoi que vous vous reconnectiez.

Effacer les messages sur le serveur ou les y laisser

Lorsque je pars en déplacement, je déclare à mon entourage que je ne relèverai pas mes messages (ce en quoi je mens). Cela permet d'éliminer un certain nombre de messages de peu d'importance. Les messages importants seront de toute manière envoyés. Je consulte donc mes messages, mais les laisse sur le serveur pour qu'ils soient encore accessibles à mon ordinateur de bureau lorsque je serai de retour.

Ainsi, je peux lire mes messages, répondre si nécessaire, tout en sachant que je retrouverai cet e-mail sur mon ordinateur de bureau lorsque je serai de retour.

Voici comment configurer Outlook Express pour laisser les messages sur le serveur :

1. **Choisissez Outils/Comptes.**
2. **Dans la boîte de dialogue Comptes Internet, cliquez sur l'onglet Courrier.**

3. **Choisissez votre compte de courrier, puis cliquez sur le bouton Propriétés.**

4. **Dans la boîte de dialogue Propriétés, cliquez sur l'onglet Avancé.**

5. **Cochez la case Conserver une copie des messages sur le serveur.**

   Ainsi, même lorsque vous consultez votre e-mail en déplacement, il reste disponible sur le serveur pour consultation ultérieure.

6. **Cochez éventuellement la case Supprimer du serveur après suppression dans 'Éléments supprimés'.**

   De la sorte, si vous répondez à un message puis l'effacez, il n'apparaîtra plus lorsque vous relèverez votre courrier sur votre ordinateur de bureau.

7. **Cliquez sur OK, puis refermez la boîte de dialogue Comptes Internet.**

Cela résout le problème de réception des messages importants sur deux ordinateurs différents sans avoir à synchroniser les fichiers du dossier Boîte de réception.

- Une autre possibilité est de consulter l'e-mail via une page Webmail. Vous continuez ainsi à traiter votre e-mail à domicile ou en déplacement sans vous préoccuper de synchroniser l'e-mail entre le système de bureau et le portable.

- Sachez que votre FAI limite probablement la taille de votre boîte aux lettres électronique. Il m'est arrivé, lors d'un déplacement de quatorze jours, de laisser s'accumuler les messages sur mon serveur de messagerie. Je me suis ensuite rendu compte que ma boîte était pleine et que tout nouveau message était rejeté. Dans ce cas, pendant votre déplacement, il est préférable de gérer les messages sans les laisser sur le serveur.

Ignorer les messages au-delà d'une certaine taille

Si la connexion à votre boîte aux lettres doit se faire par modem, vous préférerez probablement ne pas récupérer les fichiers volumineux. Par exemple, un fichier joint de 1 Mo ne demande qu'un instant pour être reçu sur un ordinateur de bureau connecté à Internet en haut débit. En revanche, en déplacement, avec une vilaine connexion à 56 Kbps à l'hôtel Machin, ce ne sera pas la même chanson.

Les programmes d'e-mail proposent diverses options pour gérer les messages au-delà d'une taille donnée. Par exemple, dans Eudora, cela permet de récupérer le texte du message sans la pièce jointe ; le programme vous indique la présence d'une grosse pièce jointe et vous avez la possibilité de la télécharger maintenant ou plus tard.

Dans Outlook Express, vous devez créer une règle de courrier pour indiquer d'ignorer les messages d'une certaine taille. Voici les étapes à suivre :

1. **Choisissez Outils/Règles de message/Courrier.**

   La fenêtre Nouvelle règle de message apparaît.

2. **Dans la zone 1, cochez la case Lorsque la taille du message est supérieure à taille.**

3. **Dans la zone 3, cliquez sur le mot Taille.**

4. **Entrez une taille en kilo-octets (Ko).**

   Par exemple, 200 Ko.

5. **Cliquez sur OK.**

6. **Dans la zone 2, choisissez Ne pas le télécharger à partir du serveur.**

7. **Dans la zone 4, nommez la règle de façon descriptive. Par exemple, "Ignorer les messages de plus de 200 Ko".**

8. **Cliquez sur OK pour créer la règle.**

9. **Cliquez sur OK pour refermer l'autre boîte de dialogue.**

Le problème de cette procédure est que vous ne saurez pas que de gros messages sont en attente. Vous ne découvrirez ces messages volumineux que lorsque vous reviendrez au bureau, là où n'existe pas de règle pour ignorer les messages de plus de 200 Ko. (À la différence d'Eudora, Outlook Express ne vous indique pas que des messages volumineux sont en attente, ni ne vous donne la possibilité de les télécharger.)

Chapitre 14

Connexion bureau-portable

Dans ce chapitre :

- Connexion du portable au bureau.
- Mise en place d'une connexion directe.
- Garder à jour les fichiers sur l'ordinateur de bureau et le portable.
- Emploi du porte-documents.
- Synchronisation des fichiers avec le porte-documents.
- Accès au bureau à distance.
- Connexion par un réseau Wi-Fi.

Si vous êtes un inconditionnel du portable ne possédant pas d'ordinateur de bureau, vous pouvez passer ce chapitre. En revanche, si votre ordinateur principal est un modèle de bureau et que vous n'êtes qu'occasionnellement en déplacement, il est probable que vous voyiez votre portable comme l'extension portative de votre bureau. Vous êtes donc confronté à une situation technique de l'informatique : obtenir que deux ordinateurs communiquent.

Ce chapitre est consacré à la connexion bureau-portable. C'est-à-dire relier l'ordinateur de bureau et le portable pour échanger et partager des informations.

Connexion de l'ordinateur de bureau et du portable

Le transfert de fichiers entre deux ordinateurs est vieux comme l'ordinateur lui-même. L'opération est réalisable par un câble, mais aussi à l'aide de différents supports de stockage.

Les disquettes (et CD-R) restent valables pour transférer des informations entre deux ordinateurs. Cependant, le plus pratique est de relier l'ordinateur de bureau et le portable à l'aide de câbles. Ou, pourquoi pas ? une liaison sans fil ! Les sections suivantes expliquent comment procéder.

Par le réseau

Le moyen le plus simple pour connecter le portable au PC de bureau est de les relier en réseau. Une fois le réseau correctement configuré, vous pouvez accéder au disque dur du PC de bureau ou du portable pour échanger des fichiers. Vous connaîtrez les détails de cette opération en fin de chapitre.

TRUC

- C'est le moyen idéal pour relier deux ordinateurs.
- Pour en savoir plus sur la mise en réseau du PC de bureau et du portable, avec ou sans câble, voir le Chapitre 9 et la fin du présent chapitre.

Câble série ou parallèle

Avant l'émergence d'un standard réseau, les utilisateurs connectaient leur PC de bureau et leur portable via les ports série ou parallèle. Un drôle de câble était utilisé (Figure 14.1).

Ce câble était doté de connecteurs série et parallèle (imprimante) à chaque extrémité.

Il ne suffisait cependant pas de relier les deux ordinateurs ; il fallait aussi exécuter un logiciel sur chaque PC pour gérer la liaison. Pour plus d'informations, voir plus loin la section "Gérer une connexion directe avec Windows".

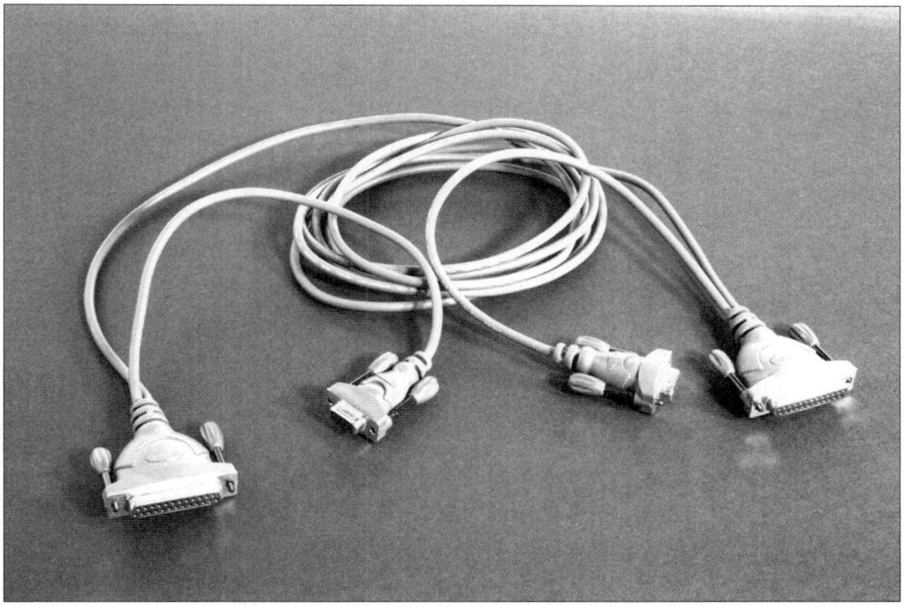

Figure 14.1
Câble pour connexion directe de deux ordinateurs.

- Un logiciel est nécessaire pour exploiter le câble série/parallèle. Voir la section suivante.
- Port imprimante = port parallèle. On l'appelle aussi port LPT ou PRN.
- Port série = port RS-232C (bien qu'il ne s'agisse plus réellement d'un port RS-232C, l'ancien terme demeure).
- C'est la connexion sur port parallèle qui est la plus rapide.
- Certains câbles sont de type série uniquement, malgré la présence de deux sortes de connecteurs, 25 broches et 8 broches (comme sur la Figure 14.1). Si vous avez besoin d'un câble parallèle, lisez bien l'étiquette.
- Votre portable n'est pas obligatoirement équipé d'un port série (voir le Chapitre 5). Il faut alors vous procurer un réplicateur de port.
- Un câble standard d'imprimante ou série ne convient pas pour la connexion directe. Procurez-vous un câble spécial pour liaison de deux ordinateurs, comme celui présenté Figure 14.1.

- Ce type de câble est également appelé "câble simulateur de modem" (*null modem*).
- L'ancien NEC UltraLite (voir la Figure 1.6 au Chapitre 1) n'avait pas de lecteur de disquette mais était doté d'un port série. C'était par le biais de ce port et d'un câble que le système pouvait être relié à un ordinateur de bureau pour transférer des fichiers. (Cela se passait des années avant qu'Ethernet devienne un standard réseau.)

Utilisation du port infrarouge

Lorsque le PC de bureau et le portable ont tous deux un port infrarouge (IR), ce qui est rare, il est possible de s'en servir pour transférer des informations entre les deux systèmes.

Il est nécessaire d'orienter le portable et le PC de bureau pour que les ports IR soient face à face. Rien n'encombre ainsi la liaison.

- Pour en savoir plus, voir la section ci-après : "Gérer une connexion directe avec Windows".
- Je n'ai jamais vu d'ordinateur de bureau avec port IR. Cependant, cela existe. Il semble que quelques modèles IBM en soient équipés.
- Vérifiez que le port IR est bien activé. Pour plus d'informations, voir le Chapitre 17. Ce chapitre couvre la sécurité des portables ; or, un port IR activé constitue un risque de sécurité. Cela dit, l'activation du port IR pour ce type de transfert de fichier ne pose pas de problème.

Gérer une connexion directe avec Windows

Lorsque vous reliez un PC de bureau et un portable via les ports série ou parallèle, ou via le port infrarouge, il faut configurer Windows pour la connexion directe. Voici les étapes à suivre. Commencez par l'ordinateur de bureau :

1. **Ouvrez l'icône Connexions réseau du Panneau de configuration.**

   La fenêtre Connexions réseau apparaît.

2. **Cliquez sur Créer une nouvelle connexion dans le volet Gestion du réseau (sur la gauche).**

   Ou encore choisissez Fichier/Nouvelle connexion.

   L'Assistant Nouvelle connexion apparaît.

3. **Cliquez sur le bouton Suivant.**

4. **Choisissez l'option Configurer une connexion avancée.**

   Allez savoir pourquoi cette connexion est considérée "avancée".

5. **Cliquez sur le bouton Suivant.**

6. **Choisissez Connexion directe à un autre ordinateur.**

7. **Cliquez sur le bouton Suivant.**

8. **Sur l'ordinateur de bureau, choisissez Hôte. Sur l'ordinateur portable, choisissez Invité.**

   En fait, peu importe, il suffit qu'un ordinateur soit l'hôte et l'autre l'invité.

9. **Cliquez sur le bouton Suivant.**

   Le reste des indications s'applique à l'ordinateur Hôte. Les étapes pour l'ordinateur Invité sont présentées plus loin.

10. **Dans la liste déroulante, choisissez le port utilisé pour la connexion.**

    Cela dépend du câble et des ports disponibles. Attention à choisir le bon ! La majorité des systèmes de bureau ont deux ports série, baptisés COM1 et COM2.

    Notez que c'est ici aussi que vous pouvez choisir le port infrarouge.

11. **Cliquez sur le bouton Suivant.**

12. **Sélectionnez le ou les utilisateurs autorisés à accéder à votre ordinateur.**

    Pour cela, choisissez leurs noms dans la liste.

13. **Cliquez sur le bouton Suivant.**

14. **Cliquez sur le bouton Terminer.**

    Une nouvelle icône apparaît dans la fenêtre Connexions réseau. Sur l'ordinateur Hôte, l'icône est nommée Connexions entrantes.

Une fois suivies ces étapes pour l'ordinateur Hôte, vous devez faire de même sur l'ordinateur Invité.

1. **Suivez les étapes 1 à 9 précédentes, puis passez à l'étape 2 ici.**

2. **Tapez un nom pour la connexion, par exemple Liaison PC Bureau.**

   Il s'agit du nom qui sera attribué à l'icône affichée dans la fenêtre Connexions réseau.

3. **Cliquez sur le bouton Suivant.**

4. **Indiquez le port utilisé pour la connexion à l'ordinateur de bureau.**

   Les ports série sont COM1 et COM2 ; le port parallèle (imprimante) est LPT1. Lorsqu'elle est disponible, la connexion infrarouge apparaît aussi dans la liste.

5. **Cliquez sur le bouton Suivant.**

6. **Cliquez sur le bouton Terminer.**

   Bien. Vous n'en avez pas terminé pour autant.

7. **Cliquez sur le bouton Annuler pour refermer la boîte de dialogue de connexion au PC de bureau.**

L'icône de la connexion apparaît dans la fenêtre Connexions réseau. Vous êtes maintenant prêt à établir une connexion directe.

Lorsque les deux ordinateurs sont configurés, reliez-les. Branchez le câble de liaison sur les bons ports. Puis, pour établir la connexion à partir du portable, double-cliquez sur l'icône de connexion au PC de bureau, dans la fenêtre Connexions réseau. (L'*invité* se connecte à l'*hôte*.)

Dans la boîte de dialogue de connexion, tapez le nom de compte et le mot de passe que vous utilisez habituellement sur l'ordinateur de bureau. Cliquez sur le bouton Connecter. L'ordinateur de bureau devrait répondre et créer la connexion. Suite à cela, les deux ordinateurs sont "en réseau" et vous disposez des méthodes réseau classiques pour accéder aux ressources de chaque système (voir le Chapitre 9).

Pour déconnecter le PC invité, affichez la fenêtre Connexions réseau, cliquez du bouton droit sur l'icône de la connexion, puis choisissez Déconnecter. Vous pouvez aussi débrancher le câble, mais il est préférable de vous déconnecter correctement.

Voici maintenant l'inconvénient : cela ne fonctionne pas aussi bien que cela pourrait. L'établissement de la connexion n'est pas garanti. Il existe quelques programmes tierce partie comme PC Anywhere plus performants. (Certains programmes sont d'ailleurs fournis avec leur propre câble.) Il existe cependant tellement de variables et de réglages pour rendre exploitable la connexion directe Windows que cela peut virer au cauchemar.

- Une fois établie la connexion directe, l'ordinateur Hôte affiche une icône indiquant que la connexion de l'invité est activée (voir en marge).

- Toute autre connexion réseau dont est doté l'ordinateur Hôte est également partagée avec l'ordinateur Invité.

- Un réseau Ethernet ordinaire est extrêmement plus rapide que la connexion directe.

- Si vous n'arrivez pas à mettre en place une connexion directe, procurez-vous un câble Ethernet et créez un vrai réseau avec votre PC de bureau et votre portable.
- Le Chapitre 9 présente la configuration d'une connexion Ethernet et le partage des ressources, telles que dossiers et imprimantes, entre les ordinateurs du réseau.

Synchronisation des fichiers entre PC de bureau et portable

Une fois établie la connexion bureau-portable, l'étape suivante consiste en un type particulier de transfert de fichiers. Plus précisément, il s'agit de synchroniser les fichiers entre votre portable et le système de bureau.

Par exemple, vous avez besoin d'emporter sur votre portable certains fichiers pour y travailler pendant votre absence. De retour au bureau, il est nécessaire que seuls les fichiers sur lesquels vous avez travaillé soient actualisés sur les deux ordinateurs. Comment dire à coup sûr quels fichiers ont changé dans l'intervalle ?

Laissez l'ordinateur se charger du travail, par le biais du *porte-documents.*

Création d'un porte-documents

Pour créer un porte-documents, ouvrez n'importe quelle fenêtre de dossier sur l'ordinateur de bureau. Par exemple, ouvrez la fenêtre Mes documents.

Choisissez Fichier/Nouveau/Porte-documents. L'icône du porte-documents apparaît, portant le nom Nouveau Porte-documents. C'est tout ce que vous avez à faire.

Pour ensuite exploiter le porte-documents, consultez la section suivante.

- Vous n'avez besoin que d'un seul porte-documents sur votre ordinateur de bureau. Vous verrez plus loin comment transférer ce porte-documents sur votre portable, vous n'aurez pas à créer d'icône de porte-documents sur ce portable en suivant les étapes ci-dessus.

- Le porte-documents fonctionne comme un dossier, mais ce n'est pas réellement un dossier. C'est un *conteneur de stockage* servant de navette pour transférer des fichiers entre deux ordinateurs.

- Si vous le désirez, renommez l'icône de porte-documents. Cliquez sur l'icône pour la sélectionner, appuyez sur la touche F2, puis tapez le nouveau nom.

- TRUC : Cette possibilité est pratique lorsque vous possédez deux portables. Créez deux porte-documents et nommez-les chacun avec le nom du portable concerné.

- Pour trouver la fenêtre Mes documents, voir le Chapitre 6.

- Dans les versions antérieures de Windows, le porte-documents se trouvait d'office sur le bureau. Ce n'est plus le cas dans Windows XP, vous pouvez le placer où vous voulez (pas seulement sur le bureau).

Glissez des documents dans le porte-documents

Après avoir créé un porte-documents, il faut y copier les dossiers et documents que vous désirez emporter sur le portable.

L'ajout d'éléments dans le porte-documents s'opère comme pour copier des fichiers dans Windows : en y déposant des icônes. Vous pouvez aussi copier les fichiers, puis ouvrir le porte-documents pour les y coller. Sans parler de tous les autres moyens à votre disposition pour copier des fichiers dans Windows.

Le dossier Porte-documents contient des doubles des fichiers (Figure 14.2). Le mode d'affichage Détails indique l'emplacement d'origine et le statut des fichiers.

Si un fichier a été modifié depuis son placement dans le porte-documents, la mention "A besoin d'une mise à jour" apparaît dans la colonne Statut. Pour mettre à jour le fichier, sélectionnez-le, puis cliquez sur le bouton Mettre à jour la sélection (dans la barre d'outils). Suivez les instructions affichées.

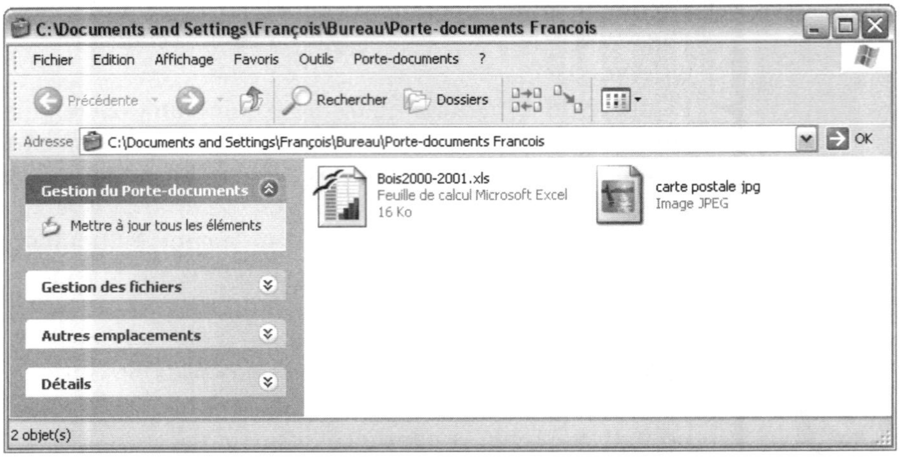

Figure 14.2 La fenêtre du porte-documents.

Lorsque vous avez fini de vous en servir, fermez la fenêtre Porte-documents.

Après avoir inséré dans le porte-documents les fichiers dont vous désirez disposer sur votre portable, vous devez copier le porte-documents sur votre portable. C'est le sujet de la section suivante.

- Seules des copies de fichiers sont conservées dans le porte-documents.
- À l'ouverture du dossier Porte-documents, il est possible qu'une fenêtre de bienvenue s'affiche.

Déplacement du porte-documents sur le portable

Pour copier les fichiers du PC de bureau sur le portable, il faut transférer l'icône Porte-documents d'un ordinateur à l'autre.

Premièrement, vérifiez la liste des fichiers dans le porte-documents pour vous assurer qu'aucun n'a besoin de mise à jour. Par exemple, ouvrez le porte-documents et cliquez sur le bouton Mettre à jour tous les éléments. Cela vous indiquera si des éléments nécessitent ou non une mise à jour.

Deuxièmement, connectez le portable et le PC de bureau. Les diverses méthodes à votre disposition sont étudiées plus haut. (Le réseau est ce qu'il y a de mieux.)

Troisièmement, assurez-vous que le portable possède un dossier partagé, avec autorisation de lecture et d'écriture. Pour ce qui me concerne, j'ai créé un dossier Travail dans le dossier Mes documents de mon portable. Le dossier Travail me sert pour le stockage de l'icône Porte-documents.

Quatrièmement, cliquez-glissez l'icône Porte-documents dans le dossier partagé du portable. Ou utilisez un autre moyen pour copier cette icône.

Notez qu'en réalité il s'agit d'un *déplacement* ; le Porte-documents est totalement déplacé du PC de bureau vers l'ordinateur portable ; son icône et les fichiers contenus ne sont plus disponibles sur le PC de bureau. C'est d'ailleurs exactement ce que l'on désire.

Si vous avez déjà un porte-documents sur votre portable, il doit porter un nom différent de celui du nouveau porte-documents.

Usage des fichiers du porte-documents sur le portable

Une fois l'icône Porte-documents et son contenu copiés sur le portable, tout est prêt pour que vous puissiez continuer à travailler sur vos fichiers pendant vos déplacements.

Laissez les fichiers dans le porte-documents. Ouvrez-les à partir du porte-documents et ne les enregistrez pas ailleurs.

Placez aussi dans le porte-documents tout nouveau fichier créé.

Synchronisation des fichiers

Lorsque vous êtes de retour, votre portable contient des fichiers modifiés. Vous devez synchroniser le PC de bureau et le portable. Il faut en effet que la version des fichiers modifiés sur le portable soit placée sur le PC de bureau.

Commencez pas connecter le portable et le PC de bureau.

Puis, copiez le porte-documents du portable sur le PC de bureau. Il suffit de suivre la procédure inverse de celle ayant servi à déplacer le porte-documents du PC de bureau vers le portable. Insistons de nouveau sur le fait que c'est un *déplacement* d'un ordinateur à l'autre.

Enfin, ouvrez le porte-documents sur votre PC de bureau. Pour mettre à jour sur le PC de bureau les fichiers que vous avez modifiés sur votre portable, cliquez sur le bouton Mettre à jour tous les éléments. Utilisez la boîte de dialogue de mise à jour pour savoir quels fichiers doivent être mis à jour.

Lorsque vous avez fini, fermez la fenêtre Porte-documents.

- Tout nouveau fichier ajouté au porte-documents sur le portable doit être copié à la main du porte-documents du PC de bureau vers un autre dossier de cet ordinateur. Ces nouveaux fichiers sont estampillés "Non modifié dans le Porte-documents".
- La suppression des fichiers dans le dossier Porte-documents n'affecte pas les originaux sur votre disque dur.

Piloter le PC de bureau à distance

Voici une possibilité intéressante entre portable et PC de bureau : il s'agit de la capacité de piloter l'ordinateur de bureau à partir du portable (ou de tout autre ordinateur), c'est-à-dire de l'exploiter comme si vous étiez réellement assis devant l'ordinateur de bureau.

ATTENTION !

Ce type d'accès distant est formidable, mais il constitue aussi un risque de sécurité. En effet, vous ne désirez probablement pas que n'importe qui sur Internet puisse se glisser dans votre bureau. Par conséquent, je vous invite vivement à n'essayer ces procédures qu'avec un pare-feu bien en place, en particulier réglé pour n'autoriser que votre portable et aucun autre système informatique. (Cela demandera éventuellement les compétences d'un connaisseur en sécurité informatique ; l'opération n'est pas à prendre à la légère.)

Éviter la fonction Bureau à distance de Windows XP

Windows XP propose une fonction Bureau à distance. Elle vous donne la possibilité de vous connecter à votre ordinateur à partir d'un autre ordinateur du réseau (ou via une connexion directe) ou d'un autre système informatique sur Internet. Voilà qui semble vraiment pratique. D'ailleurs, lorsque cela fonctionne, c'est profitable.

Néanmoins, la fonction Bureau à distance de Windows est véritablement un calvaire de configuration. J'ai dénombré une cinquantaine d'étapes. Honnêtement, entre le bureau à distance de Windows et le programme VNC étudié à la section suivante, il n'y a pas photo. Ne perdez pas votre temps : utilisez RealVNC.

RealVNC

La société anglaise RealVNC propose un produit gratuit qui vous permet d'accéder à votre ordinateur à partir de n'importe quel ordinateur connecté à Internet. Oui, vous avez bien lu, le produit est gratuit. Il est facile à installer et à utiliser, et bat haut la main la fonction Bureau à distance de Windows. Voici la procédure à suivre :

Allez sur la page Web `www.realvnc.com`. Téléchargez la visionneuse (viewer) sur votre portable, et la visionneuse et le serveur (server) sur votre PC de bureau.

La visionneuse ne nécessite pas d'installation ; vous exécutez directement le programme.

Le serveur nécessite quelques étapes d'installation. Suivez les instructions affichées.

Pour configurer le serveur, cliquez du bouton droit sur l'icône VNC dans la zone de notification. Vous obtenez la boîte de dialogue VNC Server Properties (Service-Mode) - Propriétés du serveur VNC (mode service). Dans l'onglet Authentication (Authentification), sélectionnez l'option VNC 3.3 Authentication, No Encryption - Authentification VNC 3.3, pas de codage. Cliquez ensuite sur le bouton Set Password (Définir le mot de passe) pour choisir un mot de passe système.

Si vous connaissez l'adresse IP à partir de laquelle vous allez vous connecter au PC de bureau, entrez-la dans l'onglet Connections

(Connexions) visible sur la Figure 14.3. Dans la zone Access Control (Contrôle d'accès), cliquez sur le bouton Add (Ajouter), puis entrez l'adresse IP. Cela n'autorise l'accès à votre PC de bureau qu'à partir de cette adresse IP. (Il faut en outre modifier le pare-feu Internet protégeant l'ordinateur de bureau pour autoriser l'accès par le port 5900. Voyez cela avec un connaisseur.)

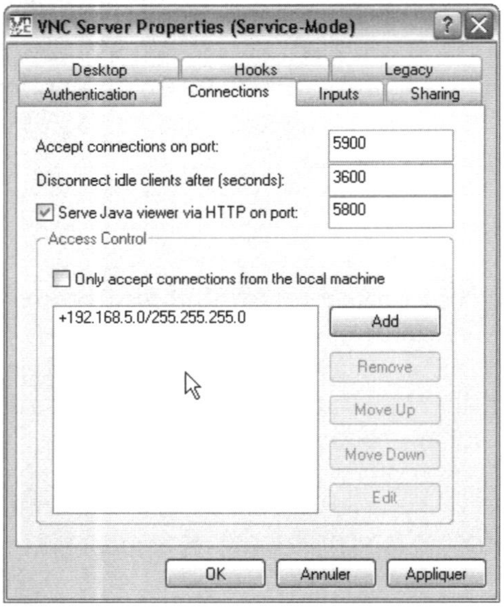

Figure 14.3 Seule l'adresse IP 192.168.5.0 peut accéder à distance à cet ordinateur.

Lorsque vous avez fini, cliquez sur le bouton OK pour refermer la boîte de dialogue.

Pour établir la connexion, exécutez le programme visionneuse (viewer) sur votre portable. Dans la boîte de dialogue qui apparaît, entrez le nom réseau ou l'adresse IP de votre ordinateur de bureau, et cliquez sur le bouton OK. Saisissez le mot de passe. Le contenu de l'ordinateur de bureau apparaît dans une fenêtre du portable (Figure 14.4).

Lorsque vous déplacez la souris sur le portable, le pointeur se déplace sur le PC de bureau. Ouvrez une fenêtre. Exécutez un programme. Ce que vous voyez sur le portable se produit, relayé via le réseau, sur le PC de bureau.

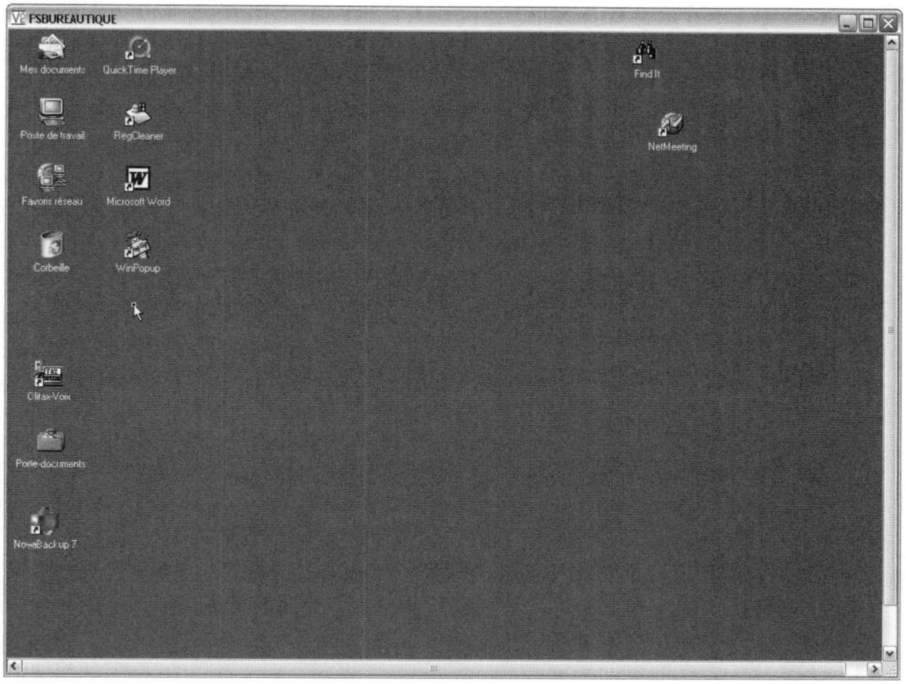

Figure 14.4
Le Bureau d'un autre ordinateur, affiché dans une fenêtre.

Lorsque vous avez fini, refermez sur votre portable la fenêtre de l'autre ordinateur. Cela rompt la connexion.

Connexion par un réseau Wi-Fi

Nous l'avons évoqué en début de chapitre : la connexion entre un ordinateur de bureau et un portable est plus simple et plus rapide lorsqu'un réseau sans fil existe dans votre maison ou votre appartement.

TRUC

Pour bien comprendre la notion de réseau avec et sans fil, reportez-vous au Chapitre 9.

Voici ce dont vous avez besoin pour que les deux ordinateurs communiquent par le biais de ce réseau :

Conseils pour le pare-feu

Il n'est pas recommandé de laisser votre ordinateur ouvert à un accès complet via Internet. Même sans exécuter un programme de prise de contrôle à distance, votre PC sous Windows XP est un des systèmes informatiques les plus vulnérables sur Internet. Vous avez besoin de protection ! Installez un pare-feu !

Le pare-feu ne sert pas qu'à bloquer tout le trafic entrant. Il peut, correctement configuré, autoriser certaines entrées. Par exemple, pour exploiter un réseau virtuel informatique (VNC), vous devez indiquer à votre pare-feu d'autoriser le trafic à travers le port 5900 (qui est le port utilisé par VNC). Lorsqu'un routeur ou un pare-feu central est utilisé sur un réseau, il est possible de diriger tout trafic traversant le port 5900 vers un ordinateur spécifique du réseau. Et lorsque vous connaissez l'adresse IP du système distant, vous pouvez même configurer le pare-feu pour n'autoriser que le trafic à partir de cette adresse IP et à travers le port 5900 de l'ordinateur local.

Cela vous semble du chinois ? C'est pourquoi il existe des experts en sécurité réseau, capables de configurer un pare-feu, auxquels je vous recommande de faire appel. Ne laissez jamais votre ordinateur ouvert aux attaques ! Si vous ne savez pas trop où vous en êtes, n'utilisez tout simplement pas d'accès distant.

- Un routeur, et mieux encore un modem-routeur qui permet non seulement à chaque ordinateur de se connecter à Internet, mais aussi de communiquer entre eux sur le réseau.

- Un adaptateur réseau sans fil, le plus souvent de type USB, installé dans chaque ordinateur. Parfois, le modem-routeur est directement connecté au port USB de l'ordinateur de bureau. Dans ce cas, inutile de lui ajouter un adaptateur Wi-Fi USB puisque la connexion au routeur est directe. En revanche, le portable étant mobile par nature, vous ne manquerez pas de l'équiper d'un tel adaptateur.

Ensuite, pour que le réseau fonctionne, il faut correctement le configurer. Cette phase est présentée succinctement au Chapitre 9. Je vais simplement indiquer ici les éléments essentiels à configurer sur chaque ordinateur pour qu'ils se connectent au bon routeur, puis pour qu'ils soient reconnus sur le réseau :

1. **Créez le réseau sans fil en cliquant sur Démarrer/Connexions/ Afficher toutes les connexions.**

2. **Dans la boîte de dialogue Connexion réseau, cliquez sur l'icône Créer un réseau domestique ou un réseau léger d'entreprise.**

   Cette action démarre l'Assistant Configuration du réseau.

3. **Cliquez sur Suivant.**

   La seconde étape ne fait que rappeler quelques consignes à respecter scrupuleusement. Les plus importantes ici étant que les deux ordinateurs soient allumés, ainsi que le modem-routeur (ou le routeur).

4. **Cliquez sur Suivant.**

   Une liste de périphériques non connectés peut s'afficher. L'essentiel ici est que vous n'y voyez pas votre connexion sans fil. Dans le cas contraire, c'est qu'elle est mal configurée. Vous devez donc réinstaller les pilotes du modem-routeur, car il y a visiblement un problème de communication avec l'appareil. Si vous voyez d'autres périphériques qui n'ont rien à voir avec votre réseau Wi-Fi, comme par exemple la connexion Ethernet interne de votre ordinateur, cochez la case Ignorer le matériel réseau déconnecté.

5. **Cliquez sur Suivant.**

6. **Choisissez la méthode de connexion.**

   Si les deux ordinateurs sont en Wi-Fi, c'est-à-dire possèdent un adaptateur réseau USB (ou PCI pour l'ordinateur de bureau) sans fil, activez l'option Cet ordinateur se connecte à Internet via un autre ordinateur de mon réseau domestique ou une passerelle résidentielle.

7. **Cliquez sur Suivant.**

8. **Dans la liste des connexions à Internet, sélectionnez celle correspondant à votre réseau sans fil, comme le montre la Figure 14.5.**

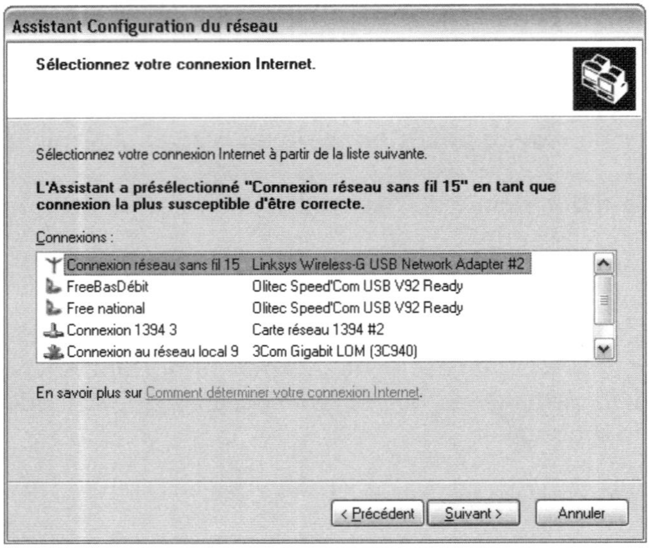

Figure 14.5 Choisissez la connexion réseau sans fil.

9. **Cliquez sur Suivant.**

10. **Donnez à l'ordinateur de bureau (et au portable) un nom et une description.**

11. **Cliquez sur Suivant.**

12. **Dans la fenêtre Nommez votre réseau, saisissez un nom dans le champ Nom du groupe de travail.**

    Saisissez le nom de votre choix. Notez-le, car sans lui il sera impossible de connecter les ordinateurs entre eux. Chacun doit appartenir au même groupe de travail pour assurer et faciliter l'échange de données et le partage de ressources.

13. **Cliquez sur Suivant.**

    Un récapitulatif apparaît. Je vous conseille une dernière fois de tout noter sur une feuille de papier que vous conserverez dans un lieu sûr.

14. **Cliquez sur Suivant.**

Comme le montre la Figure 14.6, Windows XP crée la connexion réseau qui va permettre à tous les ordinateurs de votre réseau sans fil de communiquer entre eux.

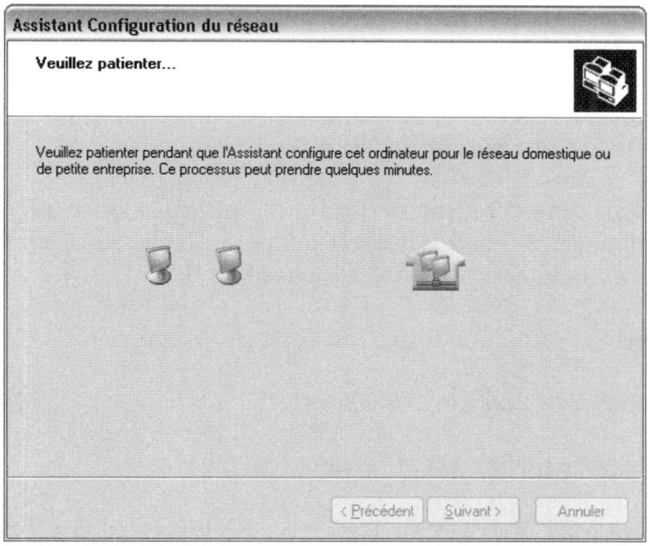

Figure 14.6 Création de la connexion réseau en cours.

A la fin de la création, l'Assistant propose de créer une disquette d'installation du réseau. Je vous conseille de le faire. Ainsi, vous n'aurez qu'à insérer la disquette dans l'ordinateur de bureau ou le portable (selon que vous avez créé votre réseau domestique sans fil avec l'un ou l'autre), de manière à y recopier exactement la bonne configuration réseau, notamment toutes les informations sur le nom du groupe de travail et de l'ordinateur. Sinon, activez l'option Terminer cet Assistant, je n'ai pas besoin de l'exécuter sur d'autres ordinateurs. Dans ce cas, vous effectuerez une nouvelle configuration manuelle.

15. **Cliquez sur Suivant.**

    Si vous créez une disquette d'installation, suivez les consignes de l'Assistant.

16. **Enfin, cliquez sur Terminé.**

Il faudra insérer la disquette dans l'autre ordinateur devant appartenir au réseau, et lancer un exécutable qui se chargera de tout configurer.

N'oubliez surtout pas d'indiquer le même nom de groupe de travail, sinon il vous sera impossible de faire communiquer les deux ordinateurs.

17. **Vous serez amené à redémarrer les ordinateurs pour que les modifications soient prises en compte.**

18. **Ensuite, pour chaque ordinateur, indiquez et configurez les disques durs, les dossiers et les périphériques à partager, comme cela est expliqué au Chapitre 9.**

Pour établir la connexion entre les deux ordinateurs du réseau :

1. **Allumez les deux ordinateurs.**

2. **Cliquez sur Démarrer/Favoris réseau.**

   Ou ouvrez l'Explorateur Windows et cliquez sur Favoris réseau.

   Il faut patienter quelques minutes. Windows XP analyse la configuration réseau et tente de trouver les ordinateurs qui y sont présents.

3. **Veillez à afficher le volet d'exploration. Pour cela il suffit de cliquer sur le bouton Dossiers.**

4. **Ensuite, cliquez sur Voir les ordinateurs du groupe de travail.**

   Comme le montre la Figure 14.7, les deux ordinateurs du réseau sont bien là.

5. **Double-cliquez sur l'icône correspondant au portable.**

   A partir de là, tout fonctionne comme si vous utilisiez l'Explorateur Windows. Un simple glisser-déposer, copier-coller ou couper-coller va permettre de récupérer les données contenues dans les dossiers partagés du portable.

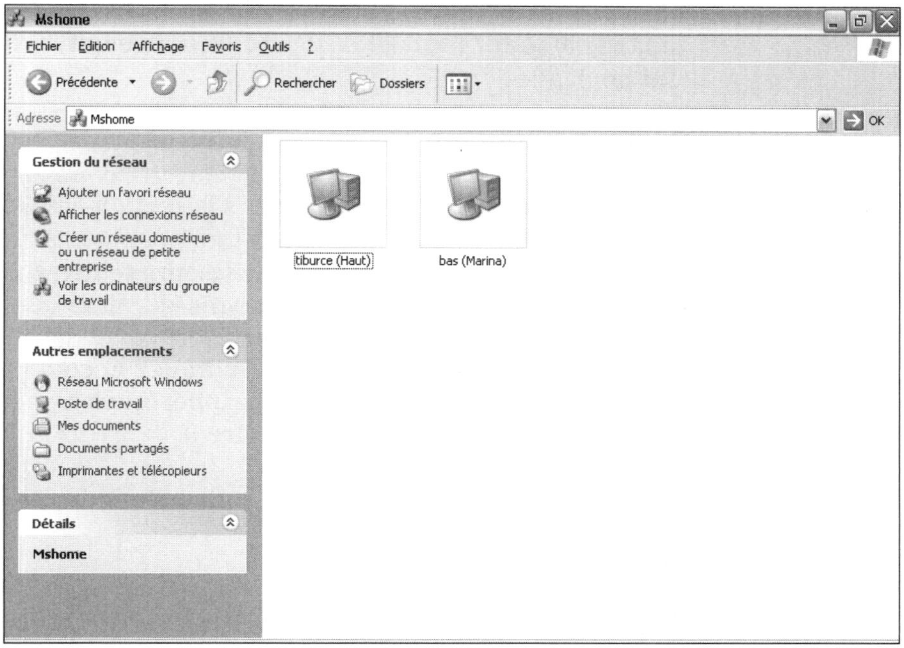

Figure 14.7 Les ordinateurs de votre groupe de travail.

Il se peut que, malgré la configuration impeccable du réseau, vous ne parveniez pas à faire communiquer les deux ordinateurs. Cela tient probablement à la présence d'un pare-feu tiers comme Zone Alarm. Par mesure de sécurité, il bloque toute intrusion. Vous devez donc autoriser vos PC dans Zone Alarm ou autre. Pour cela, vous devez connaître l'adresse IP de chacun de vos ordinateurs :

1. **Cliquez sur Démarrer/Connexions/Afficher toutes les connexions.**

2. **Dans la boîte de dialogue Connexions réseau, cliquez sur le nom de votre connexion sans fil.**

3. **Affichez le contenu de la section Détails située dans le volet d'exploration (partie gauche).**

   TRUC

   Si vous ne voyez pas cette section, mais plutôt une arborescence, cliquez sur le bouton Dossiers de la barre d'outils de la fenêtre.

4. **Dans la section Détails, localisez Adresse IP.**

Sur un des ordinateurs vous avez probablement l'adresse IP 192.168.0.0 et sur l'autre 192.168.0.1 (seul le dernier chiffre peut changer).

5. **Dans votre pare-feu, reportez ces adresses.**

   Vous les reportez généralement dans la section Firewall du pare-feu qui affiche les zones que vous autorisez sciemment. Faites bien attention à cela, car trop d'utilisateurs se demandent pourquoi les ordinateurs sont absents du réseau, alors que la solution consiste simplement à autoriser leur adresse IP dans le pare-feu.

Quatrième partie

Sur la route

Dans cette partie...

Pour moi, un des plus grands avantages de posséder un portable est de pouvoir travailler où l'on veut. J'ai utilisé un portable en avion. J'ai utilisé mon portable dans des cafés, des dîners, des bars, des parcs, dans ma voiture, à la bibliothèque, au cinéma. Les portables vont n'importe où.

Ce chapitre couvre de nombreux aspects du déplacement avec un portable, sous forme de plusieurs petits chapitres pratiques. Lisez-les. Et prenez la route !

Chapitre 15

Avant de partir en déplacement

Dans ce chapitre :

- Choisir une sacoche pour portable.
- Préparation d'un déplacement avec portable.
- À mettre dans la sacoche du portable.
- Le portable à l'aéroport.
- Sécurité des aéroports.
- Le portable en avion.

Il existe deux types de personnes. Enfin, pour ceux qui comptent en binaire. Sinon, il en existe bien davantage... Mais je m'égare. Les premières quittent toujours précipitamment leur maison, se ruent vers leur voiture et démarrent en trombe, embarquant au passage enfants, clés et manteaux dans un ballet chaotique. Les secondes prennent leur temps, vont d'un pas mesuré, vérifient leurs poches de manteau, consultent leur liste. Elles se préparent plus tôt que les premières et arrivent souvent avant elles.

Peu importe à quel type vous appartenez : il est grandement utile de vérifier quelques éléments avant de partir en déplacement avec votre portable. Si vous êtes du premier type, pourquoi ne pas préparer une sacoche ne servant qu'à cela, pleine de bonnes choses et prête à être saisie dans l'urgence ? Posez-la près de la porte. Si vous êtes du second type, faites de même ! Ainsi, vous disposerez de tous les éléments pour apprécier vos déplacements.

La sacoche de portable idéale

Une bonne sacoche est indispensable. Non pas parce qu'il est interdit de se promener avec un portable sous le bras, mais parce que le portable lui-même n'est qu'une partie de l'ensemble à emporter en déplacement. En outre, le portable a besoin d'une protection contre les chocs et le vol.

- Votre portable a besoin d'une sacoche.
- Vous trouverez au Chapitre 23 des suggestions sur les éléments à emporter.

La sacoche du fabricant

De nombreux fabricants fournissent leurs portables avec une sacoche à titre de bonus. En règle générale, ces sacoches sont les pires.

Les fabricants sont souvent dans les deux extrêmes : soit il s'agit d'un simple étui à fermeture Éclair minable, soit la sacoche est carrément énorme.

La Figure 15.1 présente une sacoche de ce genre, trop volumineuse pour être utile malgré son "luxueux cuir". Celle de la Figure 15.2 est également fournie par un fabricant de portables. Elle est trop rectangulaire.

En résumé, les sacoches des fabricants de portables ne vous laissent aucun choix. À moins de vous être documenté sur les sacoches et d'avoir trouvé un modèle de portable livré avec une sacoche qui vous convient, abandonnez tout simplement l'idée de sacoche d'origine.

Caractéristiques importantes d'une sacoche

- La sacoche est-elle ajustée au portable ? Il ne s'agit pas d'avoir un compartiment pour loger le portable. Il faut que le portable se

Figure 15.1 Sacoche de fabricant de portables, trop volumineuse.

Figure 15.2 Une autre sacoche de fabricant de portables.

loge confortablement dans la sacoche, et que celle-ci soit dotée d'une fermeture Éclair qui s'ouvre et se ferme facilement avec le portable à l'intérieur.

- *Ne choisissez pas* une sacoche avec compartiment spécial pour votre modèle de portable. Vous n'utiliserez peut-être pas le même portable dans quelques années, alors que vous aurez peut-être envie de conserver la sacoche.
- Prenez un modèle souple, pas du dur comme le traditionnel attaché-case.
- La sacoche est-elle dotée de nombreuses poches ? Vous avez besoin de poches pour ranger les accessoires, vos fournitures, des disques, des manuels, des bonbons, des tickets de bus, etc.
- Je vous recommande une sacoche contenant deux grands compartiments séparés. Vous placerez le portable dans l'un et glisserez des feuilles, un bloc ou des accessoires d'ordinateur dans l'autre.
- Les poches et autres dispositifs de rangement supplémentaires sont bienvenus pour ranger les diverses fournitures de bureau.
- Préférez les fermetures à glissière aux agrafes, boucles et autres systèmes de fermeture.
- Une poche extérieure facilement accessible apporte beaucoup de confort, pour glisser les documents importants à sortir rapidement.
- Une poignée de transport est indispensable, mais pensez aussi à une bandoulière.

TRUC

- Un sac à dos peut être très pratique pour transporter un portable. Vous gardez les mains libres.
- Si vous avez beaucoup de choses à transporter pour votre travail, éventuellement une imprimante ou un projecteur vidéo, envisagez une valise à portable, avec roulettes et poignée escamotable.

- Et n'oubliez pas que ce sac doit pouvoir se loger sous le siège de devant dans l'avion. Ne prenez donc pas quelque chose de trop grand.

N'OUBLIEZ PAS

- Le rôle d'une sacoche de portable est de transporter et protéger ce dernier, ainsi que tous vos accessoires. Cassez-vous la tête sur les caractéristiques supplémentaires si cela vous chante, mais honnêtement, dès que vous tombez sur une sacoche ou un sac (éventuellement à dos) qui remplit ces critères, passez à autre chose.

J'utilise un sac souple Eddie Bauer comme sacoche de portable depuis 15 ans. Ce modèle est visible sur la Figure 15.3. Il a de nombreuses poches, fermetures à glissière et compartiments de rangement, plus encore un peu de place pour glisser des magazines et des livres. Ce sac m'a suivi partout dans le monde.

Figure 15.3
Mon bon vieux sac Eddie Bauer.

Un dernier conseil : lorsque vous chercherez une sacoche, emmenez votre portable avec vous, pour l'essayage !

Les Figures 15.4 à 15.6 montrent différents types de sacoches. Dans la Figure 15.6 je présente un sac à dos spécialement adapté au transport de votre petit bijou.

Figure 15.4
Une sacoche grand luxe.

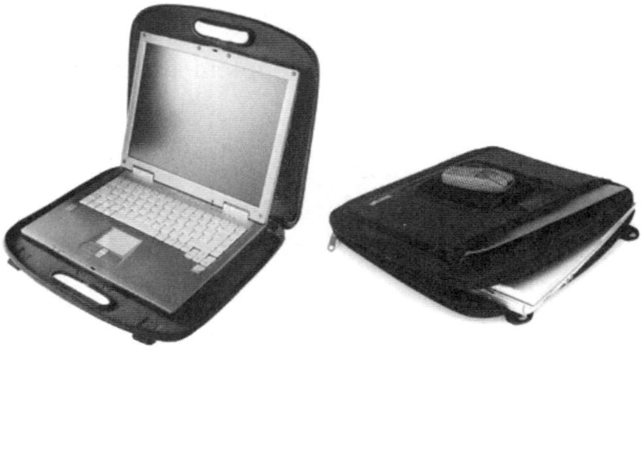

Figure 15.5
La sacoche minimaliste.

Figure 15.6
Un sac à dos très spécial.

Préparer un voyage en avion

Vous ne parcourez peut-être pas le pays en avion. Peut-être n'allez-vous transporter votre portable que deux rues plus loin. Quoi qu'il en soit, considérez les deux sections suivantes comme une check-list.

À faire avant de partir

Voici certaines choses à faire avant de partir à l'aventure avec votre portable :

- Chargez la batterie. Procédez bien à l'avance. Pour ce qui me concerne, je recharge les batteries de mon portable la nuit précédant mon voyage.
- Si vous disposez d'une batterie supplémentaire, chargez-la également.
- Synchronisez votre portable avec votre PC de bureau. Pour en savoir plus sur l'usage du porte-documents, voir le Chapitre 14.
- Sauvegardez vos fichiers importants. La solution la plus simple, lorsque votre portable est équipé d'un graveur de CD, est de glisser une copie du dossier Mes documents du disque dur du portable jusqu'au graveur, puis de graver un disque. Conservez le disque en lieu sûr.

- Comme autre possibilité de sauvegarde, envisagez Retrospect Backup, de Dantz. Norton Ghost est également envisageable.
- Retirez tout CD ou DVD du lecteur. Cela évite la mise en rotation du lecteur lors du démarrage du portable sur batterie.
- Allez sur Internet et enregistrez quelques pages Web sur votre disque dur, pour les lire hors connexion pendant votre absence (voir le Chapitre 13).

Affaires à glisser dans la sacoche du portable

Une bonne sacoche de portable permet d'emporter bien autre chose que le portable lui-même. On l'appellerait sinon *étui à portable*, pas sacoche. Voici une liste d'affaires à glisser dans la sacoche de votre portable.

- Fournitures de bureau. Stylos. Papier. Notes adhésives. Trombones. Élastiques. Surligneur. Etc.
- Emportez le câble d'alimentation et l'adaptateur secteur.
- Emmenez toute batterie supplémentaire dont vous disposez.
- Glissez-y votre téléphone portable, bien que nombreux soient ceux qui préfèrent l'accrocher à la ceinture ou le glisser dans un étui.
- Lorsque vous allez à l'étranger, pensez à emporter un transformateur électrique ou un adaptateur secteur propre au pays où vous vous rendez.
- Apportez un cordon téléphonique si vous comptez utiliser le modem.
- Emportez un câble Ethernet de 2 mètres si vous comptez vous connecter à un réseau.
- N'oubliez pas des écouteurs pour écouter de la musique ou regarder un DVD.

- Dans le cas où vous devez mener une présentation, n'oubliez pas la présentation. Si vous avez besoin de votre propre projecteur vidéo, emmenez-le aussi.
- Emmenez tous les périphériques nécessaires : souris, clavier, cartes PC, stockage externe, etc.
- Prenez quelques chiffons pour écran.
- Un paquet de cartes. (Il faudra bien quelque chose pour jouer une fois la batterie vide.)
- Si vous emmenez un appareil photo numérique, n'oubliez pas le câble pour relier l'appareil à l'ordinateur ou le lecteur de carte mémoire. Il sera pratique de pouvoir transférer directement vos photos sur le portable.

Pour d'autres conseils sur quoi emporter, voir aussi le Chapitre 23.

À l'aéroport et en vol

Emporter son portable en avion est aujourd'hui aussi courant que monter à bord avec un journal. Bonne nouvelle ! Cela veut dire que la compagnie aérienne ne devrait pas vous traiter comme une étrange exception.

Votre portable est-il vraiment un bagage à main ?

ATTENTION !

N'enregistrez pas votre portable comme bagage ! Votre portable ne doit pas être soumis aux tortures qu'endurent la plupart des valises. Il ne doit pas être rangé dans la soute, où la température descend largement au-dessous de zéro. Vous ne désirez pas non plus courir le risque que l'on vous vole votre portable ? Alors, ne l'enregistrez pas !

Si l'on vous impose l'enregistrement de la sacoche comme bagage, gardez le portable lui-même avec vous ; ne faites enregistrer que la sacoche.

Contrôle du portable

1. **Avant de passer le portique de détection, retirez votre portable de sa sacoche.**

   Certes, vous aurez les bras chargés de diverses choses pendant quelques instants.

2. **Une fois arrivé au portique à rayons X, placez votre portable seul dans un panier et ce dernier sur le tapis roulant.**

   Indiquez la présence du portable aux agents de sécurité.

   Ne recouvrez pas le portable de votre manteau. Ne mettez pas vos clés de voiture dans le même panier.

3. **Surveillez votre portable pendant le passage du portique à rayons X.**

4. **Récupérez votre portable à l'autre bout du tapis.**

Ensuite, replacez le tout à sa place et dirigez-vous vers votre porte.

- Gardez l'œil sur votre portable ! Le portique de détection est couru par les voleurs (voir le Chapitre 17).
- La machine à rayons X n'endommagera pas votre portable.
- L'on vous demandera éventuellement d'allumer votre ordinateur. Encore une bonne raison pour avoir une batterie bien chargée. Veillez au moins à disposer du câble d'alimentation ; la plupart des portiques de détection sont équipés d'une prise murale sur laquelle vous pourrez vous brancher le cas échéant.

À bord

Une fois dans l'avion, trouvez votre siège. Essayez de glisser le portable sous le siège de devant. Il est possible de le placer dans le porte-bagages, au-dessus, mais je préfère sous le siège. L'accès est plus facile et cela m'épargne les retardataires susceptibles de bourrer leurs affaires sur mon portable.

Conservez le portable dans son sac de transport. Avant de sortir votre portable, attendez l'annonce indiquant qu'il est possible d'allumer les appareils électroniques.

- Évidemment, il est souhaitable d'éviter les sièges de la première rangée, puisque vous ne pourrez pas glisser votre portable sous le siège de devant.
- J'ai un faible pour le siège à côté du hublot ; je peux régler le store pour protéger l'écran et orienter le portable vers moi pour le protéger des regards indiscrets.

En vol

Après l'annonce autorisant l'usage d'appareils électroniques, sortez votre portable et... faites-en ce que vous voulez.

Il peut être difficile de lui trouver une place. Certains sièges sont si rapprochés qu'il est presque impossible d'ouvrir le portable après l'avoir posé sur la tablette rabattable. Et lorsque le gars devant vous incline son siège vers l'arrière, vous n'avez plus qu'à ramasser votre informatique !

Sous réserve d'arriver à ouvrir le portable et à l'allumer, le véritable choix devient : vais-je travailler ou jouer ? Ou peut-être regarder un DVD ?

L'autonomie dont vous disposez dépend principalement de la durée du vol. À l'annonce d'éteindre les appareils électroniques, éteignez votre portable (ou passez en veille prolongée).

- Les compagnies aériennes n'ont guère pris au sérieux la fourniture de courant aux utilisateurs de portable. Je ne sais pas où en est la situation, mais il me semble que ce genre de service n'est disponible qu'en classe affaires ou en première.
- On note aussi quelques rumeurs quant à la fourniture d'accès à Internet durant certains vols. Le coût est de toutes façons si élevé que c'en devient idiot.
- Pour en savoir plus sur la veille prolongée, voir le Chapitre 4.

Chapitre 16

Itinérance ou l'informatique dans les endroits les plus étranges

Dans ce chapitre :

- Le portable en déplacement.
- Le portable et le cybercafé.
- À la recherche d'une prise murale.
- Le portable à l'hôtel.
- Les alertes de batterie faible.
- Empêcher le portable de chauffer.

Oh ! je me souviens bien de la dure époque des premiers jours de l'informatique portable ! Je me souviens d'avoir dû pirater la ligne téléphonique de l'hôtel avec un fil de lampe et un couteau de poche ! Je me souviens de mon portable derrière l'ancien Rideau de fer. Je me souviens des connexions à 300 bps pour communiquer entre Londres et San Diego. Si cela fait longtemps que vous n'êtes pas parti, alors relax ! Sachez qu'emmener un portable en déplacement n'est plus considéré comme bizarre, inhabituel ou même remarquable. C'est la routine. En fait, il devient presque inhabituel de ne *pas* voir un client pianoter sur son portable dans un cybercafé. La plupart du temps, vous en verrez plusieurs ; parfois, c'est *tout le monde*.

Le portable au cybercafé

Il fut un temps où l'on allait au café, commandait un cappuccino et s'asseyait à côté d'individus vêtus de noir et parlant marxisme. Aujourd'hui, vous commandez un *double-machiatto-déca* et vous vous asseyez aux côtés de personnes habillées genre "fryday wear" qui discutent de la façon de se connecter au Wi-Fi du cyberbistrot. Le type assis à côté de vous est peut-être toujours marxiste. Et alors ? S'il en connaît un rayon en SSID et WEP, vous pourrez avoir une conversation !

Où s'asseoir ?

Avant de commander votre breuvage au comptoir, cherchez une bonne place.

S'asseoir à une table est préférable, à moins que vous ne trouviez plaisant d'équilibrer le portable sur vos genoux une fois assis sur un pouf ou un vieux sac de café colombien en grains.

Choisissez une table loin des fenêtres ou face à elles, afin d'éviter que la lumière ne se reflète sur l'écran du portable. (Inclinez l'écran pour réduire le reflet si votre place n'est pas si bonne.)

Autre suggestion : attention aux fenêtres hautes, lucarnes et verrières !

Lorsque vous désirez réellement travailler, trouvez une place loin de la porte et du comptoir. Faites l'inverse si tout cela n'est pas si urgent.

Chasseur de prise

Un autre facteur important pour choisir une place est la présence de prises murales. Sans prendre l'air de chercher une bombe, regardez sous les tables ou inspectez le bas des murs à la recherche d'une prise de courant.

Si vous en trouvez une, choisissez cette place.

Si vous avez du savoir-vivre, demandez à la caisse s'il est possible de se brancher. Sinon, branchez-vous aussi nonchalamment que possible.

Notez que toutes les prises de courant ne sont pas forcément alimentées. Vous le saurez lorsque vous vous brancherez : aucun voyant du portable ne s'allumera pour indiquer la présence du secteur, vous continuerez donc à tirer sur la batterie.

Lorsque vous arrivez à vous brancher, essayez de placer le câble d'alimentation de façon que personne ne s'y prenne les pieds. Si quelqu'un tombe à cause de votre câble, attendez-vous à être jeté dehors.

Autres conseils et diverses choses

Il est de bon aloi de boire quelque chose dans un cybercafé. Néanmoins, attention ! liquides et ordinateur ne font pas bon ménage. C'est pire pour le portable, où clavier et ordinateur sont dans le même boîtier. Mais qui suis-je pour vous refuser une agréable tasse de café ? Lorsque vous buvez en pianotant sur l'ordinateur, faites-vous servir dans une vraie tasse, pas un gobelet ! Munissez-vous aussi d'un bon paquet de serviettes en papier, au cas où...

Ne laissez *jamais* votre portable sans surveillance ! Si vous allez aux toilettes, fermez le portable et rangez-le, ou emmenez-le avec vous. Mais ne le laissez jamais tout seul. Il sera volé (voir aussi le Chapitre 17).

N'oubliez pas de glisser une souris dans la sacoche de votre portable. Quand je suis en déplacement, et particulièrement lorsque je me pose quelques heures au même endroit, la souris externe est une bénédiction.

Le portable à l'hôtel

La majorité des informations présentées ici sont une révision des autres chapitres de ce livre :

- Lorsque vous utilisez le modem, créez un site d'appel et des règles de numérotation pour cet hôtel. Si vous savez que vous reviendrez ici, cela vous fera gagner du temps la prochaine fois. Voir le Chapitre 11.

- De nombreux hôtels disposent d'un accès Internet à haut débit. Un câble Ethernet est habituellement fourni, mais il est préférable d'en emporter un avec soi. Branchez le câble, ouvrez votre navigateur Web, puis suivez les instructions affichées pour configurer l'accès.

- Attention aux lignes téléphoniques numériques ! Ne branchez pas votre modem dans une autre prise qu'une prise modem ou une prise téléphonique ordinaire.

- L'imprimante pas chère : envoyez un fax sur le numéro du télécopieur de l'hôtel. Voir le Chapitre 11.

- Il est risqué de laisser votre portable dans la chambre d'hôtel. Non pas que le personnel de ménage le volerait, mais quelqu'un peut l'allumer et récupérer des informations telles que mots de passe et numéros de cartes bancaires. Pour en savoir plus sur la sécurité à l'hôtel, voir le Chapitre 17.

- Le réseau sans fil (Wi-Fi) de l'hôtel constitue un autre risque de sécurité. Attention lors de l'envoi de données sensibles sur un réseau sans fil (et même câblé). Qui sait si le niveau de protection de ce réseau est bon ou si des pirates ne sont pas tapis dans l'ombre ? Rappelons que cet accès est soit gratuit pour les clients de l'hôtel, soit facturé à l'heure de connexion ou à la discrétion de l'établissement et/ou de l'opérateur qui sévit dans la région ou le pays de voyage.

- On tombe rarement dans une chambre d'hôtel qui n'est pas dotée de suffisamment de prises de courant à côté du bureau. Sachez que, dans certains hôtels, lorsque vous débranchez une lampe ou la télévision, cela déclenche le système d'alarme.

ATTENTION !

Attention aux aimants !

Faut-il être terrifié à l'idée de passer à côté d'un aimant avec son portable ? Peut-être.

En fait, les aimants ne sont pas réellement le problème. Le problème est le *champ magnétique* généré par l'aimant. Petit rappel de science : un champ magnétique ou électromagnétique est généré par les aimants, les moteurs électriques, les haut-parleurs stéréo et la planète Jupiter.

À une certaine époque, les utilisateurs d'ordinateur évitaient les aimants, car même un très faible champ magnétique était capable de brouiller les données sur une disquette. Les disquettes sont maintenant quasiment entrées dans le passé, mais les champs magnétiques existent toujours et doivent être évités. Un mixeur peut tout à fait générer un champ magnétique suffisant pour provoquer des interférences sur un portable proche.

De même, avez-vous déjà laissé votre téléphone mobile à proximité d'un moniteur informatique ! Non ! Faites l'expérience. Au moment où il va se mettre à sonner, votre écran attrapera la danse de Saint-Guy. Imaginez ce que prennent nos oreilles !

Évitez de laisser votre portable près d'appareils dotés de moteurs électriques ou de grands haut-parleurs stéréo, et encore moins sur Jupiter. Pas même Saturne.

Gérer l'alerte de batterie faible

Grâce à la technologie évoluée des batteries, votre portable peut vous signaler lorsque la batterie est sur le point d'être vide. Sur la plupart des portables, il existe deux types d'alertes (voir le Chapitre 8). L'idée est de prendre ces alertes au sérieux ! Traînassez à vos propres risques. Il en va de la vie de vos données.

Par ailleurs, faites votre possible pour allonger l'autonomie du portable. Voici un concentré de conseils dont certains ont déjà été présentés dans ce livre :

- **Sachez choisir des délais d'inactivité.** Un délai de 15 minutes avant la mise en veille est peut-être intéressant au bureau, mais en déplacement il faut le réduire (voir le Chapitre 8).

- **En déplacement, diminuez la résolution d'affichage et le nombre de couleurs.** D'ailleurs, pour l'essentiel du travail informatique, une résolution de 800 x 600 en couleurs 16 bits convient. Cette configuration consomme moins de mémoire vidéo, et donc moins de courant, sans compter une moindre chauffe.

- **Coupez les haut-parleurs.** Non seulement cela économisera un peu d'énergie, mais également les oreilles de vos voisins auxquels vous épargnerez les petits sons désagréables qu'émet le portable.

- **Désactivez les périphériques inutilisés.** Lorsque vous n'utilisez pas le modem, désactivez-le. Si vous n'avez pas besoin du lecteur/graveur de CD/DVD, retirez l'éventuel disque qui y est resté.

- **Si le lecteur de CD/DVD de votre portable est amovible, envisagez de le retirer lorsque vous êtes en déplacement.** Cela allège un peu le portable et économise de l'énergie.

- **Gardez quelques tâches pour votre retour ou pour le moment où vous disposerez d'une prise de courant.** Allons, allons, certaines choses peuvent attendre ! Si l'envoi de tel fichier de 200 Ko n'est pas immédiatement indispensable, gardez-le pour le moment où vous disposerez d'une connexion rapide à Internet.

- **La mise en veille prolongée conserve votre travail en cours, mais n'enregistre pas les documents comme le fait Ctrl+S.** Lorsque vous êtes pris par le temps, passez directement en veille prolongée, mais n'oubliez pas d'appuyer sur Ctrl+S pour enregistrer vos documents lorsque vous sortirez le portable de veille.

Attention à la température du portable !

Si vous êtes un peu malin, vous aurez compris qu'il n'y a pas de trou à thermomètre dans votre portable. Cela dit, il est important de surveiller sa température.

Les portables actuels sont équipés de ventilateurs, principalement pour empêcher l'électronique interne de chauffer. Pour fonctionner correctement, un microprocesseur Pentium ordinaire réclame un système de refroidissement. (L'électronique aime la fraîcheur, mais pas l'humidité.) Sachez que la batterie, au fur et à mesure qu'elle se vide, dégage de la chaleur. Il est important de ne pas laisser trop chauffer le portable.

TRUC

- **Évitez de placer le portable dans la lumière directe du soleil.** Par exemple, ne laissez pas votre portable sur un siège de voiture en plein mois d'août. La chaleur endommagerait définitivement votre portable. Même chose pour le coffre. Idem pour tout rangement où le portable risque d'être exposé à une chaleur externe.

- **Ne laissez pas un portable allumé dans un placard ou tout environnement clos où l'air ne circule pas.** N'obstruez pas les petites aérations sur le portable, elles servent à aspirer de l'air frais et à expulser l'air chaud. Pour la même raison, ne travaillez pas vautré sur une moquette épaisse qui ne va pas manquer d'obstruer le système de ventilation de votre portable.

- **Suggestion : envisagez l'achat d'une tablette de refroidissement.** Le Chapitre 22 présente cet accessoire, entre autres.

Chapitre 17

Sécurité des portables

Dans ce chapitre :

- Les vols de portables.
- Prévenir le vol.
- Marquage de votre portable.
- Vigilance contre les voleurs.
- Attacher un câble antivol.
- Emploi de mots de passe.
- Obtenir qu'un portable perdu téléphone à la maison.

Les portables sont prisés ! Par les utilisateurs. Par les voleurs aussi.

Du fait de sa nature mobile, sans parler du prix (la plupart des portables dignes de ce nom coûtent au moins mille euros), le portable est en bonne place sur la liste des produits volés. Un portable est léger, facile à dissimuler, facile à revendre. Pour le cambrioleur, ce n'est que du bonheur ; pour vous, c'est l'inverse.

Ce chapitre étudie les mesures à prendre pour éviter que votre portable ne vienne gonfler les statistiques. Vous découvrirez les mesures de prévention, le comportement à adopter en déplacement, et même comment obtenir que votre portable signale lui-même qu'il a été victime d'un vol.

Les portables se volent facilement

À moins que vous ayez volé ce livre, vous n'avez probablement pas l'âme d'un voleur. Bonne nouvelle pour l'humanité ! En fait, la plupart d'entre nous ne sont pas des voleurs et tendent à être plutôt confiants. Malheureusement, c'est de cette nature confiante dont les individus malintentionnés tirent bénéfice.

Cela dit, la majorité des portables sont égarés, pas dérobés. Aussi idiot que cela puisse paraître, les gens oublient leur portable plus souvent qu'on ne le leur vole. Malgré cela, considérez qu'aucun portable n'est jamais en sécurité. Nombre d'entre eux sont escamotés juste sous les yeux de leur propriétaire.

TRUC

Pensez au portable comme à un sac de billets attendant sagement qu'on s'en empare. Pour un voleur, c'est exactement cela. Si vous pensez à votre portable de la sorte, il est peu probable que vous l'oubliiez ou qu'il vous soit volé.

Le meilleur moyen de protéger votre portable est de le marquer. Voir les instructions plus loin dans ce chapitre. Gardez cette statistique à l'esprit : 97 % des ordinateurs non marqués ne sont jamais retrouvés.

Autres statistiques intéressantes :

- 40 % des vols de portables se produisent au bureau. Cela inclut donc tant les collègues que le visiteur bien habillé qui pénètre dans l'établissement.
- Les vols de portables sur les campus (dans les chambres universitaires) se montent à 37 %.
- Un portable à 2 000 euros se revend environ 50 euros dans la rue.
- Selon la police, 90 % des vols de portables seraient facilement évitables avec un peu de bon sens.

Prévention

La prévention est mère de la tranquillité. Les voleurs aiment la facilité, comme n'importe qui lorsqu'il fait ses courses ; si votre portable est plus difficile à dérober que celui de votre voisin, ce dernier sera la victime.

Les sections suivantes présentent les mesures à prendre afin d'éviter les vols ou pour récupérer votre portable si quelqu'un s'en empare.

Marquez votre portable

C'est le plus important : la gravure ou le collage d'une étiquette résistant aux dégradations aident à retrouver un portable volé. En effet, la meilleure preuve que quelque chose vous appartient est l'inscription de votre nom sur l'objet en question.

- Il est possible de graver vous-même votre nom et les informations de contact sur votre portable à l'aide d'un petit outil.
- Certaines personnes écrivent simplement leur nom à un endroit où il est peu probable que le voleur regarde : au dos d'un volet amovible, dans le compartiment de la batterie, etc. Servez-vous d'un marqueur indélébile.
- Des étiquettes spéciales sont disponibles dans la plupart des boutiques de reprographie. Ces étiquettes se collent comme toute autre étiquette, mais ne sont vraiment pas faciles à enlever ou à effacer. Pour quelque 100 euros, vous vous ferez imprimer plusieurs centaines d'étiquettes personnalisées, non seulement pour vos ordinateurs, mais aussi pour vos autres objets de valeur (appareil photo, vélo, télévision, etc.).

N'utilisez pas une sacoche spéciale pour portable

Cette mallette estampillée du logo Dell (ou IBM ou autre) ne montre pas seulement que vous assumez la nature de vos achats. C'est aussi un indice certain qu'elle renferme un objet de valeur. C'est entre autres pour cela qu'au chapitre précédent je vous ai mis en garde contre les sacoches de portable des fabricants.

- Un sac souple anonyme convient bien mieux.

- Les sacs à dos font également de bons sacs de transport pour portables.

Enregistrez le portable et ses logiciels

N'oubliez pas de renvoyer la carte d'enregistrement de votre portable et celle de tout logiciel utilisé. Si l'on vous vole votre portable, alertez le fabricant et les éditeurs des logiciels. Avec un peu de chance, cela permettra de mettre la main sur le portable volé, pour peu qu'une personne l'utilisant le fasse réparer ou régler.

N'OUBLIEZ PAS

- Cette astuce n'est valide que si la personne récupérant le portable n'efface pas totalement le disque dur.
- Conservez sur vous une copie du numéro de série du portable et autres informations vitales, surtout pas dans la sacoche du portable. De la sorte, vous saurez quels numéros fournir à la police et au fabricant.

Attention à l'entourage !

L'on dit que les casinos sont le paradis des voleurs de sacs à main, car la plupart des femmes y sont trop absorbées par le jeu pour remarquer que leur sac est en train d'être dérobé. Le sac peut être sur le sol, à leurs pieds ou même sur leurs genoux. Les voleurs connaissent le pouvoir de la distraction.

En déplacement, vous devez toujours savoir où il se trouve et qui y a accès. Surveillez votre portable !

Par exemple, au restaurant, placez le portable dans sa sacoche au-dessous de la table. Si vous devez quitter la table, prenez le portable avec vous ou demandez à vos amis de garder un œil dessus.

Prenez-le avec vous lorsque vous allez téléphoner.

Emportez-le aux toilettes.

Placez le portable dans le coffre de votre chambre d'hôtel. S'il n'y a pas de coffre, mettez-le en sécurité dans celui de l'hôtel.

Attention à la distraction ! Une agitation devant vous signale peut-être un voleur derrière vous, sur le point de s'emparer de votre portable. Une agitation derrière signalera que le voleur est devant. Les voleurs travaillent en binôme ou en groupes, créant une bousculade pour vous distraire pendant que vos affaires disparaissent.

Attention notamment aux portiques de détection dans les aéroports ! Un éclat de voix ou une femme en robe rouge peuvent détourner votre attention le temps de s'emparer de votre portable. Méfiez-vous aussi des escalators encombrés, où un mouvement de foule peut facilement vous faire tomber, ce dont profitera un complice pour saisir votre portable et disparaître.

Le bon vieux câble antivol

Le Chapitre 5 a présenté les accessoires externes des portables. Vous y avez vu qu'un portable dispose d'une fente de verrouillage de sécurité pour y attacher un câble antivol. Le nom officiel est Universal Security Slot (USS) ou Fente de sécurité universelle.

L'USS est intégrée au boîtier du portable. Le câble ou autre dispositif de sécurité enclenché dans l'USS ne peut être retiré du portable ; la seule solution pour voler le portable est alors de couper le câble lui-même.

Il est évident que ce système n'est réellement efficace que lorsque le portable est attaché à quelque chose. Comme pour un vélo, il faut enchaîner le portable à quelque chose de gros et solide.

- Vous trouverez un câble antivol pour portable dans une boutique d'informatique ou de fournitures de bureau.
- Certains câbles sont dotés d'une alarme qui retentit lorsque l'on coupe le câble ou que le portable est déplacé.
- Un autre moyen d'enchaîner un portable est de le verrouiller sur une station d'accueil. Les voleurs préfèrent s'emparer d'un portable seul plutôt que d'un ordinateur de bureau ou d'un portable dans sa station d'accueil.

Protection de vos données

Les mots de passe ne protègent que les données du portable, pas le portable lui-même. La majorité des voleurs recherchent un gain rapide. Ce n'est pas vraiment le contenu du portable qui les intéresse ; il s'agit juste de monnayer rapidement un objet. En revanche, c'est le contenu qui intéresse un voleur de données.

Les voleurs de données recherchent des mots de passe ou des numéros de cartes bancaires qu'ils peuvent revendre. Sans compter qu'il est alors possible d'utiliser votre propre ordinateur pour réaliser des achats sur Internet ou opérer des transferts de votre compte bancaire vers un autre.

Le problème est que la protection par mot de passe n'est pas de nature à arrêter les voleurs de données, intelligents pour la plupart. Ils connaissent tous les trucs. Ils ont tous les outils. Au mieux, vous les freinerez un peu.

Les sections suivantes présentent divers moyens pour protéger les données de votre portable. Cela n'empêche pas le vol du portable, mais renforce la protection des informations contre les pirates.

Le mot de passe BIOS

Le setup du portable permet d'appliquer un mot de passe au système lui-même, c'est-à-dire un mot de passe réclamé avant chargement du système d'exploitation. C'est la première ligne de défense des données, mais je n'en recommande pas l'usage pour deux raisons :

Tout d'abord, si vous oubliez votre mot de passe, vous êtes coincé. C'est arrivé à de nombreuses personnes.

Ensuite, il est possible de contourner le mot de passe BIOS. Tant de personnes l'ont oublié que presque chaque fabricant dispose d'une méthode pour l'écraser, ce qui, dans les faits, annule quasiment la raison d'en employer un.

- Si le fabricant de votre portable garantit que le mot de passe BIOS ne peut être contourné, effacé, écrasé, alors ne vous gênez pas pour en employer un. Mais ne l'oubliez pas !

- Vous devrez saisir le mot de passe à chaque démarrage du portable.
- Certains voleurs de données se contentent d'extraire le disque dur du portable, pour récupérer les informations sur leur propre équipement. Dans ce cas, le mot de passe BIOS ne vous protégera pas.
- Pour en savoir plus sur le setup du BIOS, qui permet de mettre en place un mot de passe BIOS, voir le Chapitre 4.

Utilisez le système de fichiers NTFS

Veillez que le disque dur de votre portable soit formaté avec le système NTFS. Voici comment vérifier :

1. **Ouvrez la fenêtre Poste de travail.**

   Voir le Chapitre 6.

2. **Cliquez sur l'icône du disque dur de votre portable pour la sélectionner.**

3. **Consultez le volet Détails dans la partie gauche de la fenêtre.**

   Vous devrez éventuellement cliquer sur les chevrons pour afficher tous les détails.

4. **Vérifiez la présence de la mention "Système de fichiers : NTFS" (voir la Figure 17.1).**

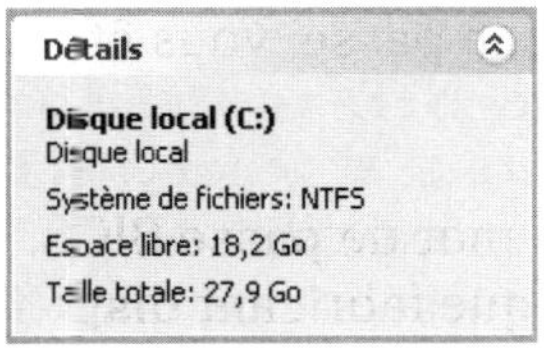

Figure 17.1 Ce disque utilise le système de fichiers NTFS.

5. **Fermez la fenêtre Poste de travail.**

Le format NTFS est plus sécurisé que les anciens systèmes de formatage de disque dur. Par exemple, en utilisant NTFS, vous masquez la totalité du disque dur lorsqu'une disquette est employée pour démarrer l'ordinateur.

Si votre disque dur n'exploite pas le système NTFS – il est en FAT32, par exemple –, sachez qu'il reste possible de passer en NTFS en exécutant l'utilitaire CONVERT sur la ligne de commande. Voici comment procéder :

1. **Cliquez sur Démarrer/Tous les programmes/Accessoires/Invite de commandes.**

   La boîte de dialogue éponyme apparaît. Un curseur clignote derrière un chevron situé au bout d'une ligne d'écriture qui indique généralement : C:\Documents and Settings\[Nom_utilisateur]>.

2. **Saisissez ceci : Convert C: /fs:ntfs.**

3. **Validez en appuyant sur la touche Entrée.**

   Suivez les instructions en n'omettant pas la lettre de votre disque dur qui, sur un portable, se limite à C, dans la mesure où un seul disque dur interne est présent.

   Après une nouvelle validation, la conversion commence. Sa durée dépend de la capacité de stockage du disque dur et du nombre de données enregistrées. Le message `La conversion est terminée` apparaît. C'est fait !

4. **Quittez l'invite de commande en cliquant sur son bouton de fermeture (X).**

ATTENTION !

Il existe une raison pour ne pas employer NTFS : certains anciens programmes ne reconnaissent pas ce format et ne fonctionneront pas si vous convertissez votre disque. Si vous exploitez de vieux logiciels, vérifiez auprès de leurs éditeurs qu'ils soient compatibles NTFS.

Associez un mot de passe à votre compte d'utilisateur

Une autre méthode de protection consiste à associer un mot de passe à votre compte d'utilisateur Windows. Je sais pertinemment avoir déclaré précédemment dans ce livre qu'un mot de passe n'est pas nécessaire dans le cas d'un utilisateur unique. Néanmoins, s'il est important de garantir la sécurité de vos données, il faut associer un mot de passe à votre compte Windows XP.

Pour plus d'informations, voir le Chapitre 6.

Choisir un mot de passe résistant

De nombreux mots de passe sont faciles à trouver. Aux États-Unis, le mot de passe le plus courant est "password", qui veut dire "mot de passe" (croyez-le ou non). Les gens emploient leur prénom, des mots simples, parfois juste quelques lettres, toutes sortes de choses peu fiables.

Pour protéger correctement vos données, choisissez un mot de passe robuste. Un mot de passe robuste comporte habituellement deux mots qui n'ont aucun rapport et quelques chiffres. Par exemple, quelque chose comme `jeris4chats`.

Deux mots sont nécessaires, car les programmes pour casser les mots de passe les comparent notamment avec les mots du dictionnaire.

Les chiffres ajoutent un élément imprévisible dans le mot de passe.

Évitez les symboles autres que les chiffres. Ils ne sont pas toujours acceptés.

Si vous avez des difficultés à mémoriser votre mot de passe, notez-le ! Mais ne le laissez pas juste à côté de votre ordinateur. Je connais des gens qui écrivent leurs mots de passe sur le calendrier de la cuisine. L'endroit n'est pas si mauvais.

Désactiver le compte Invité

Le compte Invité de Windows XP permet à n'importe qui d'entrer dans votre ordinateur. Même si l'on considère que le compte Invité est très limité, ce n'est pas assez pour arrêter un voleur de données.

Pour désactiver le compte Invité, voir le Chapitre 6.

Verrouiller Windows

Windows dispose d'une commande de verrouillage. En appuyant sur la touche Windows (Win) et la touche L, vous verrouillez rapidement l'ordinateur et fermez temporairement votre session Windows. Pour accéder de nouveau à l'ordinateur, il faut rouvrir une session, ce qui nécessite de saisir votre mot de passe.

Lorsque vous laissez votre portable pendant quelques instants, verrouillez-le : appuyez sur Win+L. De la sorte, même si vous avez confiance aux autres personnes présentes, vous protégez l'accès à l'ordinateur.

Si votre portable n'a pas de touche Windows, appuyez sur Ctrl+Alt+Suppr pour afficher le Gestionnaire des tâches de Windows. Actionnez ensuite la commande Arrêter/Changer d'utilisateur.

Notez que sur certains systèmes, Ctrl+Alt+Suppr verrouille automatiquement l'ordinateur.

Il est aussi possible de verrouiller l'ordinateur en appliquant un mot de passe à l'écran de veille. C'est une autre possibilité de protection, mais il est plus direct d'appuyer sur Win+L pour verrouiller un ordinateur que d'attendre que l'écran de veille se mette en route. (Pour plus d'informations sur la boîte de dialogue Propriétés de Affichage, où vous trouvez les réglages pour l'écran de veille, voir le Chapitre 6.)

Désactiver le port infrarouge

Apparemment, il existe des logiciels capables de pénétrer dans votre portable via le port infrarouge (IR).

Pour désactiver le port IR de votre portable, suivez ces étapes :

1. **Ouvrez l'icône Système du Panneau de configuration.**
2. **Dans la boîte de dialogue Propriétés système, cliquez sur l'onglet Matériel.**
3. **Cliquez sur le bouton Gestionnaire de périphériques.**

   Vous obtenez la fenêtre Gestionnaire de périphériques (Figure 17.2).
4. **Double-cliquez sur la ligne Périphériques infrarouges pour afficher son contenu.**

Pourquoi ne pas tout simplement protéger les fichiers par mot de passe ?

En vingt ans d'écriture de livres d'informatique, la question qui est revenue le plus souvent est : Pourquoi ne puis-je pas protéger individuellement par mot de passe des fichiers ou des dossiers ? Ce n'est pas bête. J'aimerais aussi que le système d'exploitation propose cette caractéristique. Les gens la réclament. Mais elle n'est pas encore là.

Tout n'est pas impossible pour autant. Si vous ne pouvez protéger des fichiers par mot de passe, il est en revanche possible de protéger les dossiers compressés ou les fichiers d'archives ZIP. Ces archives servent beaucoup pour envoyer des fichiers par Internet. La compression permet de transférer plus rapidement les gros fichiers. Une archive autorise aussi l'envoi de plusieurs fichiers d'un coup.

Pour créer un dossier compressé dans Windows, choisissez Fichier/Nouveau/Dossier compressé. Puis copiez dans ce dossier les fichiers à protéger par mot de passe.

Pour définir le mot de passe, ouvrez l'icône du dossier compressé et choisissez Fichier/Ajouter un mot de passe. Saisissez deux fois le mot de passe, puis cliquez sur OK. Ironie du sort : le système d'exploitation de l'ordinateur TRS-80 (début des années 1980) proposait la protection des fichiers par mot de passe. Ce système d'exploitation s'appelait TRS-DOS. L'éditeur était une petite société de Seattle, nommée Microsoft.

5. **Double-cliquez sur la ligne Port infrarouge au-dessous de Périphériques infrarouges.**

6. **Dans le bas de la boîte de dialogue Propriétés, dans la liste Utilisation du périphérique, choisissez l'option Ne pas utiliser ce périphérique (désactivé).**

7. **Cliquez sur OK pour fermer la fenêtre Propriétés.**

8. **Fermez le Gestionnaire de périphériques.**

Si aucun périphérique infrarouge n'est mentionné dans le Gestionnaire de périphériques, c'est que votre portable n'est probablement pas doté d'un port infrarouge. Très bien.

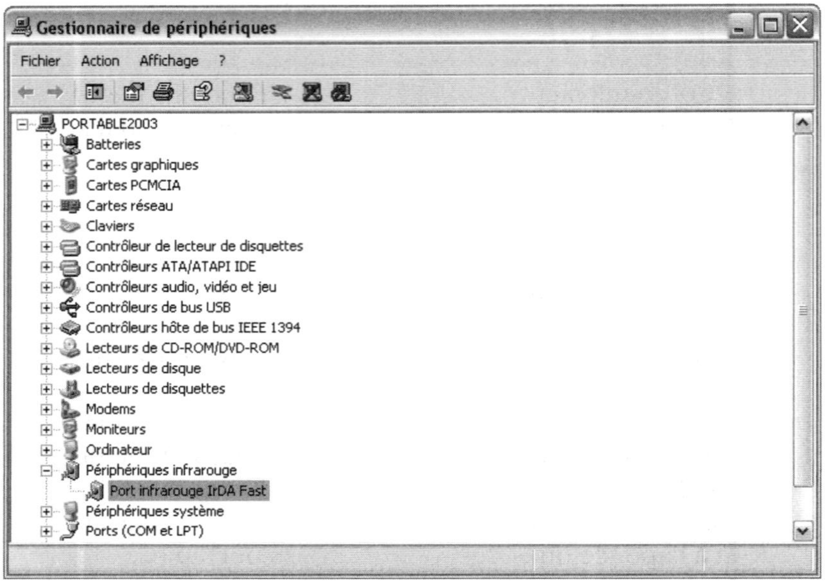

Figure 17.2 Désactivation du port infrarouge.

Pour en savoir plus sur l'icône Système du Panneau de configuration, voir le Chapitre 6. Ce chapitre parle également du Gestionnaire de périphériques.

Sauvegardez vos données !

Lorsque vous perdez un portable, vous perdez le matériel lui-même et, plus important, les données qu'il contient. Si ces données ont une quelconque valeur, je vous recommande vivement d'en conserver une copie de sauvegarde.

Il existe de nombreux moyens pour sauvegarder des données. Le plus simple est de les sauvegarder via le réseau sur un disque dur de grande capacité. Par exemple, faites glisser votre dossier Mes documents sur le disque dur réseau.

Le meilleur moyen pour sauvegarder des données est cependant l'emploi d'un véritable logiciel de sauvegarde, qui permet de stocker vos données sur lecteur réseau, CD-R ou DVD-R. Je recommande Retrospect Backup, de Dantz, que vous trouverez sur le site `www.dantz.com/fr/`.

"Portable, téléphone maison"

C'est probablement le moyen le plus malin de protéger votre portable. Votre portable vous téléphonera pour vous dire où il se trouve. Bien qu'étonnant, cela fonctionne.

Cette technique est supposée avoir été découverte par hasard. Voilà comment les choses sont censées s'être produites : un utilisateur de portable avait programmé son système pour téléphoner à l'ordinateur de son domicile chaque soir vers 20 heures. Les deux ordinateurs s'échangeaient alors des fichiers pour se synchroniser.

Il arriva que le portable fut volé au bureau. Or, quelques jours plus tard, le téléphone sonna soudain, à 20 heures. La victime décrocha et entendit le son du modem de son portable qui tentait d'établir une communication. Elle nota le numéro d'appel et fournit cette information à la police qui localisa le voleur du portable.

Le portable fut retrouvé, car il était programmé pour téléphoner chez lui tous les jours à heure fixe. Le programme était automatiquement exécuté : le voleur (ou celui qui avait acquis le portable volé) ayant branché le portable sur la ligne téléphonique, le programme put continuer à remplir son office.

Pas besoin d'être programmeur pour configurer un portable de cette façon. Il existe des programmes qui font la même chose : ils pilotent le

Votre empreinte de pouce, s'il vous plaît

Le dernier cri en matière de dispositif de sécurité est le lecteur d'empreinte digitale. Vous devez appuyer votre pouce pour vous identifier. Sous réserve que ce soit le bon pouce, le logiciel déverrouille le portable et vous accorde l'accès. C'est certainement une méthode d'identification plus efficace qu'un mot de passe. Personne n'oublie son pouce.

Les lecteurs d'empreintes de pouces existent en périphériques externes (USB) ou intégrés à la souris. Certains portables récents en disposent d'un en interne.

portable pour qu'il téléphone à domicile, ou même se mette en rapport avec un service spécialisé via Internet. Le résultat est le même : le système est finalement récupéré.

Pour plus d'informations, voir ce site qui propose un service de suivi par appel :

- www.ztrace.com

Chapitre 18

Donner une présentation

Dans ce chapitre :

- Préparation de la présentation.
- Utilisation de PowerPoint.
- Connexion au projecteur vidéo.
- Raccourcis clavier pratiques de PowerPoint.

Pendant longtemps, la principale raison de transporter un portable a été de donner des présentations vidéo. Vous voyez ce que je veux dire. Cela se passe dans une salle sombre. Surchauffée. Vous avez trop peu dormi la nuit précédente. Le "présentateur" parle d'une voix monocorde. Les informations sont ternes, sans piquant. Bientôt, vous vous endormez... en espérant que vous ne ronflez pas.

Du fait de cette étroite relation entre portables et présentations, j'ai pensé qu'il serait utile de prévoir un chapitre pour brosser le sujet.

- De nos jours, il est souvent inutile d'apporter un portable pour donner une présentation. Un CD avec les fichiers de la présentation suffit.

- Certains ordinateurs de poche sont utilisables pour piloter les projecteurs vidéo servant aux présentations.

Mise en place

La partie la plus stressante d'une présentation est de s'assurer que tout fonctionne. Cela dit, même bien préparés, peu de gens aiment parler face au public, particulièrement lorsqu'il est formé de professionnels habitués aux présentations sur ordinateur.

Dans la plupart des cas, vous aurez un peu de temps pour installer votre portable et faire un essai pour vous assurer que tout est correct avant la véritable présentation. Un technicien sera peut-être présent et s'occupera éventuellement de la mise en place. Impeccable. Ce qui n'enlève pas son stress à la situation.

Création de la présentation

Avant de partir en tournée, il est indispensable de créer la présentation. Le programme le plus employé est Microsoft PowerPoint, disponible séparément ou avec la suite Office.

PowerPoint crée des documents appelés *diaporamas*. Chaque diapositive peut contenir du texte, des graphismes, des photos, de la vidéo. Il est possible d'appliquer des effets d'animation et du son, ainsi que des effets de transition entre les diapositives.

Globalement, PowerPoint est assez facile à utiliser.

- PowerPoint doit être installé sur votre portable.
- Microsoft offre la Visionneuse PowerPoint, programme qui permet de lire, mais pas de modifier, des présentations PowerPoint. Cela permet de visionner une présentation même lorsque vous n'avez pas PowerPoint installé sur votre portable. Pour vous procurer cette visionneuse, allez sur le site Web de Microsoft (`www.microsoft.com`), dans la partie téléchargement.
- PowerPoint est assez facile à apprendre. Il existe aussi des didacticiels et quelques bons livres.
- Pour éviter que la présentation ne devienne trop ennuyeuse, je fais participer le public. Il suffit de poser quelques questions ;

cela rend la prestation plus vivante et aide le public à ne pas s'endormir.

- Achevez complètement la création de la présentation avant de partir en déplacement. Cela dit, je suis de ceux qui travaillent sur les présentations jusqu'à la dernière minute avant la prestation.

TRUC

- Créez une copie de sauvegarde de votre présentation sur CD. Si vous perdez votre portable ou rencontrez quelque autre problème avec votre ordinateur, vous pourrez toujours employer le CD sur un autre ordinateur.

- Pensez aussi à appliquer à votre présentation l'Assistant Présentation à emporter, à titre de sauvegarde supplémentaire. Le format Présentation à emporter sera lisible sur d'autres ordinateurs au cas où quelque chose arriverait à votre portable.

Branchement du projecteur vidéo

Pour une petite présentation, il est tout à fait envisageable de visionner le diaporama PowerPoint sur l'écran de votre portable, sur un bout de table. Néanmoins, la plupart du temps, vous connecterez votre portable à un projecteur vidéo. Un projecteur vidéo affiche des images sur grand écran.

Le branchement est plus facile qu'il ne semble. Dans le meilleur des cas, un technicien est là pour vous aider. Lorsqu'il n'y a pas de technicien, procédez ainsi : branchez la sortie vidéo de votre portable au projecteur vidéo.

Vous pouvez utiliser la sortie S-vidéo ou écran externe.

Connectez aussi la sortie son du portable au projecteur ou au système de sonorisation.

Après connexion du portable au projecteur vidéo, vérifiez l'image. Dans certains cas, vous verrez l'image du portable uniquement sur le projecteur vidéo, pas sur l'écran du portable lui-même. Impeccable. Tout est paré.

Il se peut aussi que le projecteur vidéo se comporte en tant que second écran du portable. Le portable montre le bureau ordinaire du portable et la présentation apparaît sur le projecteur vidéo (un signe d'intelligence de PowerPoint). Pour savoir si votre portable est doté de cette faculté, ouvrez le Panneau de configuration, puis la boîte de dialogue Propriétés de Affichage. Cliquez sur l'onglet Paramètres. Si vous voyez un second écran, comme sur la Figure 18.1, c'est que le portable est automatiquement configuré pour employer l'écran externe. Vous êtes prêt à fonctionner.

Figure 18.1
Ce portable est prêt pour les présentations.

Habituellement, je prépare tout, jusqu'à afficher la première image du diaporama PowerPoint. Puis je ferme le capot de mon portable, ce qui le place en veille. Lorsque je suis prêt à démarrer la présentation, j'ouvre le capot du portable. Dès la sortie de veille, la présentation est affichée sur l'écran du projecteur vidéo.

- Le projecteur vidéo est parfois installé à demeure dans la salle.
- Il faut parfois apporter son propre projecteur vidéo. Ce sont des produits assez chers, mais petits et portatifs.
- Dans le cas où vous apportez le vôtre, n'oubliez pas une lampe supplémentaire. Il faut pouvoir remplacer rapidement une lampe grillée.

- Certains portables sont dotés d'une touche fonction spéciale (Fn) permettant, entre autres, d'activer le port vidéo externe. Vous devrez éventuellement appuyer sur cette touche pour permuter l'affichage vers le projecteur vidéo.

- Certains portables sont dotés d'une double électronique de vidéo, ce qui permet d'employer le projecteur vidéo comme second écran. Pour vérifier, ouvrez la boîte de dialogue Propriétés de Affichage et cliquez sur l'onglet Paramètres. Un second écran devrait être déjà configuré (voir la Figure 18.1). Si c'est le cas, tout est paré.

Raccourcis clavier PowerPoint à connaître

Voici quelques raccourcis clavier PowerPoint à connaître :

Afficher la diapositive suivante :

- Barre d'espacement
- Entrée
- S
- Flèche en bas
- Flèche à droite

Revenir à la diapositive précédente (ou remonter dans une séquence d'animation) :

- Flèche en haut
- Flèche à gauche
- P
- Espace arrière

Afficher un écran vierge en cours de présentation :

- N (écran noir)
- ; point-virgule (écran noir)
- B (écran blanc)
- , virgule (écran blanc)

Interrompre la présentation :

- Échap
- - (moins du pavé numérique)

Masquer le pointeur et les boutons de navigation :

- A
- = (signe égal)

Cinquième partie

Dépannage

"Moi lui dire nombreuses fois - Toi prendre appareil moins lourd. Mais lui croit savoir mieux. Lui avoir gros ego. Lui dire – Moi Tarzan ! Toi pas ! Voilà pourquoi liane à lui casse."

Dans cette partie...

Quoi ? Des problèmes ? Avec un ordinateur ? Je suis outré !

Triste à dire, mais les problèmes collent au train des ordinateurs comme un petit chien à la suite d'un enfant avec une glace qui goutte. En fait, je crois ne pas trop me risquer à dire qu'il y a plus de littérature sur les ordinateurs et leurs problèmes que sur l'éducation des enfants. (Le manuel de 1991 énumérant tous les codes d'erreur possibles de MS-DOS 5.0 faisait 500 pages !)

Les deux chapitres de cette partie abordent le dépannage du portable, ainsi que la mise à jour et la réparation de l'ordinateur (le terme *dépannage* se rapporte ici à la résolution des problèmes de fonctionnement, pas à la réparation du matériel).

Chapitre 19

Problèmes et solutions

Dans ce chapitre :

- Origine des problèmes d'ordinateur.
- Redémarrer Windows pour régler un problème.
- La fonction Restauration du système.
- Définir un point de restauration.
- Restaurer le système.
- Utilisation du mode sans échec pour détecter les problèmes.
- Résolution des problèmes courants.

Chaque ordinateur est différent : le matériel, la capacité de disque dur et de mémoire varient d'un modèle à l'autre. Multipliez cela par les nombreuses combinaisons de logiciels, puis par le nombre de configurations possibles de chacun d'eux, et vous comprendrez alors pourquoi votre ordinateur est si unique, et combien il serait vain d'établir une liste de tous les problèmes potentiels.

Il est préférable de faire un tour d'horizon plus général. Ce chapitre présente quelques conseils de prévention, puis quelques solutions générales.

Quelques mots de réconfort

Généralement, votre ordinateur a des problèmes parce que *quelque chose a changé.*

Un ordinateur est véritablement un château de cartes qui attend de s'écrouler à la moindre incartade. Il est d'ailleurs stupéfiant qu'ils arrivent à fonctionner. L'ajout d'un nouveau matériel, d'un nouveau logiciel ou la modification de la configuration existante, tout est susceptible de mener à des difficultés. La question à se poser face à un problème est simple :

Qu'est-ce qui a changé récemment ?

Quoi de neuf ? Remontez quelques jours en arrière. Il est probable que c'est ce que vous avez ajouté à l'ordinateur, ou un réglage que vous avez effectué, qui est la cause du problème. Annuler la modification corrige souvent la situation.

- Notez que la modification de documents (par exemple, documents Word, sons MP3, images JPEG) n'est pas le genre d'opération incriminé ici. C'est la modification des *programmes* ou d'éléments du système d'exploitation Windows qui peut déclencher des problèmes.

- Lorsque vous savez que le problème vient d'une modification matérielle ou logicielle, allez sur le site Internet du fabricant ou de l'éditeur. Consultez les pages d'assistance (support) et voyez si vos problèmes sont mentionnés et si des solutions sont proposées.

- L'annulation de la modification corrige souvent la situation. Voir aussi plus loin la section "Le miracle de la restauration système".

Solution rapide universelle

Les ordinateurs agissent parfois bizarrement. Il se peut qu'il n'y ait rien de réellement problématique ; j'appelle cela le "syndrome de la RAM fatiguée". La solution, et la première chose à essayer en cas de difficulté, est de redémarrer Windows.

Le redémarrage de Windows permet souvent à votre ordinateur de se remettre à travailler correctement. En tout cas, cela vaut le coup d'essayer, puisque cela ne coûte rien, et reste sans risque.

Pour en savoir plus sur le redémarrage de Windows, voir le Chapitre 4.

Pourquoi réinstaller Windows ?

Il fut un temps où l'assistance technique était un service rendu au client. Le développeur avait le sentiment de devoir assurer un service après-vente à ses clients. Aujourd'hui, le support technique semble plus une obligation, et le service fourni est peu souvent utile. En fait, pour des raisons de rentabilité, le réel désir du personnel de l'assistance technique n'est pas de résoudre votre problème, mais plutôt d'obtenir que vous raccrochiez votre téléphone le plus rapidement possible.

En moyenne, la durée d'un appel à l'assistance technique doit être inférieure à 12 minutes. Lorsque l'appel atteint 10 minutes, le technicien a pour consigne de vous faire réinstaller Windows pour corriger votre problème. Cela corrige-t-il le problème ? Là est la question ; cela corrige *leur* problème puisqu'ils réussissent à vous faire raccrocher.

Je dépanne des ordinateurs depuis des années. Peu de fois la réinstallation de Windows est réellement nécessaire pour corriger un problème – habituellement quand l'utilisateur a effacé des éléments du système d'exploitation, accidentellement ou par ignorance. En dehors de cela, avec de la patience et des compétences, tout problème d'ordinateur peut être résolu.

Réinstaller Windows est une manœuvre radicale. Dans l'histoire de l'informatique, ce n'est qu'aujourd'hui que la réinstallation d'un système d'exploitation est considérée comme une "routine". Cela ne devrait pas l'être. Le système d'exploitation est une base. Réinstaller Windows est comme reconstruire les fondations de votre maison lorsque la solution serait de changer le joint d'un robinet qui fuit.

Lorsque quelqu'un vous indique de réinstaller Windows, fuyez. Non, mieux : hurlez, puis décampez. Trouvez une autre source d'aide. ***Rappel :*** seules les situations radicales nécessitent la réinstallation de Windows. Trouvez quelqu'un de compétent qui vous aidera sans vous faire réinstaller Windows.

Le miracle de la restauration système

Dans Windows, un problème peut survenir *à tout moment.* Pour vous aider, un programme pratique a été créé pour sauvegarder votre configuration lorsque tout se déroule correctement. Lorsqu'un problème survient, vous pouvez revenir au moment où tout allait bien. Le programme s'appelle Restauration du système.

Activer la fonction Restauration du système

Il est possible d'activer et désactiver la fonction Restauration du système. Certaines personnes la désactivent, car cela consomme de la place sur le disque dur. Je vous conseille de laisser cette fonction activée, car c'est un outil puissant et utile. Pour vérifier que cette fonction est active, suivez ces étapes :

1. **Ouvrez l'icône Système du Panneau de configuration.**

   Pour en savoir plus sur le Panneau de configuration et l'icône Système, voir le Chapitre 6.

2. **Cliquez sur l'onglet Restauration du système.**

   Les informations sur la restauration du système apparaissent (Figure 19.1).

3. **Pour activer la fonction, désélectionnez la case Désactiver la Restauration du système sur tous les lecteurs, c'est-à-dire l'ensemble de vos disques durs (bien qu'avec un portable il y ait de fortes chances pour que vous n'ayez qu'un seul disque, le C).**

   Pour régler l'espace disque utilisé, cliquez sur le bouton Paramètres et manipulez le curseur.

   Si votre portable est équipé de plusieurs disques durs, sélectionnez d'abord le lecteur.

4. **Cliquez sur OK pour confirmer vos réglages.**

La fonction Restauration du système consomme de l'espace disque. Il est d'ailleurs possible qu'elle ait été désactivée pour économiser de la

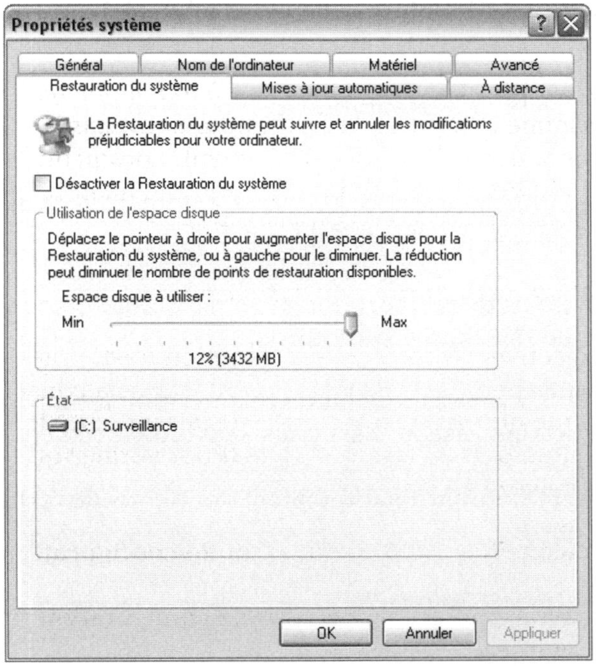

Figure 19.1 L'onglet Restauration du système.

place. De toutes façons, il reste possible de régler le curseur (voir l'étape 3 ci-dessus) pour ajuster l'espace disque réservé.

Plus vous allouez d'espace à la Restauration du système, plus vous pourrez créer de points de restauration. Voir plus loin la section "Définir un point de restauration".

Quand se servir de la Restauration du système ?

Chaque fois que vous désirez changer quelque chose sur votre ordinateur, modifier Windows, faire une mise à jour, installer un nouveau matériel, bouger un réglage système, exécutez le programme Restauration du système. Il s'agit ici de définir un *point de restauration.* Ainsi, si un problème se pose, vous pourrez revenir en arrière (généralement).

- Le Panneau de configuration étant l'endroit où vous passez pour aller modifier les paramètres de Windows, chaque fois que vous l'affichez, il faut vous demander : "Dois-je créer maintenant un point de restauration ?"

- Créez un point de restauration avant l'installation d un nouveau matériel.
- Créez un point de restauration avant de retirer un élément matériel.
- Créez un point de restauration avant d'ajouter ou de mettre à jour un pilote de nouveau matériel.
- Créez un point de restauration avant l'installation de tout programme téléchargé sur Internet.
- En particulier, créez un point de restauration avant de toucher à la configuration réseau. Cela vous sauvera carrément la mise.
- L'ordinateur crée automatiquement des points de restauration de temps à autre.

Définir un point de restauration

Pour définir un point de restauration, suivez ces étapes :

1. **Dans le menu Démarrer, choisissez Tous les programmes/ Accessoires/Outils système/Restauration du système.**

   La fenêtre d'accueil Restauration du système apparaît.

2. **Choisissez l'option Créer un point de restauration et cliquez sur le bouton Suivant.**

3. **Entrez une description.**

   Tapez la raison pour laquelle vous pensez que le point de restauration est nécessaire. Par exemple : "Actualisation du pilote d'affichage" ou "Ajout du réseau sans fil".

   Inutile d'entrer la date ; cette information est automatiquement enregistrée avec le point de restauration.

4. **Cliquez sur le bouton Créer.**

L'écran suivant indique que le point de restauration a été créé, avec rappel de la description, de la date et de l'heure.

5. **Cliquez sur le bouton Fermer.**

Opérez ensuite les modifications de logiciel ou de matériel, ou les réglages de Windows.

Restaurer le système

Si l'ordinateur commence à se comporter incorrectement, et sachant que c'est peut-être votre dernière manipulation qui en est la cause, revenez en arrière avec la fonction Restauration du système. Vous sélectionnerez le point de restauration adéquat, pour restaurer (avec un peu de chance) le système dans un état exploitable.

Pour restaurer votre système à un stade antérieur, suivez ces étapes :

1. **Dans le menu Démarrer, choisissez Tous les programmes/ Accessoires/Outils système/Restauration du système.**

2. **Choisissez l'option Restaurer mon ordinateur à une heure antérieure.**

3. **Cliquez sur le bouton Suivant.**

4. **Dans le calendrier affiché, choisissez un point de restauration (Figure 19.2).**

   Il est possible que certains jours disposent de plusieurs points de restauration.

5. **Cliquez sur le bouton Suivant.**

6. **Fermez tous les programmes en cours.**

   Faites cela à titre de précaution ; inutile de perdre des données.

7. **Cliquez sur le bouton Suivant.**

   Windows ferme votre session et redémarre l'ordinateur. C'est nécessaire pour que certaines modifications prennent effet. Attendez la fin de l'opération.

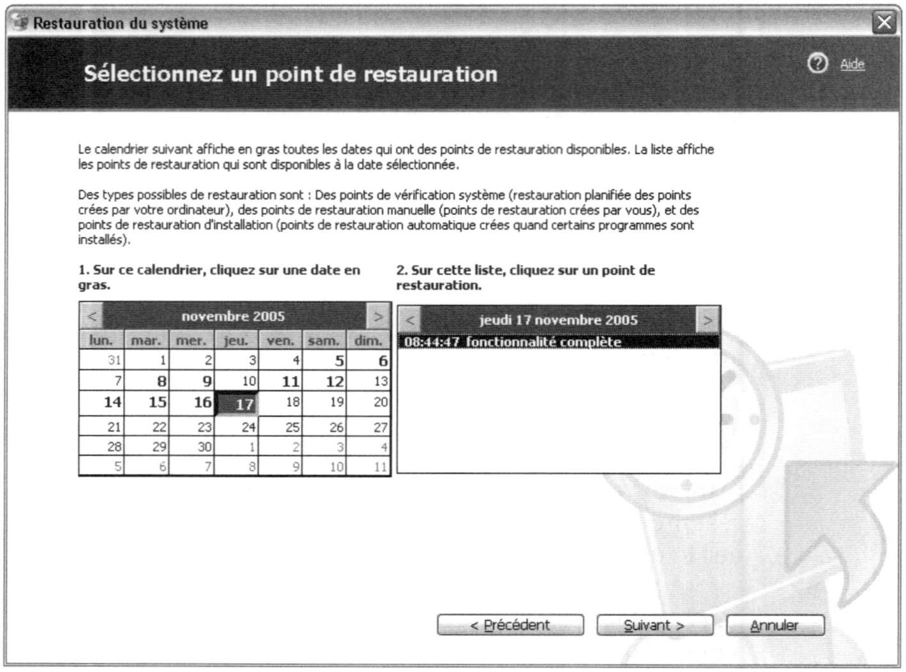

Figure 19.2 Choix d'un point de restauration.

8. **Sur le dernier écran, cliquez sur le bouton OK.**

   Cet écran s'affiche une fois la restauration achevée.

La manœuvre devrait corriger le problème, particulièrement si ce dernier était dû à un récent changement apporté au système. Si cela ne résout pas le problème, essayez un démarrage en mode sans échec (voir la section suivante).

- La restauration du système annule tout changement apporté entre maintenant et la date et l'heure du point de restauration. Ne soyez donc pas surpris si, par exemple, votre écran de veille n'est plus là ou que d'autres éléments de Windows ont changé, bien que sans rapport avec le problème.

- La restauration du système fonctionne uniquement pour revenir en arrière de quelques jours. Les essais de restauration à un point antérieur à une semaine ne sont généralement pas couronnés de succès.

Mode sans échec

Le mode sans échec est un bon outil de dépannage, car il permet de déterminer un élément majeur : si le problème provient de Windows ou d'un autre logiciel. En mode sans échec, seuls les programmes élémentaires requis pour démarrer Windows sont chargés. Rien n'est chargé du reste (dont les pilotes, éventuellement source de problèmes). Cela signifie que si le problème ne se produit pas en mode sans échec, il *n'est pas* à mettre au compte de Windows.

Entrée en mode sans échec

Il existe deux manières de démarrer le portable en mode sans échec. La première est d'appuyer sur la touche F8 au début du démarrage du portable. Vous obtenez alors un menu de démarrage. L'une des options présentées est Mode sans échec. Choisissez cette option pour continuer le démarrage de l'ordinateur en mode sans échec.

La seconde façon de démarrer en mode sans échec est d'employer le principal outil de dépannage, l'Utilitaire de configuration système, alias MS Config. Cet outil, présenté Figure 19.3, aide à résoudre les problèmes de démarrage en désactivant sélectivement divers services et programmes chargés au démarrage de l'ordinateur.

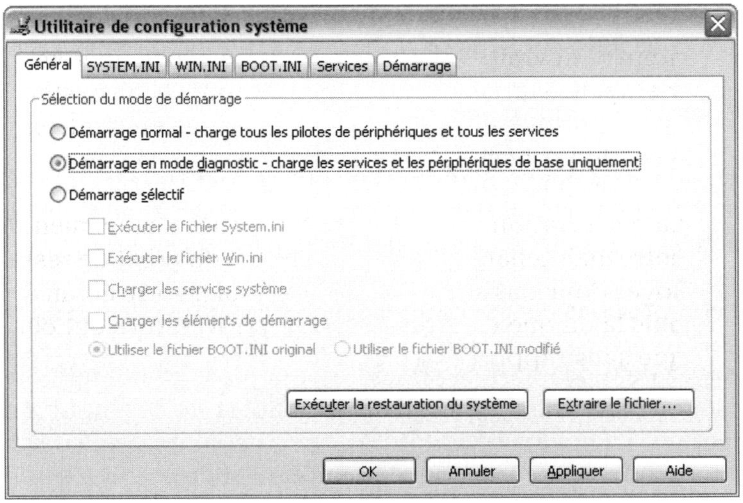

Figure 19.3 L'Utilitaire de configuration système.

Pour configurer l'ordinateur à l'aide de l'Utilitaire de configuration système de façon à démarrer en mode sans échec :

1. **Dans le menu Démarrer, choisissez la commande Exécuter.**

   Ou appuyez sur Win+R. La boîte de dialogue Exécuter s'affiche.

2. **Tapez MSCONFIG dans la case de saisie, puis cliquez sur le bouton OK.**

   L'Utilitaire de configuration système apparaît (Figure 19.3).

3. **Choisissez Démarrage en mode diagnostic.**

4. **Cliquez sur OK.**

   Attendez quelques secondes. L'ordinateur "cogite".

5. **Cliquez sur le bouton Redémarrer.**

   Votre portable redémarre en mode sans échec.

- Pour savoir que faire en mode sans échec, voir la section suivante.

- Pour sortir du mode sans échec, répétez les étapes précédentes, mais choisissez cette fois l'option Démarrage normal – charge tous les pilotes de périphériques et tous les services à l'étape 3.

Test en mode sans échec

En mode sans échec, Windows ne charge pas tous les pilotes. Par conséquent, la résolution de l'écran sera faible, et certains éléments du matériel auxquels vous êtes habitué ne fonctionneront pas.

Ne comptez pas accéder au réseau. Ne comptez pas accéder à Internet.

Essayez de reproduire la procédure qui pose problème. Si le problème existe en mode sans échec, il est probable que ce soit un problème Windows. La meilleure conduite à tenir est alors de visiter la base de connaissances de l'assistance technique Microsoft sur Internet, et de voir si votre problème est abordé. (Précisons que pour accéder à

Internet il faudra redémarrer Windows en mode normal.) Voici l'adresse de la base de connaissances :

```
http://support.microsoft.com/
```

Lorsque le problème ne se présente pas en mode sans échec, il faut blâmer les pilotes de périphériques de l'ordinateur. Il est probable que le problème soit posé par l'un de ces trois pilotes : affichage (vidéo), réseau ou gestion de l'alimentation. Consultez alors le site Web du revendeur ou du fabricant de votre ordinateur.

Pour redémarrer l'ordinateur en mode ordinaire, reprenez les étapes de la section précédente. Veillez simplement à choisir l'option de démarrage normal à l'étape 3.

Le portable démarre systématiquement en mode sans échec

Lorsque le portable démarre systématiquement en mode sans échec, quelque chose ne va pas. Un élément matériel ou logiciel indique à Windows qu'il ne peut fonctionner, aussi le système démarre-t-il en mode sans échec pour vous alerter du problème et vous donner la possibilité de corriger la situation.

Dans la plupart des cas, une description du problème s'affiche ; vous le résoudrez en lisant les instructions qu'elle contient.

Parfois, il faudra regarder dans le Gestionnaire de périphériques si un dysfonctionnement matériel n'est pas signalé : ouvrez l'icône Système dans le Panneau de configuration, cliquez sur l'onglet Matériel, puis sur le bouton Gestionnaire de périphériques. Le matériel posant problème est mis en valeur à l'aide d'un cercle jaune contenant un point d'exclamation. Un double clic sur cet élément affiche un message d'erreur et éventuellement une suggestion de dépannage.

Pour redémarrer votre ordinateur en mode normal, suivez les étapes de la section "Entrée en mode sans échec", plus haut dans ce chapitre. À l'étape 3, choisissez l'option Démarrage normal.

Problèmes courants et solutions

Il est impossible de citer tous les problèmes que peut rencontrer votre portable. J'ai donc décidé de limiter ma liste à cinq situations. Chacune d'entre elles fait l'objet d'une des sections suivantes.

Le clavier écrit à moitié en chiffres

D'après les e-mails que je reçois, cela se produit plus souvent que vous ne l'imaginez. La solution est généralement simple : vous avez accidentellement enfoncé la touche Num du clavier, et la moitié des touches alphabétiques produisent des chiffres.

La solution est d'appuyer de nouveau sur la touche Num pour replacer le clavier en mode alphabétique.

Le pointeur de la souris n'est pas assez visible

Si vous avez du mal à repérer le pointeur de la souris sur l'écran de votre portable, affichez l'onglet Pointeurs ou Options du pointeur de la boîte de dialogue Propriétés de Souris (accessible en double-cliquant sur l'icône Souris dans le Panneau de configuration). Voici quelques suggestions pour rendre plus visible le pointeur de la souris :

- Dans l'onglet Pointeurs, vous pouvez choisir un pointeur de souris plus grand que celui utilisé normalement par Windows. Dans la liste déroulante Modèle, choisissez Windows Standard (très grande police) pour travailler avec un jeu de pointeurs surdimensionnés.

- Dans l'onglet Options du pointeur, deux des options de la zone Visibilité vous aideront à repérer le pointeur de souris sur l'écran. Il s'agit de l'affichage des traces de la souris et l'emploi de la touche Ctrl pour indiquer l'emplacement du pointeur.

- Les traces de souris donnent un effet de queue de comète au pointeur, ce qui aide à le localiser pendant son déplacement.

- Lorsque l'option de la touche Ctrl est activée et que vous ne retrouvez pas le pointeur, enfoncez la touche Ctrl pour que le pointeur soit clairement mis en évidence sur l'écran à l'aide d'une série d'anneaux concentriques.

Le portable ne veut pas démarrer

Un portable qui ne veut pas démarrer peut signifier que la batterie est morte. Voyez si le problème persiste en branchant le portable sur le secteur.

Lorsque le portable rencontre des difficultés à sortir de veille et que vous devez l'éteindre puis le rallumer pour arriver à le redémarrer, le problème vient du système de gestion de l'alimentation du portable. Voir la section suivante.

La gestion de l'alimentation fait des siennes

Lorsque le portable perd soudain sa capacité à passer en veille ou en veille prolongée, cela signale un problème probable avec le matériel ou le logiciel de gestion d'alimentation.

Visitez d'abord la page Web du fabricant de votre ordinateur pour trouver des informations supplémentaires ou une mise à jour du logiciel.

Vérifiez aussi que les deux modes sont bien activés, en ouvrant l'icône Options d'alimentation du Panneau de configuration.

Enfin, vérifiez qu'un autre matériel ou logiciel n'interfère pas avec le logiciel de gestion d'alimentation. Si c'est le cas, supprimez le logiciel ou retirez le matériel posant problème, ou trouvez une mise à jour qui résoudra le conflit avec le système de gestion d'alimentation de votre portable.

La batterie ne se recharge pas

Les batteries ne sont pas éternelles. Même les batteries à technologie moderne ne durent qu'un temps. Lorsque la batterie est usée, il faut la remplacer.

Il est interdit de jeter les batteries aux ordures ou dans la nature. Suivez la procédure imposée par votre commune pour le recyclage des batteries.

Chapitre 20

Mise à jour et extension d'un portable

Dans ce chapitre :

- Mise à jour du logiciel.
- Se procurer une nouvelle version d'un logiciel.
- Mise à jour de Windows.
- Ajout de matériel.

Les portables ne sont pas conçus en tenant compte de possibilités d'extension. Ce sont des blocs. Il est possible que votre portable dispose d'emplacements pour ajouter une barrette ou deux de RAM, c'est-à-dire de la mémoire vive, ou d'une baie pour insérer un lecteur supplémentaire de disquette, un graveur de DVD, un autre disque dur. Néanmoins, en comparaison avec les possibilités d'extension d'un PC de bureau, les portables sont réfractaires.

En revanche, les mises à jour logicielles ne sont pas limitées. Vous en aurez peut-être le désir à un certain stade. Ce chapitre couvre les deux sortes de mises à jour, celles du logiciel et du matériel.

Mise à jour du logiciel

En règle générale, je ne recommande pas la mise à jour des logiciels. À une certaine époque, les mises à jour étaient nécessaires pour ajouter aux programmes de nouvelles caractéristiques et capacités. De nos jours, le logiciel est si évolué que même un programme acheté à la fin des années 1990 vous servira correctement aujourd'hui, sauf incompatibilité connue avec Windows XP.

Je vous conseille de ne mettre à jour un logiciel que lorsqu'une version plus récente offre des fonctions dont vous avez besoin ou corrige des problèmes auxquels vous êtes confronté. Sinon, le mot d'ordre est : "On ne change pas une équipe qui gagne !"

Sérieusement : une mise à jour peut aussi apporter des problèmes. J'ai vu bien trop d'ordinateurs stables devenir instables après une simple mise à jour. J'ai vu des imprimantes qui soudainement ne fonctionnaient plus. Pis, j'ai aussi constaté une réaction en chaîne obligeant à mettre à jour plusieurs applications rien que pour conserver la compatibilité de l'ensemble. Cela coûte cher.

Il reste qu'une mise à jour peut se dérouler sans problème. Une version plus récente d'une application peut améliorer votre productivité. L'important est d'être préparé au pire.

- Avant la mise à jour, créez un point de restauration système. Cela vous aidera à remettre les choses en ordre dans le cas où la mise à jour ne fonctionnerait pas correctement. Voir le Chapitre 19.

- La mise à jour s'opère simplement en insérant le CD du nouveau programme dans le lecteur/graveur de CD/DVD du portable. Tout devrait ensuite se dérouler automatiquement, en ne vous sollicitant que pour répondre à quelques questions simples.

- La partie difficile d'une mise à jour est celle des conséquences inattendues. Une mise à jour produit un changement sur votre portable. Or, parfois, il n'est pas bon de changer. Voir le Chapitre 19.

- Il est rarement nécessaire de désinstaller la précédente version d'un programme lors de l'installation d'une mise à jour. Si cela est indispensable, vous en serez informé.
- Pour en savoir plus sur la suppression de programmes d'un ordinateur, voir le Chapitre 6.

Types de mises à jour

Il existe en jargon informatique anglais deux termes différents : *upgrade* et *update*, traduits tous deux en français par "mise à jour", qui pourtant nuancent cette notion.

Upgrade signifie installer une version plus récente d'un programme que vous utilisez déjà. Par exemple, vous effectuez la mise à jour (*upgrade*) de la version 2.1 du programme vers sa version 2.2. Ici, il s'agit d'une mise à jour (*upgrade*) *mineure*. Passer de la version 4.0 à la 5.0 constitue une mise à jour dite *majeure*.

Update signifie améliorer un programme existant, sans changer de numéro de version. Par exemple, Microsoft diffuse régulièrement des mises à jour de sécurité (*security updates*) pour Windows. Ces mises à jour, ou *correctifs*, sont appliquées à votre version actuelle de Windows pour en améliorer certains aspects, pour résoudre des problèmes de sécurité ou corriger des bogues. L'application d'une mise à jour de type *update* ne produit pas une mise à jour de type *upgrade*.

Quelque part dans un autre univers, tout cela a probablement un sens.

Mise à jour de Windows

Windows est régulièrement mis à jour par Microsoft, au fur et à mesure que des bogues sont corrigés ou que des problèmes de sécurité sont résolus. Ces mises à jour peuvent être automatiquement installées lorsque votre portable accède à Internet. Vous pouvez aussi vous en occuper manuellement, en allant sur les pages Web Microsoft de mises à jour de Windows.

Pour configurer votre portable pour effectuer des mises à jour automatiques, suivez ces étapes :

1. **Ouvrez l'icône Système du Panneau de configuration.**

Pour plus d'informations, voir le Chapitre 6.

2. **Cliquez sur l'onglet Mises à jour automatiques.**

   La Figure 20.1 présente cet onglet. Son contenu peut varier selon que vous utilisez Windows XP SP1 ou SP2.

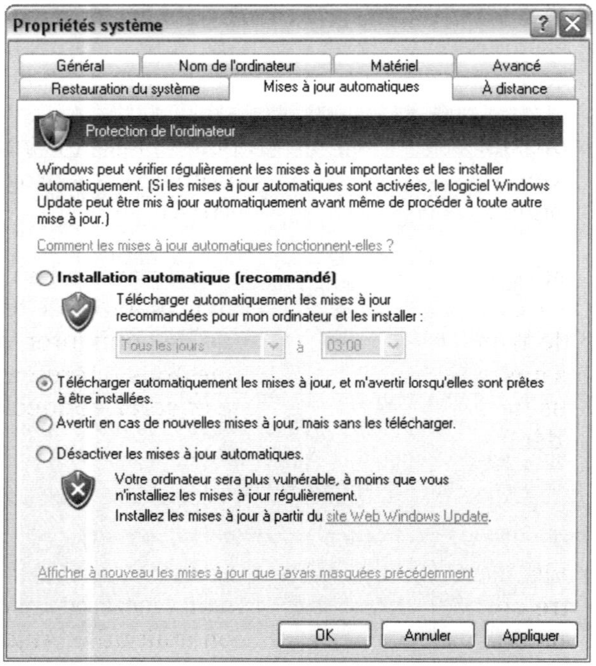

Figure 20.1 L'onglet Mises à jour automatiques.

3. **Pour activer les mises à jour automatiques, sélectionnez l'option adéquate en haut de la boîte de dialogue.**

4. **Dans les autres options de la boîte de dialogue, sélectionnez celles qui conviennent selon la façon dont les mises à jour doivent être effectuées.**

5. **Cliquez sur OK.**

Une fois l'ordinateur configuré pour les mises à jour automatiques, Windows les récupère sur le site de Microsoft lorsque vous vous connectez à Internet. Vous êtes informé que des mises à jour sont disponibles. Windows vous demande éventuellement votre avis pour les installer, selon les options que vous avez choisies à l'étape 4.

Rien ne vous interdit de désactiver les mises à jour automatiques. Dans ce cas, vous actualiserez Windows manuellement, avec la possibilité de choisir lesquelles installer ou non. Pour récupérer une mise à jour, actionnez la commande Windows Update (choisissez Démarrer/Tous les programmes ; Windows Update se trouve en haut du menu Tous les programmes). Cela vous connecte à une page Web où vous pourrez mettre à jour Windows manuellement si tel est votre souhait.

Il est également possible de supprimer des mises à jour Windows déjà installées. Cela s'opère via l'icône Ajout/Suppression de programmes du Panneau de configuration (voir le Chapitre 6).

Abordons la question de la connexion à Internet par modem tout en étant sur batterie. Ce n'est pas alors vraiment le moment de télécharger les mises à jour de Windows. Il est préférable de configurer votre portable pour les mises à jour manuelles, que vous opérerez uniquement lorsque vous ne serez pas sur batterie et serez connecté à Internet en haut débit.

Installation d'une nouvelle version de Windows

ATTENTION !

Je recommande vivement de ne pas installer de nouvelle version de Windows sur votre portable. Il fut un temps où l'installation de nouvelles versions du système d'exploitation était utile. Aujourd'hui, les modifications apportées à Windows présentent trop de risques pour la stabilité de votre ordinateur.

Au lieu de changer votre version de Windows, attendez de vous acheter un nouveau portable, avec la dernière version de Windows préinstallée. De la sorte, vous serez assuré que tout le matériel est compatible avec la nouvelle version de Windows et assez puissant pour bien la gérer. Changer la version du système d'exploitation sur un ordinateur peut générer des problèmes, cela constitue donc un risque.

NOTE TECHNIQUE

Le choix de l'auteur : pas de mises à jour automatiques de Windows

Certaines personnes ne choisissent pas les mises à jour automatiques : je suis de celles-là. Certaines mises à jour interfèrent avec le système, qu'elles rendent instable. Il y a quelques années, Microsoft a dû indiquer qu'il fallait annuler une mise à jour qui avait désactivé plusieurs systèmes informatiques. Pourtant, certaines personnes continuent à faire les mises à jour à l'aveuglette.

Je protège mes ordinateurs à l'aide d'un solide pare-feu et d'un logiciel antivirus ; j'évite ainsi bon nombre des problèmes que les mises à jour de Windows sont censées résoudre. J'ai donc choisi de ne pas mettre à jour mes ordinateurs. J'installe une mise à jour uniquement lorsque je pense qu'elle est nécessaire. Je l'installe alors manuellement, et celle-là seulement, pas une autre. Je suis opposé à l'exposition de mon ordinateur aux risques créés par des mises à jour automatiques qui n'ont pas encore fait leurs preuves.

Mise à jour du matériel du portable

Si vous avez la chance d'avoir un portable extensible, vous en tirerez avantage un jour.

Les possibilités d'extension internes sont assez limitées sur portable. Il est cependant souvent possible de remplacer le disque dur et la mémoire (RAM). La majorité des autres éléments du portable ne peuvent être mis à jour ; microprocesseur, électronique d'affichage, adaptateur réseau, modem et autre matériel sont souvent totalement intégrés sur le circuit imprimé principal du portable, la *carte mère*. Il est plus rentable d'acheter un nouveau portable que de tenter une amélioration sur la carte mère.

Lorsque votre portable présente un moyen pratique pour ajouter de la mémoire, profitez-en. On trouve partout des barrettes de mémoire pour portable.

Sur certains portables, il est possible de remplacer le disque dur ou d'en ajouter un. Le plus facile est lorsqu'il existe une baie de disque. Vous pouvez exploiter dans cette baie un lecteur de disquette, un graveur de CD/DVD ou un disque dur. Dans ce cas, si votre portable dispose d'un lecteur/graveur de CD/DVD, il est assez facile de le remplacer par un second disque dur. L'inconvénient est que ce genre de disque supplémentaire n'est disponible qu'auprès du fabricant et est plutôt coûteux.

En dehors de ces éléments, un portable est essentiellement un boîtier compact sans possibilité d'extension. Tout espoir n'est cependant pas perdu ! Le Chapitre 7 présente divers moyens d'étendre les capacités du portable à l'aide d'accessoires externes. Grâce au standard USB et FireWire, il n'y a guère de limite à l'extension matérielle d'un portable.

- Au lieu d'intégrer un nouveau disque dur dans votre portable, envisagez le branchement d'un disque externe USB 2.0 ou FireWire. Idem pour un graveur supplémentaire de CD, DVD ou autre support enregistrable optique.

- Le nouveau matériel est reconnu presque instantanément par Windows. Une bulle apparaît au-dessus de la zone de notification pour signaler la détection du nouveau matériel.

- Lorsqu'un nouveau matériel n'est pas automatiquement détecté, ouvrez le Panneau de configuration, puis l'icône Ajout de matériel. Suivez l'assistant Ajout de matériel pour installer votre nouveau matériel.

- La détection de tous les périphériques USB ou FireWire n'est pas obligatoirement annoncée. Par exemple, le branchement d'une souris ou d'un clavier USB ne déclenche pas l'affichage d'un message. Vérifiez simplement que le périphérique fonctionne.

- Vous devez ajouter manuellement les modems externes. Voir le Chapitre 11.

- Les joysticks doivent aussi être configurés manuellement. Utilisez l'icône Contrôleurs de jeu, dans le Panneau de configuration.

- *Pensez* à jeter un œil à la documentation fournie avec votre matériel pour savoir exactement comment le configurer. Il arrive que le logiciel fourni avec le périphérique (habituellement sur un CD) doive être installé d'abord, avant d'installer le matériel. C'est souvent le cas des imprimantes. Parfois, c'est le contraire.

Sixième partie

Les dix commandements

"Avant de décoller, merci d'éteindre tous vos appareils électroniques, ordinateurs portables et gros systèmes..."

Dans cette partie...

Si vous aimez les questionnaires, les records du monde, les listes en général, alors voici la partie du livre que vous attendiez. Ce ne sont pas des listes du genre "Dix personnes qui ont plongé dans les chutes du Niagara (et que l'on n'a jamais revues)", "Dix vilains qui ont réussi à passer de la politique au cinéma" ou "Dix aliments facilement camouflables en poulet pané". Il s'agit de listes de choses à faire et à ne pas faire, de suggestions, conseils et autres informations utiles.

Notez qu'on ne compte pas toujours exactement dix éléments dans ces chapitres : dans certains cas, il peut y en avoir plus. En effet, si un fou de plus a plongé dans les chutes, pourquoi ne pas le mettre sur la liste ?

Chapitre 21

Dix conseils et astuces pour la batterie

Dans ce chapitre :

- Éviter d'endommager la batterie.
- Vider la batterie.
- Consommer moins d'énergie.
- Éviter l'usage du fichier d'échange de la mémoire virtuelle.
- Nettoyer les cosses de la batterie.
- Stocker la batterie.
- Avec le temps, la batterie se vide toute seule.

La batterie est l'élément caractéristique d'un portable. Tout le reste correspond d'une manière ou d'une autre à ce qui existe sur un ordinateur de bureau.

Ce chapitre présente dix conseils et astuces pour vous aider à tirer le meilleur profit de votre portable et de sa batterie. Il ne s'agit pas d'informations classiques concernant la batterie. Je suppose que vous savez qu'il y a mieux à faire que de placer le bout de la batterie dans votre bouche ? Que vous n'allez pas soudain la jeter dans l'âtre, "juste pour voir" ? Enfin, que vous ne vous attaquerez jamais à votre batterie avec un ouvre-boîte ou un fer à souder, à moins que ce ne soit dans vos dernières volontés de voir votre entourage éploré expliquer votre stupidité à la télévision régionale !

Ne la faites pas tomber, ne la mouillez pas, ne la court-circuitez pas, ne l'ouvrez pas, ne la brûlez pas, ne la jetez pas dans la nature

Assez parlé.

NOTE TECHNIQUE

Quelques faits terribles sur la batterie Lithium-Ion

Les batteries Lithium-Ion sont ce à quoi aspirent de nombreux êtres humains : intelligentes et populaires. Elles ont cependant leur côté terrifiant. Voici quelques vilains faits concernant les batteries Lithium-Ion, dans l'intention de vous choquer une bonne fois pour toutes, pour que s'éloigne de vous l'idée de manipuler outre mesure cet engin :

- L'une des fonctions de l'intelligence des batteries Lithium-Ion est d'empêcher la surcharge.
- Lorsqu'une batterie Lithium-Ion est surchargée, elle commence par chauffer. Puis elle explose.
- Le métal (Lithium) dans la batterie brûle dans l'eau.
- L'acide à l'intérieur de la batterie n'est pas seulement très caustique, il est inflammable.
- Le risque d'explosion de la batterie augmente lorsqu'elle monte trop en température.
- Les batteries Lithium-Ion ne se recyclent pas, abandonnez l'idée de vous procurer des batteries recyclées de ce type.

Tous les mois, videz complètement la batterie

Pour conserver la batterie de votre portable en bonne santé, pensez à la vider complètement une fois par mois.

La majorité des portables sont désormais dotés de batteries Lithium-Ion intelligentes. À la différence des anciennes batteries à effet de mémoire (NiCad et NiMH), une batterie Lithium-Ion est rechargeable à tout moment sans perdre sa capacité totale. Cela dit, il reste utile de vider complètement la batterie une fois par mois. Rechargez ensuite la batterie complètement, à vitesse normale, par exemple une nuit. Cela gardera votre batterie en bon état.

Baissez la luminosité de l'écran

Pour économiser un peu d'autonomie, baissez légèrement la luminosité de votre écran. Cela économise de l'énergie.

- La luminosité de l'écran se règle à l'aide de boutons près de l'écran du portable.
- La luminosité se règle parfois à l'aide de touches de fonction.
- Le gestionnaire d'alimentation de votre portable est susceptible de baisser automatiquement la luminosité de l'écran lorsque le portable est sur batterie.
- Voyez aussi la boîte de dialogue Options d'alimentation (à partir du Panneau de configuration), pour voir s'il existe des paramètres avancés ou spécifiques à votre portable pour consommer moins avec l'écran.

Éteignez le disque dur

Ce sont principalement les moteurs qui consomment dans votre portable, notamment celui qui permet la rotation constante du disque dur. C'est parfois nécessaire. Lorsque vous utilisez un programme qui accède constamment au disque dur, comme une base de données, il est plus efficace de laisser le disque tourner constamment. En revanche, lorsque vous travaillez sur quelque chose qui ne réclame pas un accès constant au disque, vous économiserez de l'énergie en mettant le disque dur en veille.

Pour configurer le moment où le disque dur passe en veille, ouvrez l'icône Options d'alimentation du Panneau de configuration. Dans l'onglet Modes de gestion de l'alimentation, choisissez une rapide mise en veille du disque lorsque le portable est sur batterie. Pour en savoir plus, voir le Chapitre 8, section "Gestion de l'alimentation de votre portable".

Ajoutez de la RAM pour éviter l'usage du fichier d'échange de la mémoire virtuelle

Le disque dur consomme plus d'énergie lorsque le gestionnaire de mémoire virtuelle travaille avec un fichier d'échange créé sur le disque dur. Pour empêcher cela, ajoutez de la mémoire (RAM) à votre portable.

La mémoire virtuelle est un espace du disque dur exploité par Windows pour fournir de la mémoire (RAM) supplémentaire. Des blocs de données sont permutés entre la RAM et le fichier d'échange sur le disque dur du portable, ce qui fait que vous ne voyez jamais un message indiquant un manque de mémoire. Or, ces échanges consomment de l'énergie.

Les paramètres de mémoire virtuelle sont accessibles dans la boîte de dialogue Propriétés système. Voici comment procéder :

1. **Ouvrez l'icône Système du Panneau de configuration.**

   Pour plus d'informations, voir le Chapitre 6.

2. **Cliquez sur l'onglet Avancé.**

3. **Dans la zone Performances, cliquez sur le bouton Paramètres.**

   Attention ! On compte *trois* boutons Paramètres dans l'onglet Avancé. Veillez à cliquer sur le bon !

4. **Dans la boîte de dialogue Options de performances, cliquez sur l'onglet Avancé.**

5. **Dans la zone Mémoire virtuelle, cliquez sur le bouton Modifier.**

   Vous arrivez enfin aux paramètres de mémoire virtuelle de votre portable (Figure 21.1).

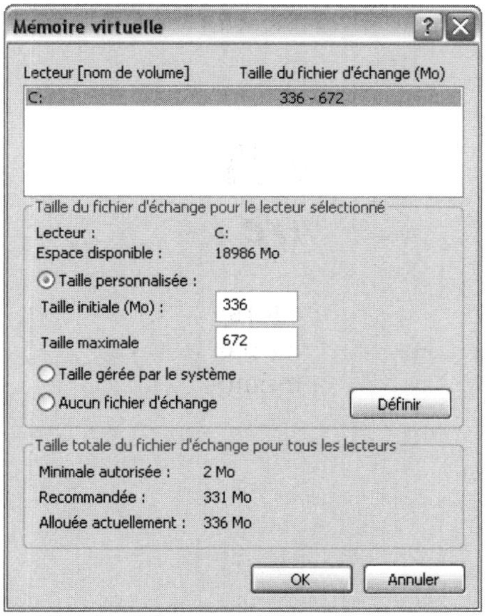

Figure 21.1 La boîte de dialogue Mémoire virtuelle.

6. **Apportez les réglages nécessaires.**

   Normalement, il est inutile d'opérer des changements. Néanmoins, si votre portable est bien doté en RAM, disons 1 Go, réduisez la taille du fichier d'échange ou désactivez carrément son usage pour réduire les accès disque.

7. **Cliquez sur OK pour refermer les diverses boîtes de dialogue et fenêtres.**

L'idée ici n'est pas vraiment d'ajuster la mémoire virtuelle, mais d'ajouter de la RAM au portable pour éviter les accès à la mémoire virtuelle.

256 Mo est une capacité correcte de RAM pour Windows XP, 512 Mo constituant un mieux et 1 Go (1 024 Mo) étant idéal.

Pour connaître la quantité de mémoire dont est doté votre portable, ouvrez l'icône Système du Panneau de configuration. Le volume de mémoire installée est mentionné au bas de l'onglet Général (Figure 21.2).

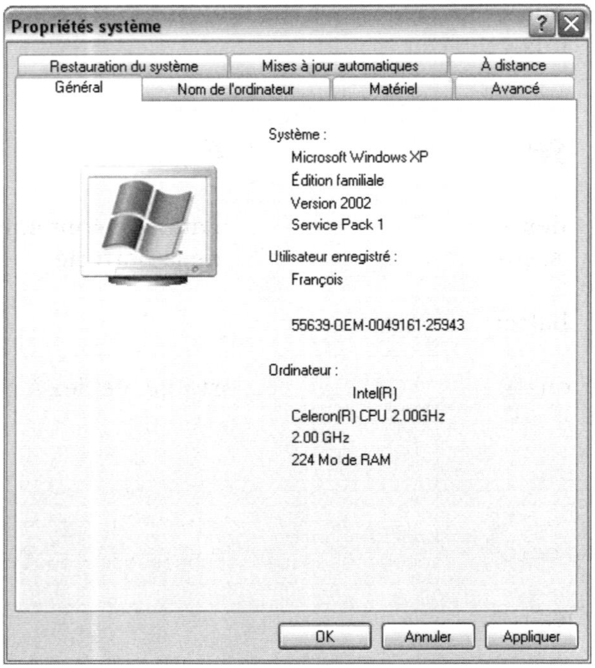

Figure 21.2 Ce portable est doté de 224 Mo de RAM.

Pour en savoir plus sur l'ajout de RAM à un portable, voir le Chapitre 20.

Laissez ouverts le moins de programmes possible

Le bon point de la nature multitâche de Windows XP est de pouvoir travailler sur plusieurs programmes en même temps. Le mauvais côté est que cela consomme plus d'énergie. Pour optimiser les performances, je vous recommande de ne travailler qu'avec un seul programme à la fois lorsque vous êtes sur batterie.

Sauf si vous avez besoin de travailler simultanément sur deux programmes en passant sans cesse de l'un à l'autre. Par exemple, sur ordinateur de bureau, il est courant d'ouvrir le programme de courrier pour consulter son e-mail, tout en ayant ouvert un navigateur Web, ainsi qu'un traitement de texte pour modifier un document et, pourquoi pas ? un jeu de Solitaire dans un coin, etc. Fermez tout programme non indispensable, vous gagnerez en autonomie.

Protégez les cosses de la batterie

Les cosses sont des éléments métalliques, plats, qui sont soit complètement apparents, soit en retrait du boîtier de la batterie.

- Laissez la batterie dans le portable.
- Lorsque vous sortez la batterie du portable, veillez à ne pas l'approcher avec quelque chose de métallique.
- Les cosses doivent rester propres ; servez-vous d'un Coton-Tige et d'alcool à brûler. Faites-le systématiquement après avoir touché les cosses (tentation à laquelle vous devriez résister).
- Ne branchez rien sur la batterie.
- N'essayez pas de la vider en la court-circuitant.
- L'emplacement des cosses diffère d'une batterie à l'autre, selon le fabricant et le mode de connexion au portable.

Évitez les températures extrêmes

Les batteries apprécient les mêmes températures que vous. Elles n'aiment pas quand il fait très froid ou très chaud.

Stockez la batterie lorsque vous ne comptez pas vous en servir

Lorsque votre portable est constamment branché sur le secteur, débranchez-le occasionnellement et laissez la batterie se vider, puis rebranchez. Cela conservera cette dernière en bon état.

Si vous désirez utiliser votre portable sans sa batterie, ou encore pour stocker une batterie supplémentaire, descendez la charge de la batterie à environ 40 %, puis rangez la batterie dans un conteneur non métallique. Stockez le conteneur dans un endroit frais, propre et sec.

- Comme les hommes, les batteries ont besoin d'exercice ! Cyclez votre batterie environ tous les mois.
- La température de stockage recommandée pour les batteries Lithium-Ion est de 15 degrés Celsius.
- Voir aussi la section suivante.

- La durée de vie d'une batterie Lithium-Ion est limitée ! Elle est de deux à trois ans. Cela est vrai que vous utilisiez la batterie ou que vous la rangiez dans un coin.

Les batteries se vident toutes seules avec le temps

Aucune batterie ne conserve sa charge éternellement. À force, avec le temps, la charge de la batterie disparaît. Pour quelque raison, cela surprend certaines personnes. "Cette batterie était complètement chargée lorsque je l'ai rangée là il y a six ans !"

Pourtant, ce n'est pas parce qu'une batterie est vide qu'elle est usée. Si vous avez stocké la batterie correctement, elle ne devrait avoir besoin que d'une bonne charge. Partez du principe que toute batterie stockée un temps nécessitera une recharge avant de pouvoir être remise en service. C'est un peu comme le premier jour où vous avez acheté votre portable ; suivez les mêmes instructions concernant la mise en œuvre de la batterie.

Chapitre 22

Dix accessoires pratiques pour portable

Dans ce chapitre :

- Sacoche pour portable.
- Batterie supplémentaire.
- Réplicateur de port.
- Tablette de refroidissement.
- Nettoyage au mini-aspirateur.
- S'éclairer avec une lampe USB.
- Clavier et souris de taille normale.
- Plaque d'identification.
- Prévention des vols.

Un facteur qui nourrit l'industrie informatique depuis des années est que l'acheteur d'ordinateur ne s'arrête jamais à l'achat de l'ordinateur lui-même. Vient ensuite le logiciel. Puis viennent d'autres matériels, et d'autres matériels encore. Périphériques ! Accessoires ! Gadgets ! Sans compter les éléments tels que tapis de souris et autres bidules à poser sur l'écran. L'extension de l'ordinateur est une histoire sans fin.

Ce chapitre présente dix ajouts possibles. (Voir aussi le Chapitre 7 pour des informations sur d'autres périphériques exploitables avec votre portable.)

Sacoche de transport

Procurez-vous une bonne sacoche pour votre portable. Le Chapitre 15 présente d'intéressantes suggestions à ce sujet.

Batterie supplémentaire

Rien n'a plus l'allure de la liberté pour un nomade informatique qu'une batterie supplémentaire. Une batterie supplémentaire double le temps pendant lequel vous pouvez faire de l'ordinateur sans vous brancher sur une prise de courant. Certains portables permettent même de permuter la batterie à chaud, c'est-à-dire sans avoir à éteindre l'ordinateur.

Vérifiez que la batterie supplémentaire est conforme : procurez-vous le modèle d'origine chez le fabricant ou un modèle dont la compatibilité est garantie. L'emploi d'une batterie non conforme peut vous mener au désastre.

Station d'accueil ou réplicateur de port

Une station d'accueil ou un réplicateur de port sont utiles lorsque vous vous servez de votre portable comme PC de bureau. Par exemple, vous avez un grand écran, un clavier et une souris de taille normale, branchés sur le réplicateur de port, le tout restant à poste au même endroit dans votre maison ou votre entreprise. Pour partir en déplacement, vous n'avez plus qu'à extraire votre portable de sa station et à l'emporter. La Figure 22.1 montre un ordinateur sur sa station d'accueil.

- Un réplicateur de port équipe aussi votre portable de ports supplémentaires et de possibilités d'extension dont le portable n'était pas forcément équipé en premier lieu.

Figure 22.1 Une station d'accueil vous offre des connexions supplémentaires.

- Une station d'accueil et un réplicateur de port sont des éléments spécifiques au portable. Vous vous les procurerez auprès du fabricant du portable ou de votre revendeur informatique.

Tablette de refroidissement

La tablette de refroidissement est un accessoire très utile au portable moderne (Figure 22.2). Équipée d'un ou de plusieurs ventilateurs, elle est alimentée par le port USB du portable ou par des piles AA. Le portable est posé sur la tablette dont les ventilateurs diminuent la chaleur générée par la batterie et le microprocesseur. Le résultat est un portable qui ne monte pas en température, ce qui est bon pour sa santé.

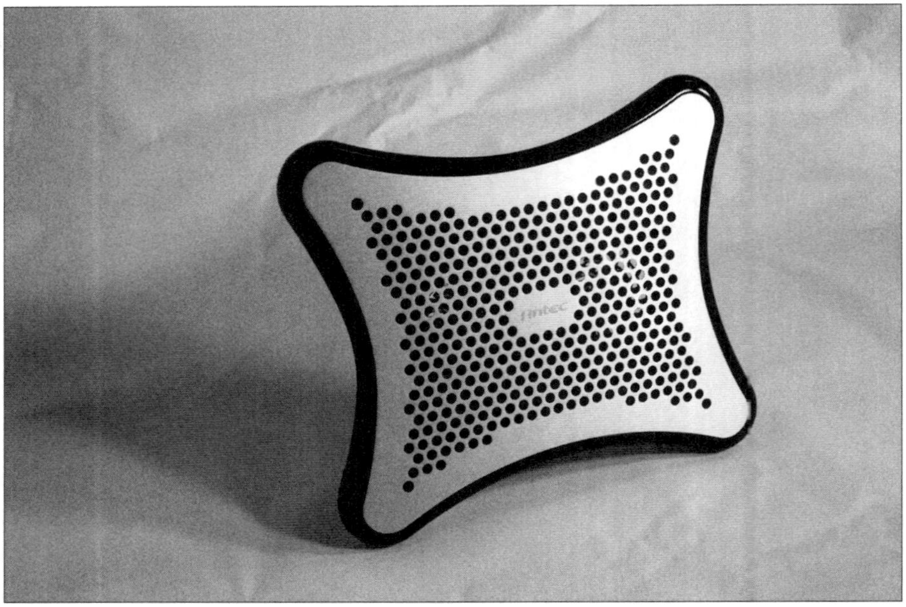

Figure 22.2
Une tablette de refroidissement.

- La tablette de refroidissement est alimentée par le port USB ou par des piles. Cela signifie qu'elle est portative.
- On ne peut malheureusement utiliser à la fois une tablette de refroidissement et un réplicateur de port ou une station d'accueil.
- Si vous prenez une tablette alimentée par l'USB, prenez un modèle doté d'un port USB pass-through, de façon à toujours bénéficier d'autant de ports USB lorsque vous branchez la tablette de refroidissement.
- Certaines tablettes font aussi office de concentrateur USB.

Mini-aspirateur

Le mini-aspirateur est un accessoire pratique pour le nettoyage du portable, particulièrement du clavier. Vous en trouverez dans la plupart des boutiques de fournitures de bureau. Beaucoup de modèles sont portatifs (fonctionnent sur batterie). Vous serez surpris par la quantité de saletés que le mini-aspirateur arrive à extraire du portable.

Figure 22.3
Un mini aspirateur, déconseillé pour faire le ménage dans le salon.

Lampe USB

L'image affichée sur l'écran LCD de votre portable est visible même dans le noir. En revanche, le clavier de la plupart des modèles n'est pas éclairé. Pour voir votre clavier et les éléments importants autour du portable, il vous faut une lampe USB autoalimentée.

La lampe se branche sur un port USB standard du portable. Elle est orientable de façon à pouvoir la positionner. Certains portables disposent d'une lampe intégrée. Certains modèles IBM sont dotés d'une lampe montée en haut de l'écran LCD. Une touche de fonction allume ou éteint la lampe.

Clavier de taille normale

Bien qu'il ne vous accompagnera pas en déplacement, le clavier de taille normale offre un agréable confort de frappe. Particulièrement si vous avez besoin du pavé numérique pour la saisie de nombres ou pour déplacer le curseur.

Il n'y a rien de spécial à faire pour installer un clavier de taille normale. Notez cependant que certains portables ne disposent pas d'un port pour clavier. Il faut donc les brancher sur un port USB ou encore sur le réplicateur de port ou la station d'accueil.

Il existe par ailleurs divers types de claviers pour portable : modèles sans fil, claviers ergonomiques et certains dotés de boutons spéciaux pour Internet. Si vous n'avez besoin que d'un pavé numérique, il existe des pavés numériques USB pour portable.

Souris externe

Comme pour le clavier, il existe beaucoup de choix en souris externes pour portable : souris ordinaires, souris optiques très *space*, modèles avec de nombreux boutons, d'autres assez bizarres que l'on peut bouger comme une télécommande de télévision, modèles sans fil, trackballs, mignonnes souris miniatures, et ainsi de suite.

Il est possible de désactiver le pavé tactile du portable lorsque vous utilisez une souris externe. La Figure 22.4 montre une souris sans fil spécialement dédiée au portable.

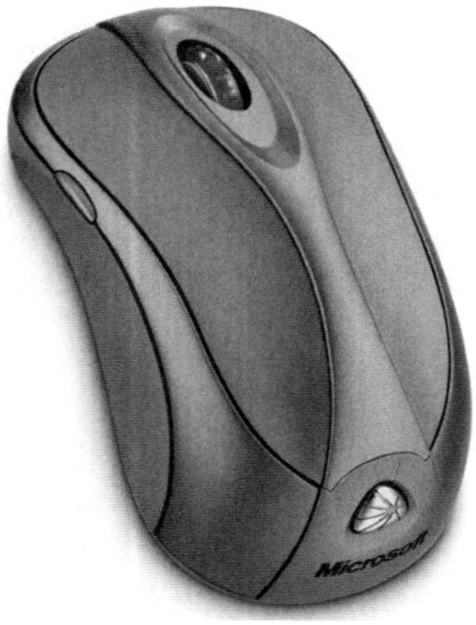

Figure 22.4 Une souris externe pour votre petit bijou.

Il est probable que votre portable ne soit pas doté d'un port souris. Procurez-vous une souris USB.

Carte d'identification ou étiquette de service de retour

Si votre portable portait des sous-vêtements, c'est là que vous écririez son nom. Heureusement, les portables n'en ont pas besoin. Le mieux est donc de créer une carte d'identification du portable.

De nombreux utilisateurs scotchent tout simplement leur carte de visite sur le portable, par exemple sur un côté du pavé tactile.

L'idée est qu'en cas de perte ou de vol le portable sera identifiable. Une personne honnête vous téléphonera pour vous avertir qu'elle a retrouvé votre ordinateur.

Une meilleure solution est d'employer un service de retour et d'utiliser leurs étiquettes inviolables. Pour plus d'informations, voir le Chapitre 17.

Système antivol

Le cadeau parfait pour votre portable adoré : un câble qui empêchera qu'on l'emporte ou une alarme sonore qui se déclenche dès que l'ordinateur est déplacé. Pour en savoir plus sur la sécurité des portables, voir le Chapitre 17. La Figure 22.5 montre un câble antivol.

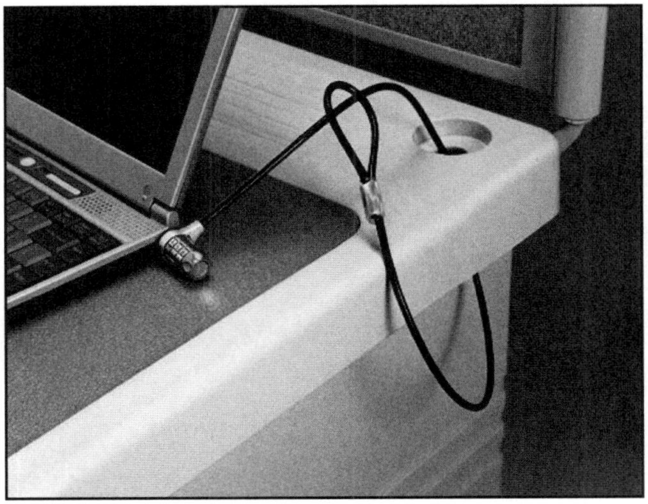

Figure 22.5 Enchaînez-le pour le garder longtemps.

Chapitre 23

Dix choses à glisser dans la sacoche du portable

Dans ce chapitre :

- Le câble d'alimentation du portable.
- Une batterie supplémentaire.
- Une souris externe.
- Quelque chose pour nettoyer le portable.
- Accessoires pour la sécurité.
- Supports de stockage amovibles.
- Une paire d'écouteurs (ou deux).
- Des câbles, des câbles et encore des câbles.

Certaines personnes ne savent tout simplement pas préparer leur sac. Certes, il faudra cuisiner, là-bas, dans la nature, mais cela ne veut pas dire emporter tout ce que l'on possède dans sa cuisine : plats, casseroles et autres poêles. Il existe en effet des accessoires de cuisson pour le camping, légers et pratiques.

C'est une question d'expérience. De même, il ne faut glisser dans votre sacoche de portable que ce dont vous avez besoin, et rien de plus – surtout pas de périphériques en fonte. L'on peut supposer par ailleurs qu'il existe des accessoires pratiques que vous ne connaissez pas. Ce chapitre présente à cet effet dix éléments pratiques, utiles et nécessaires à emporter avec votre portable.

Câble et brique d'alimentation

Cela m'est arrivé de l'oublier. Ou encore je me fais cette réflexion : "Oh ! il y en a pour une heure, la batterie dure trois heures, donc pas besoin de câble d'alimentation !" Mais, pour quelque raison, je dois rester plus longtemps à l'extérieur, et je me mords les doigts de ne pas avoir le câble d'alimentation.

Emmenez toujours votre câble d'alimentation et l'adaptateur (ou brique) avec votre portable.

Batterie supplémentaire

Si vous avez la chance d'avoir une batterie supplémentaire, emmenez-la !

- N'oubliez pas de la charger avant de partir.
- Pour en savoir plus sur la batterie, voir le Chapitre 8.

Souris ou trackball

Quiconque est habitué à une vraie souris n'oubliera probablement pas de la glisser dans la sacoche du portable. Cela dit, on ne sait jamais. Je vous recommande d'employer une souris avec votre portable, particulièrement lorsque ce dernier est à poste sur une table ou un bureau avec de la place pour la souris.

- La souris n'ajoute guère de poids à votre sacoche.
- Si vous avez une souris de bureau USB, branchez-la sur le connecteur USB du portable. Sinon, il faut la brancher sur le port souris

du portable. La majorité des portables récents disposent de ports USB. Il y en a de moins en moins dotés de port spécial souris.

- Si votre portable est compatible Bluetooth, vous pouvez employer une souris Bluetooth sans fil.
- Une trackball est un type spécial de souris, "renversé". Vous manipulez du bout des doigts une boule qui tourne dans une base fixe. C'est pratique lorsque l'espace de bureau est limité. Les utilisateurs de trackball revendiquent que cet accessoire est plus facile à contrôler qu'une souris ordinaire.

Chiffons pour écran et produit nettoyant

Rendez-vous dans votre boutique de fournitures de bureau et procurez-vous quelques chiffons pour écran et une petite bouteille de produit nettoyant. Rangez-les dans la sacoche de votre portable. Si vous trouvez les chiffons pour écran en taille plus petite, tant mieux. Laissez-les en permanence dans la sacoche du portable.

Antivol pour portable

N'oubliez pas votre antivol. Que ce soit un câble que vous accrocherez à du dur ou une forte alarme sonore, cet accessoire doit faire partie de votre sacoche.

Pour en savoir plus sur la sécurité des portables, voir le Chapitre 17.

Supports de stockage amovibles

Pour transférer des documents, il est parfois nécessaire d'utiliser diverses possibilités, particulièrement si vous ne pouvez brancher le portable sur un réseau pour transférer facilement les fichiers. Par exemple, vous graverez un CD-R ou un DVD-ROM ou copierez les fichiers sur un disque flash USB (la fameuse clé du même nom).

- Au cas où vous devriez graver un CD ou un DVD pendant votre déplacement, glissez un pack de disques vierges dans le sac du portable.
- Les CD-R et DVD+R/-R servent aussi à sauvegarder les données importantes.
- Il est bien sûr indispensable que le portable soit équipé d'un graveur de CD/DVD. Ce n'est pas le cas de tous les modèles.
- Il est aussi possible d'emporter des CD-RW ou des DVD+RW/-RW. Les CD-R et DVD+R/-R sont moins chers, mais d'un usage différent.
- En matière de DVD, achetez toujours des DVD vierges compatibles avec votre graveur. Par exemple, si votre graveur ne supporte que les DVD+R/+RW, n'allez pas acheter des -R/-RW !
- Les disques flash USB, dont les clés USB, sont des accessoires pratiques de petite taille qui se branchent sur un port USB du portable. Windows reconnaît instantanément le nouveau lecteur. Vous pouvez alors y copier des fichiers, jusqu'à 2 Go (parfois plus). Il suffit de retirer le lecteur et de l'insérer dans le port USB d'un autre ordinateur pour accéder à ces données.
- Ne confondez pas les disques flash USB et les cartes mémoire utilisées dans les appareils photo numériques. La carte mémoire doit être insérée dans un lecteur de carte, alors que le disque flash se branche directement sur le port USB. Cela n'empêche que l'on peut utiliser une carte mémoire comme support de stockage amovible – sous réserve de disposer d'un lecteur de carte dans sa sacoche.

Écouteurs

L'ordinateur est équipé audio. Pourquoi emmener un lecteur de CD portable alors que vous n'avez besoin que de CD de musique en plus de votre portable, sans oublier les écouteurs ?

Je préfère utiliser des écouteurs, car les petits haut-parleurs ne sont pas assez puissants. Sans compter qu'avec les écouteurs vous pouvez monter le volume sans déranger votre entourage.

TRUC

J'emporte toujours deux paires d'écouteurs. J'emporte également un séparateur, de façon à pouvoir brancher les deux paires d'écouteurs en même temps. Ainsi, il est possible d'apprécier un DVD à deux pendant un long vol.

Outils

Pensez à emporter une petite trousse à outils. Glissez au moins dans la sacoche de votre portable un petit tournevis ordinaire et un cruciforme, une pince et une petite pince coupante. Je vous recommanderai bien aussi un couteau suisse, mais ce genre d'accessoire risque de vous être confisqué par la sécurité de l'aéroport.

Câbles, câbles et câbles

Lorsque vous le pouvez, emportez des câbles de rechange (Ethernet, téléphone, USB, IEEE 1394 ou FireWire, S-vidéo, alimentation, etc.). Il est possible que vous n'en ayez jamais besoin. Seulement, on ne sait jamais.

- Peut-être y aura-t-il un accès à Internet par réseau. Il est donc judicieux d'emporter un câble Ethernet. Cela vous donne la possibilité de vous connecter directement à tout réseau Ethernet disponible sans devoir trouver un câble.
- Deux mètres sont une bonne longueur.
- La majorité des hôtels avec accès haut débit à Internet mettent à disposition des clients un câble Ethernet (dans le placard de la chambre). Néanmoins, emportez votre propre câble, cela vous évitera de chercher.
- Un câble n'est pas forcément tout emmêlé. Si vous n'appréciez pas d'enrouler sans cesse vos câbles, procurez-vous des modèles rétractables.

- Un autre câble utile est l'adaptateur pour allume-cigare.

Et tant d'autres choses

Il y aurait tant à mettre dans la sacoche du portable qu'elle finirait par peser plus que vous. Il n'y a que l'embarras du choix : imprimantes portables, concentrateurs USB, cartes PC, disques externes, etc.

Les éléments que nous avons mentionnés dans ce chapitre sont ceux qu'il faut *toujours* emporter. Ajoutez les autres choses dont vous avez besoin.

Index

D

E

F

G

H

I

L

M

PC Portables Pour les Nuls
3e édition

Mon opinion sur ce livre :

❒ Excellent ❒ Moyen
❒ Satisfaisant ❒ Insuffisant

Ce que j'aime dans ce livre :

____

____

____

____

____

____

____

____

Mes suggestions pour l'améliorer :

____

____

____

____

____

____

____

____

En informatique, je me considère comme :

❒ Débutant ❒ Expérimenté
❒ Initié ❒ Professionnel

Mon équipement :

- Matériel : ______________________
- Système d'exploitation : ______________

J'utilise mon ordinateur :

❒ Au bureau ❒ À l'école
❒ À la maison ❒ Autre : ________

Lieu d'achat du livre :

- Pays : ______________________
- Ville : ______________________

❒ Grande librairie ❒ Petite librairie
❒ Grande surface ❒ Hypermarché
❒ Magasin spécialisé ❒ Autre : ________

Mon adresse :

Nom : ______________________

Prénom : ______________________

Adresse : ______________________

____

Code postal : ______________________

Ville : ______________________

Pays : ______________________

J'ai vraiment adoré ce livre !

Vous pouvez citer mon témoignage dans vos documents promotionnels. Voici mon numéro de téléphone en journée :

Fiche lecteur à découper ou à photocopier, et à nous retourner à :

FIRST
Interactive

27, rue Cassette
F-75006 Paris - France
Tél. : 01 45 49 60 00 – Fax : 01 45 49 60 01

Découvrez en exclusivité nos prochaines parutions sur internet :
http://www.efirst.com